ZHICHANG SHANGWU SHIYONG SHOUCE

ZHICHANG SHANGWU SHIYONG SHOUCE

ZHICHANG SHANGWU SHIYONG SHOUCE

U1001927

职场商务实用手册

廖金泽 编著

ZHICHANG SHANGWU SHIYONG SHOUCE

中国建材工业出版社

图书在版编目（CIP）数据

职场商务实用手册 ：最新商务指南 / 廖金泽编著
-- 北京 ：中国建材工业出版社，2011.9
ISBN 978-7-80227-975-9

Ⅰ. ①职… Ⅱ. ①廖… Ⅲ. ①商务工作－手册 Ⅳ.
①F715-62

中国版本图书馆CIP数据核字(2011)第139510号

职场商务实用手册

廖金泽 编著

出版发行：中国建材工业出版社
地　　址：北京市西城区车公庄大街6号
邮　　编：100044
经　　销：全国各地新华书店
印　　刷：北京鑫正大印刷有限公司
开　　本：787mm×1092mm　1/16
印　　张：20.75
字　　数：365千字
版　　次：2011年9月第1版
印　　次：2011年9月第1次
书　　号：ISBN 978-7-80227-975-9
定　　价：38.00元

本社网址：www.jccbs.com.cn
本书如出现印装质量问题，由我社发行部负责调换。联系电话：(010)88386906

前言

作为职场人士，拥有一本包罗万象的专业性商务实用手册是完全必要的。因为它能为职场人士规范职场行为，遵守商务标准，提高工作效率带来极大的便利。因为社会在发展，商务活动的内容与形式也在不断更新。在全球经济一体化的今天，无边界的商务环境使所有的商务组织都成为了全球性经济组织中的一员，而标准化的职场环境也使所有的职业人士都成为了国际化运作要求中的一员。这就意味着，在职场与商场中，职场人士必须具备有出色的专业素养和商业能力，必须熟悉更为有效的工作流程和操作标准，必须掌握更为成熟的处世原则和商务技巧，必须处理更为复杂的职场事务和商业事务，也必须发挥更为优秀的职场表现和商务作用。

因此，本书的专业性、标准性、实用性都在最大程度上成为职场人士的帮手。

本书共分十一章，针对商业活动的全过程中每项操作标准与具体细节，完整详尽地进行了介绍，堪称是目前职场人士最有实用价值的商务标准百科全书。

一书在手，职场、商场皆能无忧，本书就有这样的作用。

如果读者们在职业生涯或商务活动中还有什么问题，而本书内容又未提及的，请与我联系，我将尽心竭力帮助你。

我的电子邮箱是：liaojinze@126.com

我的新浪博客是：http://blog.sina.com/liaojinze

我的新浪微博是：http://t.sina.com/liaojinze

欢迎登陆、交流、咨询。

廖金泽

目 录
Contents

第七章 商务活动标准

第八章 商务宴请标准

第九章 商务运作标准

第十章 商务管理标准

第十一章 商务文书标准

Business rite standard

Chapter 1

第一章

商务礼仪标准

见面
握手
名片
介绍
寒暄
问候
交谈
称赞
道谢
祝贺
慰问
规劝
解释
批评
争辩
道歉
馈赠

meet 见面

见面时，当然是由男士向女士先打招呼致意，所谓“打招呼男士为先，握手女士为先”。除非对方是我们的上司、长辈、重要客户或同事，否则我们无需太主动，以免有失身份。

见面当然要有笑容，这种职业性的微笑既发自内心，又很有分寸。无论在什么场合什么情况下，始终保持平和的微笑应该是商务人员的一种习惯，如果有时笑有时不笑，老是在变化表情，那么别人很容易因此感到我们性格多变，难以捉摸。这是人际交往的大忌。

当然，我们也可以比微笑更平淡，即脸部表情平静如水，不惊不嗔不怒不怨，但却要表现出足够的亲和力，这是需要有些阅历和定力的。只是这种神态非一般的人能够做到，如果我们能如此，则会给对方一种成熟沉稳的感觉，令人肃然起敬。

见面时，只要对方向我们打招呼，我们就应立即予以积极的回应。这种回应不是脸上表情的夸张，也不是语调的变化，而是成熟地表示心情，与对方目光交流，语言相通，肌肤相亲。当然，这肌肤是指伸手与对方相握，东方人的致意点到为止，仅限于此，西方人则常常以拥抱或亲吻来表示真诚。

见面问候或寒暄是必不可少的开场白，本身并无特定意义，但能表示一份亲切，譬如“很高兴认识您”“很高兴见到您”之类客气话。

初次见面的眼神应该坦然，如果对方确实给我们好感，我们可以相应流露欣赏的神情。但如果对方令我们反感，我们则不能把这种不满写在脸上，哪怕眼神也不能流露丝毫。

所谓“宠辱不惊”，当然是最高境界，但平常状态能够始终如一地“不露声色”，则能使我们在礼节之外多份礼貌。因为有陌生的距离和交流的欲望，更能凸显我们的彬彬有礼。

经常见面的眼神会多一些会意与默契，彼此熟悉了，打招呼也会自然得多，但熟人之间的热情很容易随便，而随便则是一个成熟的商务人员的大忌，所以即使是交往很深的朋友，一旦见面也要保持我们应有的持重与分寸。那种见了老朋友立刻脸上眉飞色舞，说话手舞足蹈的样子，显然太过性情。

我们必须记住这一点，作为商务人员来讲，与人见面时熟稔与否，只是在嘴角眉梢的变化上，在眼神的灵活与亮度上，由内心深处引发出变化，这种变化只有曾经见过面并且有些熟悉的人才能感觉。

之所以如此要求，是因为我们在商务环境中，我们的喜怒哀乐，我们的亲疏远近，我们的内外有别，会对我们的人际关系产生影响，会对我们的沟通效率造成妨碍。如果我们在见面这个环节上不能控制得好，那么其他细节我们也可能会掉以轻心。

不要在乎别人怎么评论，虚伪也好，俗套也罢，反正依程序做足客气，礼多人不怪，作为成功的商务人员，最大的能耐就在于能够以对礼节的执着感染和影响别人，从而创造一种良好的商业氛围，促成商务关系的建立。

handclasp 握手

伸出手和对方的手相握，身体应同时向前倾，这是对对方的尊重。上身前倾程度和一个人的修养及地位有关。

对商务人员来讲，我们既不能高傲地挺直身板和对方握手，也不用谦卑地欠着身笑脸相迎，任何过分都是有失身份的。看过英国女王与人握手的样子吗？那才真叫仪态万方。即使面对平民百姓，贵为女王的她依然姿态优雅满面笑容地向前微倾身体真诚地看着对方和对方握手，无论她面前有多少人，当她与对方握手时，眼睛始终看着对方，换另一个人握手时，她的眼神又会专注在这一个握手人的眼睛上，这种同步的专注很有分寸感，绝对是专门训练出来的，令人禁不住倾倒与赞叹！

在商业活动或商务环境中，标准的握手姿态是：

距离对方约一米站定，正面朝向对方，上身稍稍前倾，双目注视对方，微笑着伸出手去，微笑是宽容、欣赏、温和、会意的；伸出的右手四指并拢，拇指张开，握住对方的手时可稍稍用些力，给对方一种自信有力的感觉，握手力度应该适中和大方。重要的是整体姿态要保持优雅成熟的风度。

如果对方地位十分尊贵，我们应用双手握住对方的手，以示尊敬。握手姿势犹如牵线木偶，伸手应该是随着微笑自然地做出来，目光集中，身体同时有些前倾，抬手的高度与脐部相平。手臂微曲，手肘斜伸，手肘与身体的距离约有手掌宽。这个姿势从侧对镜子时的状态看会更加清楚，整个身子仿佛提线木偶，前倾，抬手，伸出手臂，一气呵成。

需要注意的是，前倾时上身略微往前，但臀部不能后翘，否则就会很难看，而前倾时，脸和身体略微侧一点点朝向对方，可以显得更亲切更有魅力。

握手时要避免有可能使我们整体变形的动作，或者有可能令对方误会的动作。例如手臂伸直，不仅身体姿态缺少优雅，也会有种距离造成的陌生感。再譬如只伸手不伸臂，手肘仍在肋部，不仅身体姿态缺乏节奏，又会让对方觉得我们不太情愿。还有就是抬脚伸手，或抬肘伸手，不仅上身扯拉变形，又会让人感觉太夸张。

至于握手时是将手伸过去还是抬起来，这得看我们与对方的距离远近而定，如果彼此相近，只需抬手就是；如果稍有距离，则可伸手过去。

社交界有个规矩，打招呼示意男士为先，伸出手相握女士为先。只要是见过面的或主动来与我们见面的，我们都应该向其伸手以示招呼，不必刻意讲究身份地位。

Crad
名　片

名片的作用是介绍身份，目的是让别人知道名片的所有者到底是干什么的，同时名片也有保存记忆和联络的使用功能。

为便于让对方保存，名片设计以横排为宜。为便于对方印象深刻，名片风格应和我们商务人员的职业品味相符合。名片最好单印一面，另一面空白，以便必要时可作简短留言之用。

随身携带的名片应放在专用的名片夹中，商务人员应选用价值不菲的纯皮名片夹，和钱包手袋一样，纯正的东西能够准确体现我们的身份以及格调。

名片一定不能放在衣袋或钱包里，因为不符合社交礼仪规范。如果这样做，虽然也没什么大不了的，但总会给人不伦不类的感觉，就像穿西装，袖口的标记死活不肯拆一样。

向别人递交我们的名片时，应双手捏住名片的两角，将名片正面和字体的正面朝向对方，郑重其事地呈递。“这是我的名片，请多多关照！”说这句话时，咬音吐字清清楚楚，讲得慢一些。甚至可以有意地一字一顿，我们自己郑重其事，对方也会相同的认真。如果我们漫不经心，顺手一递：“给，我的名片。”那么对方必然也会无所谓地接过去，随手一塞：“好，回头见！”

当你与长者、尊者交换名片时，双手递上，身体可微微前倾，说一句“请多关照”。你想得到对方名片时，可以用请求的口吻说：“如果您方便的话，能否留张名片给我？”

作为接名片的人，双手接过名片后，应仔细地看一遍，千万不要看也不看就放入口袋，也不要顺手往桌上扔。

随意就是没有规矩，过分随意就是贱。我们不把自己当回事儿，对方肯定也不会把我们当回事儿，所以别小看递交名片这一细节。

我们应该像捏着黄金片一样小心翼翼郑重其事地把自己的名片交给对方，要让对方有如获至宝的感觉，只有这样，对方才会尊重我们善待我们。

给对方名片的目的，就是希望对方借此留下深刻的良好的印象，如果不是如此，那又何必现丑。

接受对方名片时，即使对方很随意，我们还是要郑重其事地接受，并要用欣赏口吻认真地出声读一遍名片上的姓名、企业名称、职务，然后满怀真诚地看着对方说一句：“很高兴认识您！”这样做，既让对方感到十分受用，也帮助我们加深对对方的印象，尤其是在熙熙攘攘的公众场合，很短的时间内要和众多的陌生人士打交道，这一招确实有效。这对商务人员来讲非常重要。

如果对方给我们名片，而我们自己的名片恰好没带在身边(当然这种疏忽最好不要发生，因为这总显得有些不好意思)，或者刚好用完了，那么我们应向对方说明并表示歉意：“对不起，我的名片刚用完，改天我再补给您！”“实在不好意思，我的名片放在车上，回头我给您送去！”当然，如果承诺对方，那就必须言而有信，事后将名片设法给予对方。

如果对方疏忽或没在意，没有把自己的名片给你，而我们出于需要，又必须得到对方的名片，我们就只能主动向对方提出要求。提要求时应郑重其事，要让对方有种受宠若惊的感觉。如果对方在这种情况下仍没有给名片，那我们也不必强求，因为都这个样了，对方仍不给，总有其中的道理，我们也不用强人所难。

给名片要主动，为的是广种薄收，对我们的工作有利；要名片则要生动，为的是广结人脉，这同样对我们的工作有利。

名片可用来留言，当拜访未遇时，在自己名片的背面写上几句简短的话，托人转交再行联络，也可免却我们往返奔波之苦。

名片也可用来表示问候，如庆贺对方结婚、生日、升迁等喜事时，可在的名片右下角写“敬贺”，左上角写对方姓名，背面写上祝福的短句。用名片代替便条或贺卡，往往显得别具一格，比较郑重。

名片用途还有许多，譬如：送礼时附上名片，等于我们自己亲自前往；拜访长辈或地位较高人士时，先请他人转交名片以作通报；如果我们调动工作或迁居，向有关人员寄发名片以示招呼，等等。

商务人员作为有一定身份和地位的职业人士，除了办公室电话和手机号码之外，名片上不应出现自己的住所电话，因为这样做只会给自己带来无穷无尽的麻烦。而且，没有神秘感的人令人乏味，当我们开放自己的生活圈子时，有可能就会失去人们对我们的敬重。

凡是对我们建立和发展商务关系有价值的名片，收下来之后应尽早将名片扫描或输入计算机内分类存档，以便日后一旦需要随时可以调用。名片与通讯录一样，是帮助我们扩大商业触角，掌握商业信息，联络商业人士，寻找商业良机，创造商业利润最直接有效的信息工具，也是我们商务人员值得善待和利用的财富。

intro 介 绍

在商务性场合上，介绍分几种情况。一种是自我介绍，这比较简单，介绍时，双眼正视对方，微笑地表示一种“很高兴认识你”或“有幸认识你”的真诚态度。另一种是为别人作介绍，介绍时面向双方，伸出手朝向被介绍者，伸手时应先伸臂，再五指并拢手掌向上打开作个停顿，这是一种十分标准的介绍手势，重点在手腕的抖开上，但手肘应弯曲，手臂不能伸得太直，否则不好看。

介绍他人时在礼节上有先后顺序的讲究，先将男士介绍给女士，将年轻者介绍给年长者，将职位低者介绍给职位高者，将晚到者介绍给早到者，将自己上司或同事介绍给客人，然后再反过来介绍。介绍顺序千万不能混淆，如果还不习惯，宁可放慢节奏，想好了再做。这个细节非常重要。

介绍他人时，最好先用“请允许我向您介绍”或“让我来介绍一下”之类的礼貌用语作引子，这样既不会唐突，又显得彬彬有礼。

如果我们在介绍他人时不能准确地知道其称呼，则应礼貌地问一下被介绍者：“请问您应该怎么称呼？”否则张冠李戴，会很尴尬和难堪，而这种低级错误的发生，对商务人员来讲是绝对不能容忍的。

第三种是别人介绍我们，第四种是别人自我介绍，此时我们都是被动者，我们必须给以相应的恰当的呼应或反应，否则就会冷淡了别人的好意。

当别人介绍到我们或对方向我们作自我介绍时，我们应该立即回应对方或微笑示意或伸出手相握或点点头，如果我们坐着，则应该站起身示意；如果我们有些不便，那么至少也必须点头微笑示意或向对方稍欠欠身表示礼貌。

介绍自己或他人时口齿要清楚，神态要亲切，声音要亲和。

被介绍时，我们也要流露出谦和的会意。

听别人自我介绍时，我们更要流露出欣赏的会意。

介绍的过程是情感建立与沟通的过程，为人态度与得体举止最容易受人关注，也最容易给人直观的印象，要像表演那样把每个细节都刻画得精致准确，这也是商务人员的职业标准。

涉外场合中的介绍要求恰如其分，礼貌大方。

当来宾抵达时，我们应先将其向其他客人做介绍，然后再向他介绍其他客人。如果我们是客人，则应自我介绍。

互不认识的人在社交场合见面时，应相互做自我介绍。

为他人介绍时，应注意以下几条原则：

介绍次序是由低向高，即先把职位低者介绍给职位高者，把晚辈介绍给长辈，把男士介绍给女士，把自家人介绍给客人。

介绍双方时，应注意不同的场合有不同的介绍方式，在正式场合中，不宜直呼其名，而要使用诸如：“赵先生，请允许我向您介绍一下，这位是我的上司刘总”这样标准规范的句式。

介绍时，应伸开手指，掌心向上，手指向下伸向被介绍人来做示意，切忌用手指指指点点。介绍时还可顺便介绍一下双方其他的情况，如单位、职务、籍贯或他们和我们的关系，以活跃气氛。

被介绍时，应表示出结识对方的诚意，正面对着对方，眼睛看着对方，站起身微笑致意，以示尊重。

Exchange greeting
寒暄

日常生活中寒暄的就是轻松地闲聊，没有什么动机，也不一定有实质性内容，就是随意找些话题，或者表示一些特定的感受，例如“好久不见，您又发福了”“您的气色真不错”“今天的天气真不错”等等。

寒暄在商务活动中扮演的角色是十分重要的。寒暄在人际交往中打可用于破僵局，缩短人际距离，向交谈对象表示自己的敬意，或是借以向对方表示乐于结交之意。所以说，在与他人见面之时，若能选用适当的寒暄语，往往会为双方进一步的交谈联络感情，并为以后的商务性交谈营造和谐的气氛做良好的铺垫。寒暄是正式商务的前奏，它的“调子”定得如何，直接影响着整个商务活动的过程。但并不是任意的寒暄都能起到这种作用。不恰当的寒暄很可能会弄巧成拙。因此对寒暄决不能轻而视之。

寒暄讲究一定的技巧。

寒暄一是主动热情的选择合适的话语、合适的方式。当你看见某位认识的人，应该很自然的调整自己的情绪，主动热情地打招呼和寒暄。寒暄时还要注意态度和方式。年龄、职务和自己差不多的，而且关系也很熟的人，可以轻拍对方的肩膀，以示亲热。对于职务较高的长者，应该从形体到话语都要显尊敬。跟初次见面的人寒暄，最标准的说法是：“你好！”“很高兴能认识您”“见到您非常荣幸”“今天天气不错”。此其一，比较文雅一些的话，可以说：“久仰”，或者说：“幸会”，要想随便一些，也可以说：“早听说过您的大名”“某某人经常跟我谈起您”，或是“我早就拜读过您的大作”“我听过您作的报告”，等等。跟熟人寒暄，用语则不妨显得亲切一些，具体一些，可以说“好久没见了”“又见面了”，也可以讲：“你气色不错”“您的发型真棒”“您小孙女好可爱呀”“今天风真大”“上班去吗？”

二是寒暄忌没完没了，忘记自己的目的。一个有经验的商务人员，懂得在寒暄中找到契机，并顺利将话题“言归正传”。千万别对一个话题没完没了，除非对方真的很感兴趣，适度的寒暄有益于加深关系。

寒暄的恰当与不恰当的关键在于话题的选择。而什么样的话题是恰当的寒暄话题呢？经验者认为，凡是能引起对方兴致的话题都适于作寒暄的话题。比如：赞美。专家说过：“赞美是一切人际沟通的开始，俘获人心最有效的方法就是不断地去赞美他，以赞美为首要手段，辅以与人沟通的其他技巧，那么你将无往而不胜”。赞美也要有技巧，在一个商务酒会上，王先生遇到曾经是客户的李女士，因为双方很久没见过面了，一时不知谈什么，王先生很想恭维一下李女士，就说：“好久没见，您又长胖了”。就因为这句话，结果使李女士再也不原意接王先生的电话。所以赞美要真诚、具体和自然。

又比如：从对方的长处开始打开话题。对方的专长爱好是最能引起对方兴致的话题，这就需要你了解对方的专长爱好，当然也可以从谈话中引出对方这方面的信息，话投不投机，在于你知识的渊博与否，这就靠你平时的积累了。

以对方的爱好专长，赞美对方的优点为话题，虽然效果显著，但要了解对方的爱好专长，找出对方独到的优点来赞美，却有些困难。而天气情况则是人人都能感受到，而且是易于谈论的话题。有经验的谈判者是不会放过这一话题的。其次国内外大事、风土人情、文体消息等等都是打开寒暄之门的钥匙。

寒暄语不一定具有实质性内容，而且可长可短，需要因人、因时、因地而异，而它却不能不具备简洁、友好与尊重的特征。

寒暄语应当删繁就简，不要过于程式化，像写八股文。例如，两人初次见面，一个说："久闻大名，如雷贯耳，今日得见，三生有幸"，另一个则道："岂敢，岂敢！"搞得像演出古装戏一样，就大可不必了。

寒暄语应带有友好之意，敬重之心。既不容许敷衍了事般地打哈哈，也不可用以戏弄对方。"来了""瞧您那德性""喂，您又长膘了"等等，均应禁用。

为了避免误解，统一而规范，商界人士应以"您好""忙吗"为问候语，最好不要乱说。

牵涉到个人私生活、个人禁忌等方面的话语，最好别拿出来"献丑"。例如，一见面就问候人家"跟朋友吹了没有"，或是"现在还吃不吃中药"，都会令对方反感至极。

碰上熟人，也应当跟他寒暄一两句。若视而不见，不置一辞，难免显得自己妄自尊大。

商务活动中的寒暄虽然很重要，但不必刻意安排，只要我们平时稍加注意，多些积累，并且能够根据对方的实际情况调整好自己的状态，现场发挥就不会有问题。

Salute 问候

寒暄者，应酬之语是也。问候，也就是人们相逢之际所打的招呼，所问的安好。在多数情况下，二者应用的情景都比较相似，都是作为交谈的"开场白"来被使用的。从这个意义讲，二者之间的界限常常难以确定。

和客户见面通常经过以下两种方式然后进行实质性交谈。一是打招呼，标准用语为"您好""很高兴认识您""见到您非常荣幸"，或者斯文一些的"幸会""久仰"，或者随便一些的"久闻大名，早就期待着与您见面"。打招呼就是表示彼此见面的礼节。西方人打招呼更简单一些，一个“嗨”字，意思都在里面了，还显得比较熟络与亲和。

二是寒暄与问候。常用语为“您最近怎样”“吃了没有”“忙什么呢”“身体好吗”。

问候是问对方近况，属于扯出话题的引子，但要适当，否则会闹出“您生病了没有？”这样的笑话。西方人很少问候，因为问候难免会涉及个人隐私，如果对方不愿意回答，结果就会有些尴尬，所以西方人总是点到为止，省了这个习以为常的关心。

商务活动中，问候的方式取决于多方面因素，见面的环境也同样影响着您的问候方式。不管是初次见面还是见过许多次面，用“您好”作为见面礼节，是通用的方法，这样既打招呼，又有问候之意，比较得体。如果您知道对方的名字和称呼，那是最好不过了。如果有认识他的人您也认识，不妨稍稍夸奖对方两句。问候不仅仅是礼貌，更是一种从心底里对他人的关心，问候可以缩短人与人之间的距离，让人们变得亲近，这一点对商务交际尤为重要。

在相互问候时，要注意自己的身体语言，尤其是眼睛看的方向，一般盯着对方眼睛看的人，会使对方产生戒心。先盯住对方的眼睛再说话的人，对方会觉得你是一个好胜的人，正确方法的应该是身体稍微前倾，平视对方，眼睛流露真诚和热情，面部表情愉悦。

多次见面，却总是一样的问候，对方会认为你自我保护意识很强，是一个不容易接近的人。

问候不能千篇一律，无论什么场合一概问候“您吃了吗”已经成为历史，这应是众所周知的事。

Confabulation
交　谈

交谈时应面对面，目光注视对方，距离最好在两米以内，因为两米以内属于私人空间，超出两米，人的注意力会分散。

交谈时眼光要柔和安详，充满善意，面部表情尽量保持微笑和轻松，绝对不能用下巴朝向对方，或是用眼角看对方。

交谈时，要用表情、动作或语言来对对方的谈话有所反应，让对方感受到我们对谈话的态度。

做个优秀的听者当然要懂得诱导对方的话题和谈话的兴趣。全神贯注的倾听和偶尔的不解、偶尔的好奇、偶尔的提问，都会让对方体会到倾诉的快乐，都会让对方对我们产生好感。

因为人类都有倾诉的本能，当对方愿意向我们滔滔不绝的讲述时，证明对方视我们为知音，而我们能认真积极地听其倾诉，自然会让其感动。所以在交谈时我们要尽量耐心地听对方讲话，不要随意打断对方。

做个听者永远比做讲者困难，这不仅需要爱心，而且需要耐心，更需要欢喜心。当我们充分听明白并且理解了对方话里的意思和话外的意思，即人们常说的“话里有话”“话外音”，我们才能据此做出相应准确的判断，才知道下一步应该如何做。这不仅是考验我们的包容性和理解能力，也是提高准确性和效率性的有效方法。对商务人员来讲，这个本事尤其重要。

当我们向对方讲述时，则应想好了再讲，讲话的语速要慢，不要给人急促的逼迫感，除非我们有意要这样做来影响对方。

讲话时分段，每句话尽量短，这样听起来会比较有节奏感和说服力，也会给人一种有条有理的印象，在谈论商业事务时更是需要如此，借此确保内容表述的精准程度。

讲话的措词要得当，赞美对方要适当，讨厌的话题不要讲，如果是敏感而又必须讲的内容，也要以善良真诚的心态和语言去谈论。

交谈时，“请”“谢谢”“对不起”之类的礼貌用语应该不厌其烦地挂在我们嘴边，作为谈话时的必要的调味品，它会产生愉快的谈话气氛。

交谈时，对不同的对象应用不同的语气，对上司要尊重；对同事要亲切；对长辈要尊敬；对晚辈要平易；对亲友要随和。

交谈时，适当地重复对方的话，能够使我们对一些敏感内容做出确认，不仅能加深自己的记忆，又可以表示我们的确是在认真听对方讲话。

交谈时无论得意还是失意，我们都不能失态，不能手舞足蹈，这也是商务人员自我控制的要求

交谈时，适当的反应是礼貌的，比如点点头，微笑，简单地重复对方的观点或说一些诸如“是吗”“真的”“原来这样”之类的反应话语，这会表现出我们是在认真倾听。

如果我们因故必须中止交谈，则应向对方道声对不起，表示歉意，说明理由，求得对方谅解。

交谈时如果有些话题我们不好意思提及又不得不提时，不妨用

“为了慎重起见”或“不好意思”做开场白，我们不好意思提出的话题，对方实际上也同样会敏感，而这类敏感的话题又常常和利益分配有关，不界定清楚也不行，因此，谈到节骨眼儿时，用这样的一句话：“为了慎重起见，我想最后和您再确定一下这件事”，这样说既不会得罪对方，又能引导对方确认实质性的结果。

如果对方在交谈中无礼和粗鲁，我们应宽容和克制，并且试着去理解对方，除非对方是有意在制造冲突想激怒我们来达到某种目，否则对方的失礼一定有深层的原因，只有真正理解它，我们才能通过正常的交谈达到沟通的目的。

无论在什么情况下，我们始终都应该保持温文尔雅，心平气和的谈话态度。

同样的道理，如果对方对我们的讲话表现出焦急、不耐烦、心不在焉的神态，那你也要及时巧妙地转换话题或中止自己的讲话。

交谈时，站在对方立场的原则是很重要的，这早已被确定为一条非常有效的商业原则。

交谈时尽量避免用“好”“不好”之类的答话，过于简单的答话无疑在表示我们没有谈话的兴趣，结果自然会让对方感到没趣。

交谈时不要用手去指对方，也不要双肩交叉抱在一起的抗拒姿势，更不要做那些挖耳朵，揉眼睛，伸懒腰，吐痰等不文雅不礼貌的小动作。

听对方讲话时，我们要全神贯注，眼神要经常与对方的眼神保持接触。当对方讲话时，不要随意打断他。

交谈最后，如果需要强调某个话题或总结某个共识或确认某项交易，你在讲话结束时，语尾一定要清晰明确有力，甚至可以一字一顿，这样会给对方留下极为深刻的印象。

Praise 称赞

什么样的人最招人喜欢？答案是懂得赞美别人的人。称赞的意思就是恰当地赞美，称赞是欣赏，是感谢，是对别人表示敬意。称赞给人的喜悦是无可比拟的。

在商务活动中一副冷漠的面孔和一张缺乏热情的嘴是最使人失望的。相反称赞却有助于推动彼此的友谊健康地发展，还可以消除人际间的龃龉和怨恨。称赞是加深彼此关系的最直接有效而且没有成本的行为："您真有风度"显得的确如此，"您好有风度"则有些矫揉做作；"您说得不错"显得平淡无奇，"您说得很有道理"就带着一种肯定，"您说得完全正确"则明显地表现出由衷地评价。

赞美不是应酬而是发自内心深处的夸奖，当然，社交场合上的礼节多了，也会形成没有实际意义只是礼貌的称赞，譬如简单地"好"或"不错"。但如果我们要追求称赞的效果，我们就不能吝惜自己的语言。赞美是一件好事，但绝不是一件易事。赞美别人时如不审时度势，不掌握一定的赞美技巧，即使你是真诚的，也会变好事为坏事。所以，开口前我们一定要掌握赞美的技巧，只要运用得法，必能敲开对方的心扉。

情真意切。虽然人都喜欢听赞美的话，但并非任何赞美都能使对方高兴，无根无据、虚情假意敷衍的话，会让人感觉你是虚伪，甚至会感到莫名其妙、油嘴滑舌、诡诈虚伪。最美丽动听的赞美辞，应该发自内心的深处，当人们充满热情的时候，即使一个农夫也必会说出最动人的话。聪明而热诚的人对于说一句赞美话，必定是把最深的欣赏情绪说出来。比如："你的诗写得太动人了，使我想起了离家时，妈妈去车站送我的情景"。要是你听到这样的一句话，你将会如何地感动呢？所以每当你称赞别人的时候，一定要有发自内心的真诚。

突出特点。称赞别人不能"一视同仁，千篇一律"，要针对各人职务高低、职业性质，来因人而异。和一个在商界德高望重的老年人交谈时，可多称赞他引为自豪的过去，从他"想当年"的业绩与雄风谈起；对年轻人可以语气稍为夸张地赞扬他的创造才能和开拓精神，比如："这一次你们公司能中标，你可是功不可没呀！听说你又升职了，年轻人，有能力、有魄力，真是前程似锦"；对于经商的人，可称赞他头脑灵活，生财有道，比如："王总，您可是生财有道啊！这一次投资活动我们又慢了你一步"；对于有地位的干部，可称赞他为国为民，廉洁清正；对于知识分子，可说："王教授，您不仅知识渊博而且不求虚名、宁静淡泊的处世态度真值得我们学习。当然这一切要依据事实，切不可虚夸。有特点的赞美比一般化的赞美能收到更好的效果。

时机恰当。要达到称赞的目的，除了话语得当，还要时机恰当。比如一个人在身处逆境的时候，或计划做一件事的时候，也就是他最需要称赞和鼓励的时候。一句真诚赞美的话，会给对方带来很大的激励和安慰。这就是俗话说的"患难见真情"。如果此时你熟视无睹，当人家功成名就了，你再来恭维，就太晚了，人家不仅觉得你在拍马屁，阿谀奉承，也显得你是一个很势力的人。所以赞美别人，时机也要选对。

实事求是。赞美别人的第一要则，就是要实事求是，力戒虚情假意，乱给别人戴高帽子。夸奖一位不到40岁的男人“显得真年轻”，还说得过去；要用它来恭维气色不佳的80岁老人家，就过于做作了。你对着一位打球技术很差的客户，却偏要对他说：“你打球的技术真好。”对方立刻就会认定你所说的是虚伪之至的违心之言。但如果你着眼于他的打球姿势、打球的用具等，发现这些方面的出众之处并真诚地赞美，他一定会高兴地接受。离开真诚二字，赞美将毫无意义。

赞美别时话要说得自自然然，不露痕迹，不要听起来过于生硬，更不能当着一位先生的夫人，对其突然来上一句：“您很有教养”，这会让人摸不清头脑。可要是明明知道这位先生的领带是其夫人“钦定”的，夸上一句：“先生，您这条领带真棒！”那就会产生截然不同的“收益。

语言恰当。对别人的称赞，语言要恰当。要恰如其分地赞美别人是件很不容易的事。如果称赞得不得法，反而会遭到排斥。男士喜欢别人称道他幽默风趣，很有风度；女士渴望别人注意自己年轻、漂亮。老年人乐于别人欣赏自己知识丰富，身体保养得好；孩子们爱别人表扬自己聪明，懂事。适当地道出他人内心之中渴望获得的赞赏，适得其所，善莫大焉。这种“理解”，最受欢迎。有位学者说：夸她“漂亮”指对一位真正美丽的姑娘。相貌一般姑娘可以用“气质很好”。长相实在无法恭维，可用“很有教养”一类的赞语，你对一位正在为自己胖身材发愁的女士说：“你的身材很富态”，那你肯定会自讨没趣。你赞扬一位年轻的女士有品位，不如说你的上衣颜色和款式很漂亮。

感谢和称赞，是有着密切的连带关系的。“承蒙你的帮助，我非常感谢”。这仅仅是感谢，如果再加上几句：“要不是靠你的帮助，一定不会有这么好的结果的”，这样，就完美多了。

真诚的赞美不但会使被赞美者产生心理上的愉悦，还可使你经常发现别人的优点，从而使自己对人生持有乐观、欣赏态度。

此外，赞美并不一定总用一些固定的词语，见人便说“好……”。有时，投以赞许的目光，做一个夸奖的手势，送一个友好的微笑也能收到意想不到的效果。

不能蜻蜓点水式地赞美，对方可能会认为是恭维或客套话，当对方对你的赞美表现出良好反应时，就要改变一下方式，再次给予赞扬。而对一件事重复赞美，则能提高它的可信度，让对方觉得你是真心实意地赞美他。

Thank 道谢

什么样的人最有礼貌？答案是得到他人帮助后，知道及时表示感谢的人最有礼貌。

对别人给予我们的关心、爱护、帮助、照顾、支持、喜欢、鼓励表示感谢，不仅是礼节，也是对对方为我们的付出做出直接的肯定，这种做法，不是虚情假意，可有可无的，而是必须的。在这方面，“讷于言而敏于行”，弄不好会导致交往对象的伤感、失望和深深的抱怨。

“谢谢！”这句话虽然只有两个字，但如运用得当，却会让人觉得意境深远，魅力无穷。

“谢谢”常挂在嘴，无疑是一种极为良好的习惯，因为它能表现出我们的教养和礼貌。

郑重其事地表示感谢，就是在“谢谢”的同时，语气郑重，声音清楚，音调铿锵，表情真诚，并且在“谢谢”前面加上被感谢者的称呼，越是这样显得越是正式。

另外，如有必要，还应加上致谢的理由，以免对方一头雾水，不知我们所谢为何。比如：“王先生，谢谢上次您在运输方面的帮助”，免得对方感到空洞或“茫茫然不知所措”。

商务人员人际交往中，认认真真地对他人说一声“谢谢”的机会有很多，含义也各有不同：“谢谢”既是礼貌，也是一种自信。别人称道你的领带很漂亮、字写得很好看时，你要是答以“瞎说”“不怎么地”“哪里、哪里”“谁说的”“少来这一套”，那可就让人难看。一声“谢谢”最为得体。

“谢谢”，既是肯定，也是对对方最高的评价。比如获赠礼品与受到款待时，别忘了郑重其事地道谢。

“谢谢”既要恩惠领情不忘，也会知恩图报。在得到领导、同事、朋友们明里暗里的关照后，一定要去当面感谢。

在公共场合，得到了陌生人的帮助，也应该当即致以谢意。

感谢，也是一种赞美！表示自己不是忘恩负义、过河拆桥之辈。在今后“下一轮”的双边交往中，商界人士必定会因为自己不吝惜这么简短的一句话，而赢得更好的回报。

致意也是打招呼的一种方式，只不过礼节性更为明确，例如“向您表示感谢”“向您致以真诚的问候”“向您表示诚挚的敬意”，这些客气的招呼在用词上确有些斯文，因此一般都用在正式的社交场合或比较隆重的仪式上。

在具体操作中，感谢他人有一些常规可以遵循。口头道谢要真诚，书面道谢要正式，打电话道谢要尊重，可以如“十分感谢您的信任”之类的一些肯定对方的感谢语。一般地讲，打电话道谢，时效性强一些，且不易受干扰。托人道谢效果一般，当面口头道谢效果最佳。专门写信道谢，赴宴后这样做，也有很好的效果。托人道谢，除非是人家出面，效果就差一些了。

感谢他人，还有场合方面的考虑。有些应酬性的感谢可当众表达，不过要显示认真而庄重的话，最好“专程而来”，应于他人不在场之际表达此意。

表示感谢，最重要的莫过于要真心实意。为使被感谢者体验到这一点，务必要作得认真、诚恳、大方。话要说清楚，要直截了当，不要连一个“谢”字都讲得含混不清。表情要加以配合，要正视对方双目，面带微笑。必要时，还须专门与对方握手致意。

表示感谢时，所谢的是一个人，自然不宜不予突出。所谢的若是多人，可统而言之“谢谢大家”，也可一一具体到个人，逐个言谢。

Congratulation 祝贺

祝贺，就是向他人道喜。每当亲朋好友在工作与生活上取得了进展，或是恰逢节日喜庆之时，对其致以热烈且富有感情色彩的吉语佳言，会使对方的心情更为舒畅，双方的关系更为密切。

祝贺的时候，对不同对象，在不同时机，因为不同原因，也需要审慎地选择不同道贺语言。

祝贺上司晋升，应用“恭喜高升”以表同喜之情。

祝贺朋友的生日，当然是“生日快乐”“寿比南山，福如东海”，这种老寿星爱听的祝词，就不宜对年轻人尤其是孩子们来讲。

祝贺朋友结婚“百年好合”“白头偕老”“天长地久”“比翼齐飞”“互敬互爱”“早生贵子”之类的贺语最为贴切，能使对方更加陶醉在幸福与憧憬之中，多多益善。

遇上对方正逢喜事，譬如学业有成，或刚赚了一笔钱，礼节上的用语通常是发自内心的说一句，“真为您感到高兴”。

对商界人士来说，适逢亲朋好友们结婚、生育、乔迁、获奖、晋职、晋级、过生日、出国深造、事业上取得突出成就之时，应当及时向其表示自己为对方而高兴。不然，就有疏远双方关系、心存不满或妒嫉之嫌。碰上节日，出于礼貌，向亲朋好友们道贺，也是必要的。

对于关系单位的开业、扩店、周年纪念、业务佳绩，应予以祝贺，“事业兴旺”“大展宏图”“日新月异”“生意兴隆”“财源茂盛”，是对方最爱听的话。

说话不能犯忌讳，明知一位小姐年龄很大了，还没结婚，却祝她：“生活幸福美满”，她肯定觉得你在讽刺她。

祝贺的用语应该讨口彩，既让对方听得顺耳和开心，又能显示出我们的文化底蕴和与众不同，在措词和用法上可以来点新意思。

祝贺的方式有多种多样：口头祝贺、电话祝贺、书信祝贺、传真祝贺、贺卡祝贺、贺电祝贺、点播祝贺、赠礼祝贺、设宴祝福等等，都各有自己特定的适用范围。多数情况下，几种方式也可同时并用。

一般说来，口头祝贺，在总体上的礼仪性要求，是要简洁、热情、友善、饱含感情色彩，是要区分对象，回避对方之所忌。

口头祝贺是商界人士使用最多的一种祝贺方式。

通常，口头上的祝贺都以一些约定俗成的表达方式来进行。例如，“恭喜，恭喜”“我真为您而高兴”，这些都是国人常用的道贺之语。“事业成功”“学习进步”“工作顺利”“一帆风顺”“身体健康”“心情愉快”“生活幸福”“合家平安”“心想事成”“恭喜发财”之类的吉祥话，大家也人人耳熟能详，百听不厌。时而得体的祝贺可以让人与人之间感情更加密切，友谊更加牢固。

Send greetings 慰问

慰问是在他人破产、关厂、失业、休学、研究受阻、市场开拓失败，遭受困难挫折之时，以“患难与共、同舟共济”之心，体贴关心之意，给予对方真诚的鼓励和支持。

慰问就是在他人遭遇重大变故，如受伤、得病、失恋、丧子、丧偶、婚姻裂变、极感痛苦忧伤时，对其进行的安慰与问候。

安慰能使人稳定情绪、感到依靠、减轻哀伤、冷静下来，疏导心情、得到支持和激励，从不好的处境或情绪中走出来，从新开始。

慰问，首先要表现出“同情”。不论是表情、神态，还是动作、语言，都应当显示出对慰问者的关心。

在慰问逝者的亲属、探视伤病员、安慰失恋者时，应表情凝重，语调深沉舒缓，语言饱含关心与同情之意。若是嘻嘻哈哈、喜眉笑眼，语调尖锐、油滑，语言随意、放肆、轻浮，就会给人以“彼方悲伤之日，即是我方开心之时”的幸灾乐祸的感觉。

当然，也不宜矫枉过正，表现过分。若是一见面就表现得“冷冷清清，凄凄惨惨戚戚”“人未语，泪先流”，搞得被慰问者伤心落泪，恶化其情绪，亦属不当之举。

但不管是什么原因去慰问，都要遵循关心、体贴与疏导的原则。

对生活困难者，可询问其具体的难题，并给予力所能及的援助。比如帮助解决一些实际困难或给一些经济上的援助。

对失恋者，可以“王顾左右而言他”，免谈此事，尤其不宜评论对方原先的那个“他”或“她”。也可以劝慰其“天涯何处无芳草”，或“大丈夫何患无妻”，等等。

对工作受挫者，应鼓励其“前途是光明的，道路是曲折的”，“自古英雄多磨难，从来纨绔少伟男”，支持其再接再励，奋起直追；对于颓废之人，则可以多一些激励。告之“牢骚太盛防肠断，风物长宜放眼量”，“人总是要有点精神的”等等。

最后，慰问语应选择得适当，不要嘲讽、指责对方。说：“当初我也碰上过这事，但我可不这样”“瞧瞧，我原先说什么来着，不听好人言，吃亏在眼前”，这样的话就显得很没有水平。

明明一位小姐对某位先生的“暗恋”前程渺茫，就不应在对前者慰问之际，为之出谋划策，鼓励其“成功就在于最后坚持中”。

慰问时，与被慰问者进行一些交流是必要的。但没有必要对对方的“伤心往事”刨根问底，人家要是不讲，就不该再三“咨询”，非逼得人家“一吐为快”。

慰问时要亲自露面，没有什么比这更使人愉快，更能反映出你对别人的态度。这就像亲临医院看望生病的朋友，与仅仅寄去一张慰问卡之间是有很大区别的。

Admonish 规　劝

规劝是人们在社会交往乃至日常生活中必不可少的谈话艺术，其意在于说服或引导别人赞同自己的意向和行动。

规劝，即在交谈中，对他人郑重其事地加以劝告，劝说其改变立场，改正错误。

规劝就是劝告和开导，前者是郑重地劝告，后者是客气地开导。商务人员的劝导工作更多的体现在和上司的交往中，这种因为工作观点的不同和我们作为助手的参谋性角色要求，使我们的劝导变得更加需要讲求策略。任何直截了当直来直去的用语都会造成抵触情绪。想要运用好规劝这个交流工具除了具备相关的知识外，还应具备一定的规劝技巧。

故意装傻，“我不知道为什么要这样？”然后让上司给我们再指点一番，就在这个指点中，上司有可能会发现自己无法自圆其说的地方，因而改变原来不成熟的主张。

用商量的口吻来劝导，效果一定也很好，“这件事那样做会不会更好些呢？”或者先要委婉地表示自己的态度，启发对方的思路，然后再礼貌地请对方定夺，引出下面进一步商量的话题，例如“我的想法是这样子，您看这是否有些道理？”在用语上应该温和，甚至可以自己做例子来说服对方。

借鉴别人失误的后果来提醒，“上次第一组做这个计划时，好像出了问题，不知道是什么原因，我们要不要问一下”。

商务人员的劝导工作除了在和上司的交往中，也会出现在和下属之间。当和下属在工作中出现分歧和不同意见，耐心倾听其意见的同时，也要运用巧妙的劝导之术来说服他。

《论语·子路》里有一句著名的成语：“欲速则不达”。意思是说主观性急图快，违背了客观规律，反而达不到目的。规劝的过程最能体现这一点，劝导一个人和你的意见达成共识，不是一两句话就能解决的，要耐心细致、审时度势，控制情绪不能着急，一急就不讲方法，还可能发火和争吵，最后劝导的目的没达到，还会影响团结。

以理服人是劝导下属工作的第二个原则。实际工作中，要使别人心悦诚服地接受劝导，就要求劝导人必须出以公心，平等待人，在深入调查，摸清实际情况后，找出分歧焦点的基础，以理服人，以关心爱护的态度、疏导说理的方式、循循善诱的言语，启发其思想。

Explain 解 释

因为工作原因，商务人员不为人所理解的情况也是很正常的，此时恐怕只有解释才是唯一能够打消对方疑惑的方法。

职业性的标准用语通常是“请允许我向您解释”或“请允许我解释一下”，但如果要让对方感到我们的认真，我们可以这样说，“对此我必须作一番解释”，或者“请您认真听一听我的解释”。

解释是很自然和很必要的沟通方式，是一种既定想法的清楚表述，带有强制性的而非商量性的，因此在解释过程中，肯定性质的经常用“是”，这会使解释本身显得充分和肯定，譬如下面这些意思相同的句子：

“这件事是这样子的”。

“这件事就是如此”。

“这件事的确应该这样”。

请注意，如果我们想影响对方同意我们的想法，我们在解释时务必要用上述这些肯定用语，而不能在句尾用询问用语，譬如“是不是？”，因为“是不是”很容易被对方习惯性用作否定句的引子，选择性必居其一，而肯定性的句尾用语则排除了这种可能性，使解释更有说服力。

解释就是把事情说清楚，让别人明白。所以解释过程中千万不要刻意用一些深奥、复杂的字、词或句子来说明事情，以为这样可以加深对方的印象，事实上这是错误的，一个简洁的答案绝对比一个复杂难明的答案好。

解释要有条理性，最好先说出支持自己的论据，再进一步用例子来支持自己的论点，最后再用额外的说明来加强主题论点，这是解释工作成功的方法之一。

解释时的表情也很重要，运用印象技巧，即解释人的态度要坦荡诚恳，做到有问必答。尽管心里不想讲，但嘴里要说“贵方听明白了吗？”“是否要我重复？”满脸笑容，一副自信坦然的样子，给对手一种感觉“你没有隐瞒”。这个印象技巧有盾牌的作用，可以减缓对方情绪上的额外压力，对己有利。

Animad-version 批评

批评就是对他人的缺点提出意见。批评是件难事，尤其是作为上司的助手，因为从来没有一个人会心甘情愿地喜欢受人批评，即使圣人也不可能。因此，我们在用语上应该非常小心，仔细推敲，使批评本身既达到效果，又不会伤及对方的自尊心，甚至激怒对方。

现代社会的人普遍心态都比较浮躁，再加上缺乏教养，所以稍有不合心意的事就会发作，一被别人批评就会恼羞成怒。这一点我们应该非常清楚，一旦遭遇到非我们表态不可，非得批评不行时，最好的说法是："我总觉得这样不是太合适"，或"我认为这种做法值得探讨"或"这样做是不是再考虑一下"。同样是批评，这样说可能更委婉，更有节制，更能起到提醒的作用。

批评要就事论事，批评只相对于犯错的事，不能"一杆子打死""照死里整"，从这件事联系到其他事，甚至否定别人的能力，说一些："我看你就是这样的人、你什么事都办不好"等一些怀疑对方、伤害对方的话或紧紧揪住把柄不放，只要有机会就拿出来说一说、训一训，这样的批评只会增加别人讨厌。

批评人要本着关心爱护、负责任的心态，指出他人缺点与错误，找出其薄弱环节，意在使之今后扬长避短，更好地为人处世。这是对"过失者"最大的关心，最大的爱护，也是对其最负责任的表现。

批评人时，语言表达上要温言细语、耐心细致。批评人时千万不能大声训斥，说一些讥讽、嘲笑对方的的话，本来犯错误心里就挺难受或是不服气，不恰当态度很容易激起过失者的逆反心理，不合作，甚至"奋起反击"，结果批评的目没达到，反而造成不可收拾的局面。失败的批评经常会出现这样的话语："瞧瞧你这德性""让我说你什么好"。

尊重对方是使用批评工具的重提条件，俗话说："人要脸，树要皮"，尽量不要当众斥责他人，使被批评者感到难堪，自尊心受挫。你试想一下当着部下的面训斥一名部门经理，以后他还怎么开展工作，这样的批评不仅失败，而且会对你埋下怨恨的祸根。

批评最好从肯定开始，否定居中，鼓励结束，肯定批评对象的某些长处和优点，在肯定的基础上局部地否定他的某些做法，指出造成的损失及解决问题所在，并对错误提出严厉批评，最后鼓励他吸取教训，避免今后再出现类似的过失，这样既顾全了被批评者的自尊心，又往往使之有台阶好下，是一种很好的办法。擅长此道者，批评他人之前，还大都爱进行一番自我批评。在批评下属前，自己先承担一定责任；规劝年轻人时，表示自己当初也曾"年轻过"，比起标榜自己"一贯正确"来，往往更容易被接受。

批评用词最好恰当，我们批评别人时，心里总是出于我为你好的心态，说话不讲分寸，想着什么说什么，看着对方就一副"恨铁不成钢"的样子，什么难听说什么，以为"苦口"别人就能记住，也不管"药方"合不合适，别人稍微争辩一下，就认为忠言逆耳，说的就更狠了。利己又利人、事半功倍的批评是从关心、爱护出发，用恰当合适的用词表达，用动听的语句说出，我们何乐而不为呢？

Argument
争　辩

争辩是人们所说的争执与辩论。在商务交往中，特别是在某些正式的场合，为了捍卫利益，有时免不了要同交往对象针锋相对，寸土必争，争论某些问题，辨别谁是谁非。

为工作上的事进行争辩自然而然，但必须注意的是，争辩时的用语也要保持理智和礼貌。即使是势在必行，义不容情，进行必要的争辩时，也须先礼后兵，礼让三分，晓之以“礼”，动之以情地表现出专业性的实质。而绝不能像泼妇骂街那样，全然不顾斯文与得体。

争辩是就事论事，当对方的观点提出我们不同的看法，话题内容可以针锋相对，但态度上应该非常礼貌，因为我们的争辩对象不是上司就是客户或是同事，哪一种人我们都不能得罪也没必要争个面红耳赤。争辩是讲道理，只不过观点对立比较严重，对原则性的问题双方各执一词，才会显得内容上有冲突。但有理不在声高，而且对事不对人，只有把握这两个原则，并且尝试着努力站在对方的立场上来看待同样一个问题，我们才能够使自己的争辩有礼有节。

争辩时语气要自然、果断。这是维护自尊与自信的需要。有理不在声高，“发言”快慢相间，舒缓有致，便不怒而威。哪怕一时讲错了话，当时也不要改口。过一会儿，再重复一遍正确的表述，就等于“自觉更正”了。

因此，争辩时的用语较多采用商量性的句尾词，如“是不是”“不是吗”，这样可以使双方都有思考和回旋的余地。

争辩要有逻辑性，东拉西扯，高谈阔论一些与主题不相干的事或是“嘴边跑火车”刹不住，这说明你不是肚子里没东西就是怯场。有一是一，有二是二，简单、明了，能用最少的话讲清楚最复杂的道理，才算是辩论的高手。反之，把最简单的事讲得复杂得不得了，不是有意捣乱，就是没学问。

争辩要以理服人，“有理走遍天下，无理寸步难行”，这是千古不变的道理。辩论就是据理争论，通过论据来证明你的论点的正确。对于本来不占理，可非要坚持己见，明摆在台面上就输了分，走到哪儿别人也不会支持你。

争辩要以事实服人，事实是最好的证明。在争辩中，“摆事实，讲道理”，常被联系到一块，实在是大有道理的。当对方指责我方产品质量不过关，可用具体的数字、证明产品质量好的事实和权威部门的证明书来反驳。

争辩要懂得迂回战术，避免直接硬碰硬，绵里藏针"一招制敌"的战术让对方输的更彻底。有一次，在联合国的援助会上，一位美国官员对一位非洲领事说："你们国家每年死多少人？"他想借此来取笑非洲卫生条件的恶劣，对这样一句不友好的问话，非洲领事这样回答：

"先生，我国和你国的人一样，都是每人死一次。"

在具体争辩中，处于上风的人通常都善于抓住对手要害。要想在争辩中从对手的陈述中抓住"要害"，以静制动后发制人，大体上可以采用以下四种争辩的方法：

一是证明对手论据不真实、不准确，不能够支持其论点；

二是证明对手思路，即论证的过程有失偏颇，存在漏洞；

三是证明对方观点有百害而无一益，或者至少是害大于益；

四是通过对比说服对方。

一般来说，为公事而进行争辩是必要的，为私事进行的争辩则意义不大。为大事应当进行争辩，并且应当据理力争；为小事则宜求同存异，不必非"争"不可。

Apologize 道歉

道歉指在人际交往中，因自己的言行有失礼不当之处，或是打扰、麻烦、妨碍了别人而及时向对方表示歉意的行为或意思。

道歉的好处在于，它可以冰释前嫌，消除他人对自己的恶感，也可以防患于未然，为自己留住知己，赢得朋友。因为不了解实际情况，而当众错怪了部下，在确定自己错了之后，绝不能文过饰非，将错就错，一错再错，而应当马上以适当的方式向部下真心实意地道歉。这样才会被原谅，才称得上是强者。

道歉的用语应该礼貌和规范，因为本身已经有愧于对方，要求得到对方的谅解与宽恕，唯一的方式就是礼数周到，至少也让对方感觉舒服一些。比如"对不起""深感歉疚""实在不好意思""非常惭愧"。渴望见谅，需说："多多包涵""请您原谅"。有劳别人，可说："打扰了""麻烦了"。一般场合，则可以讲："对不起""很抱歉""失礼了"。

分清深感遗憾和必须道歉这两者的区别，有些事你可以表示遗憾，但不必道歉。

道歉并非耻辱，而是真诚的忏悔，真诚地请求对方的原谅，所以在道歉时应该直截了当、大大方方、堂堂正正、完全彻底。想说又不说或是觉得道歉是很丢脸的事，遮遮掩掩、吞吞吐吐，反而加深人家的反感。

道歉要及时，知道自己错了，就马上道歉，越耽搁越难启齿，有时甚至追悔莫及。假若你认为有人得罪了你，而对方没有致歉，那你应该冷静，不要闷闷不乐，更不要生气，也许对方知道自己错了正为如何道歉而不好过呢。

采取补偿的具体行动。给对方送点小礼物，请对方一起吃饭等都不失为好办法。具体行动更能表示歉意。

道歉的方式有多种多样，而且各有特点：电话道歉，看不到对方的表情，不用诚惶诚恐的；道歉卡，需要动脑筋把道歉的话写得漂亮点，一般比较奏效；公开道歉，道歉者的职别越高，承担的肇事责任越小；道歉信，一封情真意切的道歉信是完全可以“一读泯恩仇”的。既是信，就是一种有形的实物；送礼，一篮水果，一捧鲜花，一本书，一张碟……总之，“精神赔偿”以“物质形式”体现，“一切尽在不言中”的有效道歉；设宴赔罪，即设宴，除了道歉和接受道歉的双方，另外必须有人作陪，而且往往是“有头有脸”的人物。

不该道歉时，绝对不能道歉，是自己的责任要勇于承担，不是自己的责任，就要坚持到底，不能因为息事宁人而认错。这种做法，对任何人都没好处。

Present 馈赠

赠送礼物给他人是联络感情的方式之一，商务交往以及商务应酬中，送礼也是一种常见方式。

商务馈赠大多都有着十分清楚的商业目的。但是我们必须注意，千万不要将馈赠变成十分庸俗或非常赤裸裸的一种交易或者投机行为，否则会适得其反。

熟知馈赠的个中规矩对我们十分重要。这些规矩如下：

第一，除非关系特殊和对方身份特别重要，否则不必赠送太昂贵的礼物。所谓物有所值，送给对方的礼物应该符合对方的身价，符合我们所求的价值。

第二，赠送的礼物应恰如其分，适用于对方。譬如向女性赠送打火机，向男性赠送内衣显然是十分可笑的。

第三，赠送的礼物应去掉包装上的标价。为郑重其事，礼物应用精美的包装纸包装，以显示礼物的珍贵。但包装要适当，千万不要像日本人那样，一件不起眼儿的小礼品用十几层纸盒与包装纸装饰，华而不实。真的是“礼轻情意重”，让人哭笑不得。

第四，除非我们自己亲自送礼，否则，委托他人送礼时应在礼物的外包装上附上赠送者的名片或亲笔便条，以便让对方清楚地知道这份礼物是谁送的。只要不是见不得人或早已心照不宣，赠送礼物可千万别做无名的冤大头。

第五，鲜花、食品、化妆品、生活用品以及一些寓意深刻格调高雅的小玩意儿是最普遍性的礼物。送钱当然也可以，但送现金就有点俗，而且有贿赂之嫌，不如送银行卡或股票或代币券来得斯文。

第六，赠送礼物应注意忌讳，注意场合和时间，如果有第三者在场时给对方一些比较敏感的礼物，显然会使对方和第三者都很尴尬。

第七，赠送礼物是互惠行为，如果曾经收受过对方的礼品，那么回赠对方的也应是价值相当的礼品，除非我们另有企图。

商务应酬中的赠礼可以郑重其事，也可以轻描淡写，关键得看我们是否要让对方有所表示。

对于对方在商务应酬中向我们赠送礼品，只要对方如此表示，我们也没必要虚情假意地推辞，索性大大方方，欣然接受，并且郑重其事地向对方道谢。又有礼物收，又让对方高兴，两全其美的事，何乐而不为？

按照国际惯例，接受对方礼物时应当着对方的面拆启包装，当场拿出来欣赏与赞美一番，这既是帮助对方炫耀，满足他的虚荣心，同时也是借此引出话题，说一些双方更感兴趣的事。我们也可以借此发挥一下自己的欣赏水平，以非常识货的专业形象让对方满足。

收受礼物不当场启封，或是暂且将礼物放在一边，都是失礼之举。除非内有隐情，否则当场拆封并欣赏是应该立即做的事。

在欣赏、赞美、感谢之余，也要不卑不亢，分寸得当，否则过分的夸张难免肉麻，反而有种虚伪不真实的感觉，让对方不舒服。

收受对方礼物后，尤其是较为贵重的东西，礼貌上应该在一周之内专门写信或致电对方，正式致谢。

The business receives the standard

Chapter 2

第二章 商务接待标准

收发
电话
问询
登记
接待
等候
引领
介绍
迎送

Receive and dispatch
收 发

一、发函处理

发函的目的是告诉对方或者要求对方。

我们在发函时必须注意用词准确，条理清楚，要让对方清楚无误地明白。写完后，应该站在对方的角度来检查我们的发函内容是否简明扼要一目了然，是否完全包含了我们所有的真实意图。

发函处理得当，无疑会促使对方建立起对我们商务人员及企业的信心。这不仅仅是指内容，还包括其形式。

二十年前，我的公司曾经收到过英国一家洋行寄来的一份商业信函，这封信函与众不同的是，它显得特别的古典、特别的精致。它的信封是那种厚重粗糙，质感非常明显，在中国内地从未见过的重磅木纹纸，浅米色，有淡淡的水印。信封上的字斜向连笔，龙飞凤舞，粗细不均，可以猜得出是用鹅毛管水笔写的。更令人惊异的是，信函的封口居然是两个拇指盖大的一块圆圆的硬硬的红红的刻着某种标志的凹凸形印记，上一辈人告诉我们，这就是近代常用的火漆印！

我的天，这哪是一封商业信函，这简直就是一件艺术品，一个历史嘛！如果不是急着想知道内里乾坤，我恐怕真的不会去撕开火漆，破坏这件令人爱不释手的东西。

打开信函，我抽出来的是一张足有125克重的本白色道林纸，这张纸拿在手里沉沉的，捏住一角抖动起来竟然发出冷轧薄钢板那种金属声音。整张纸有着明显的水印，不用细看都能分辨出那是一个公司的标志和一组组英文。纸的上方中央还有一个用钢印压制出来的非常明显的公司标志，手指摸上去凹凸分明。整个信函的内容则是用英文打字机打出来的，精致秀丽，衬着淡雅的厚重的信纸，构成了一种无法形容的怀旧的感觉。面对这样的商业信函，我几乎是完全被迷惑了！用这样贵重的纸张和这样古典传统的做法寄送一封普通的商业信函，足以证明这家洋行的悠久历史和雄厚实力。和这样的洋行打交道，还有什么不放心的呢？

这件事过去那么多年，其他许多轰轰烈烈的大事件多已淡忘，惟独这样普通的不起眼儿的小事却仍然清晰地映现在我的记忆中。

由此可见，细节给人的印象是多么深刻，而当我们注重细节时，它又会产生多么令人意料不及的作用！这些细节包括：

(1)有特色有分量的信封；

(2)有价值和含意的信纸；

(3)有意思的书面语言；

(4)造型优美书写流畅的字体。

别具一格的上下落款。譬如“如晤、台鉴、敬上”。

标准的书写或打印格式。行距、起首空格等格式均应符合收函者的文化习惯，发往欧美国家及中国内地和港澳地区的为从左至右横写格式，发往台湾地区则为从右至左竖写格式。

有传统感或现代感的折叠方式。

横写格式用两折三分法，即16开信纸均分三段折两折成一长型，信纸两端比标准的航空信封短，这种折法简洁平整，富有现代感。

竖写格式用中国传统的斜角折叠法，16开信纸左上角折进来，以信函右上角竖写收函者姓名称呼为界，然后以中间线为准，从左往右折成半条，这样整张信函只显露出右上角的收函者姓名，最后再将右上角翻折下来，形成一个对角，整个长度也会相应缩短，比较适合放置在老式信封中，这种折法比较斯文，也有一定的保密性，至少，抽出信函第一眼看见的，只是收函者的姓名，至于信函中其他内容，还得继续打开才能看清。

规范的邮寄方法。信函与信封必须相符，信封上内容和格式正确，邮资足够，包装及封口严密妥帖，特别标示清楚醒目。

重要信函的寄发应在函件收发记录本上作详细登记，并将复印件归档备案。

二、来函处理

来函包括电报、传真、信件、通知、印刷品、包裹。

来函一般由收发室或办公室文员以及秘书负责分类后送有关人士，商务人员主要是拆阅并处理与自己工作或业务有关的商业信函。

拆阅信函应先将信封底边在桌上敲几下，使封内信纸下落，然后沿信封上端左下角剪一个斜三角，再用刀顺此裁开信封，或者直接用拆信器一步完成。取出信纸后查看一下信封内是否还有其他夹寄物品。然后，平整铺开信纸，在信封上注明收到时间。凡是需要自己处理的，信纸在上，信封在下，用订书机或曲别针夹在一起，一函一夹，按照重要性和急迫性依序从上至下叠放好抽空儿处理；凡是转给其他业务部门或有关人员的，则信封在上，信纸在下钉或夹在一起。这样做主要是为了便于区别对待与处理，同时也能让相关人员不会错看与己无关的信函。

处理来函其实十分简单，一般每天上下午各有一次来函送到，平时则偶尔有一些特殊快递信函。成批抵达按序拆阅，分门别类给予处理。私人信函分开摆放，无关紧要的弃置一边，有些价值的妥善存放，特别标示并专门保管。重要来函应放在普通信函上面，做好分类标记，以便上司或有关人员能先行处理。

凡普通公函、商务信函、重要信函中的重要内容，我们应用红笔划线标示，如有必要还应将我们的意见或建议标注在旁边，提醒上司或有关人员引起重视。

凡重要来函都应登记在函件收发记录本上，按序填写收函日期和时间、发函日期、发函人姓名或单位及其地址、内容摘要、接办处理者等。

如果来函众多，我们可用多个文件夹进行分类存放，文件夹通过颜色、数字、顺序等做出识别标记，以便根据这些来函的重要程度安排处理顺序。

信函分类的国际标准如下：

优先考虑的信函，用金色标记。

例行性的备忘录，用绿色标记。

特殊信函，用粉红色标记。

绝密信函，用蓝色标记。

私人信函，用黄色标记。

如限于条件或色彩复杂不太容易搞清楚，我们可以用某种符号或英文字母来代替上述这些颜色进行分类。

重要的是，我们和上司以及企业内有关人员都得知道这些分类标记的含意。来函拆阅分类后，没有价值的保存一个月，有价值的保存六个月，重要的复印保存，原件归档。过时效来函可用碎纸机处理。

Telephone
电话

一、拨打

商务人员必须养成这样一个习惯：使用电子记事本，将所有与我们的商业事务有关的电话号码悉数登录。无论某个电话号码有多么熟悉，我们仍然不能过分依赖自己的记忆力，号码这个东西，错一个数就全错了。从工作效率而言，电子记事本既可以帮助我们节省时间，又能确保准确性。

电话号码的分类通常为两大类，一类常用，一类偶尔用。设定登录和检索的最快捷方法，同时别忘了备份，以免因电子数据(EDI)遗失而前功尽弃。

拨打对方电话号码，接通后，首先应该自报家门并予确认一下：

"您好。斯迈德广告。请问是高德礼品公司吗？"

如果对方说是，我们便进入正题：

"麻烦您，请接市场部陈经理。谢谢！"

如果对方说不是，那有可能是电话拨错了，我们在确认拨错后，应向对方道歉：

"对不起，打错了，请原谅！"

然后挂断电话，再查阅并锁定电话号码，重新拨号。

和对方通话应简单明了，必要时也可作些简单地记录，如果是重要内容，则应向对方特别强调，甚至可以扼要地向对方复述一遍，以求确认。

除非接听私人电话并简洁交代后挂断，否则，在企业里严禁占用电话处理私人事务或者聊天。作为工作必需的有限资源，电话与电脑一样，在工作中都发挥着信息搜集、传递、整理的作用，当我们或其他同事因为个人原因占用这些资源，譬如上网浏览聊天，实际上就是在虚耗资源，影响企业的正常运作。从道理上讲，任何有损于企业利益的事，都是不能允许发生的，因此，我们不仅自己应以身作则，也不能姑息其他人损公利私，哪怕偶尔一次也不行。

当然，对电话使用的管理靠的是企业的制度和员工的自觉，重要的是一种行为规矩，是一种自我约束的良好风气。

如果是为上司或同事代拨电话，接通后我们应先确认对方的身份，核实无疑后，我们要告诉对方是谁要和其通话，并请对方稍候，然后才把电话转接给有关人员或请委托者亲自来通话。

如果对方是熟人，那么接通电话后应称呼问候，以示亲切。

如果是发传真，而对方使用的是两用机，那么我们应明确告诉对方："您好。请给我传真讯号，谢谢。"待话筒中出现尖利独特的传真讯号时，我们便可发送传真件。

通话完毕，应友善地感谢对方："对不起，打搅您了"或者"谢谢您在百忙中接听我的电话"或者"和您通话使我感到很高兴，谢谢您，再见。”

有一点必须指出，如果因故让对方在电话那端稍候，我们千万不能为了避免让对方在话筒里听到我们这儿的动静而把话筒捂住，因为这是非常不尊重人的愚蠢动作。这样做的直接后果，就是增加了对方的猜疑和不信任，当话筒被捂住而出奇地沉默无声时，虚幻与想像会加深对方的错觉。如果我们确实有必要不让对方听见，那我们不妨找个借口挂断电话，反正对方看不见我们，我们完全可以从容地应付。暂停是种策略，把握得当最重要。

内容重要的致电应该记在电话记录本上，录以备查。这个本子可涵盖接听和拨打两种内容，按时间顺序流水账式地记录。

二、电话接听

电话作为现代资讯工具，在企业运作中起着十分重要的作用。很多客户正是通过电话最先接触和了解我们商务人员以及我们所服务的企业，如果我们在打电话时比较随意，或者把我们自己的个人禀性掺杂在里面，很可能因此会给企业造成不良影响。所以，商务人员首先应该在电话里表现出非常良好的商业规范和讲话水准，甚至于声音，语调都非常的专业，非常的统一，这就犹如航空港的播音员，无论是谁在播音，人们听见的几乎完全是同一个人在讲话。这种效果在企业里并不常见，但如果能够做到，那么效果会出奇的好。

当电话铃声响起，我们就该相应做好准备，在电话铃响过两声之后的间隙里拿起话筒进行接听。铃响两声接听是一项专业要求，因为不满两声接听，对方会觉得我们迫不及待，无事可干；超过两声接听，显然又反应迟缓，有失礼貌。至于铃响间歇接听，则是因为电话振铃采用电磁振荡的原理，经常在振铃时拿起话筒，造成铃声中断，会衰减振铃功能，逐渐使铃声越来越轻。

千万别轻视铃响两声接听的规矩，有经验的人正是从这个细节中来判定我们商务人员的专业性。

拿起电话接听，我们的语调应温和清晰：“您好，这里是斯迈德公司，请问找哪位？”这样的打招呼简单明白，平和安详，使对方既能清楚我们所在企业的名称，帮助其确认打通的电话是否正确，也能感受到训练有素的我们所表现出的职业水准。

如果线路不清楚，或未听清对方的意思，我们可以温和地告诉对方：“对不起，由于电话声音太小，麻烦您再重复一遍。”

如果通话过程中，对方因为某些原因急躁或不耐烦，我们应耐心地听完对方的埋怨，再温和地说明自己的理由。切记不要在电话中争辩，即使事实证明我们正确，我们也要宽容豁达地做个倾听者，尽量满足对方的要求。

除了自报家门，我们还得弄明白对方的身份与意图。要听清来电者的自我介绍，最好是重复一下对方的姓名，“是的。吕先生，请稍候。我立刻为您联络与这单业务有关的人士。”“我明白。刘女士，我知道这次商业活动的重要性。”重复会产生郑重其事的效果。

当我们接听电话时，既要弄明白对方的身份和意图，又不能使对方反感，我们只能以职业的策略方法来与对方沟通。我们没有任何理由去审问对方，只有义务去帮助对方。既然对方主动来电，总是有事相求。因此，我们必须在第一时间了解对方意图，第一时间告诉对方结果，这种了解是技巧地诱使对方坦白来意，这种告知是策略地达到目的。

如果因为过分地认真与执著而使来电者误会甚至怨恨，那是我们的悲哀！作为商务人员，随机应变与八面玲珑是最起码的待人之道。

如果接听长途电话，我们需要做些节奏上的快速应变，迅速回应对方，记下对方的单位、姓名、来电时间、内容要点、回电号码，并且立刻予以处理，以免对方久等。我们必须提醒对方，为防电话突然中断而耽误事情，有必要按上述程序作简要记录。如果真的发生这种意外，至少我们还能重新恢复联系。

来电未必都是正事，对一般性询问巧妙理智地回答，对打错电话表示谅解，对个人私事简要回答，对电话骚扰不予理会，对员工家庭急事紧急处理，对态度粗暴语言粗鲁的，仍然保持礼貌和职业用语。

总之，在任何时候任何情况下，始终如一保持声音语调非常的职业化，不卑不亢，语调平和，不露声色地巧妙处理各类棘手问题。

如果我们对来电者的提问不知如何回答，应该坦率地告诉对方，并且尽快地请上司或同事帮忙，也可在找到答案后致电对方，这样做，对方一定会十分满意。

别忘了在电话机旁放一本来电记录本，认真记下来电者的姓名、单位、电话号码、有关内容，不清楚处可再问对方，以便必要时可与对方联络。不过，并不是所有的来电都要记录，因为这样做既不可能，也没意义。只有具备利用价值、保存价值的来电才必须记录。至于如何判定重要与否，我们可以凭借自己的经验和直觉，更可以依据下列几项标准衡量：一是需要落实，二是需要跟进，三是需要提醒，四是需要备忘，五是没有任何原因，只是感觉有此必要。凡符合上述标准的来电，都应养成边听边记或挂断电话后紧接着随手记录的习惯。

Inquire 问询

商务接待中的问询对象主要是指公司来访者，包括办事和不办事的人，地点为前台，问询的职责一般由门卫或前台接待人员及秘书担任。

问询要坚持六点原则，一是行为有礼貌，如见到客人要立即站起来；二是脸上带着微笑，微笑可让人感到宾至如归的亲切；三是问询要有技巧，得体的、恰到好处的问询既初步了解来访者的一般情况及来访目的，又不造成对方的反感；四是耐心细致，并不是所有的来访者言语都能表达流畅，耐心细致的问询会给对方留下公司办事认真的好印象；五是热情的态度最重要。应付、居高临下、盛气凌人的盘问，不只使对方人格感到侮辱，还会使自己公司受到损失，谁愿意和这样的公司做生意。六是问询中的沟通协调很重要。

当有人推门进来，接待人员应站起来，面带微笑打招呼并问询来访人姓名、单位、身份、来访目的、是否预约，如：“先生/小姐您好！请问你找谁或请问您有什么事？”

当确定来者是办事，还应礼貌地问询：“您预约了吗？当得到肯定的回答之后，可请来人在接待室等待，并及时通知有关人员。

如来者没有预约，可问询来者的目的，根据情况做出判断，如推销办公用品或是公司可能会购买的物品，可说：“请您留下资料和联系电话，如果我们需要，会和你联系”。如果推销的是公司正需购买的产品，比如原料，可请对方在接待室等待，并与负责采购工作的人员联系，简单说明情况，问要不要见面。

对于推销其他东西，可以礼貌地说：“谢谢您，目前我们暂时不需要或是我们已经购买了”。

进门都是客，即使来者是一个走错门的人，也不要让客人进来站立许久，才有人问询。

对于一些来闹事、无关人员，前台可以礼貌地挡在外面，避免打扰公司的正常工作秩序。

公司的访客，通过问询，是公事，没有提前预约，在得到有关人员肯定不见面的答复之后，要婉转地对来访者说明情况并请他最好事先约好再来。对有私事的访客，一般最好按公司规定告之对方，在工作时间，公司员工不能接待来访，如果是非常紧要的事，就要赶快通知当事人。

对经常来公司的老客户，知道姓名和职务的，可这样称呼：“王总，您好！您来了，先请里面坐，我们经理正在见客人，请您稍等一会儿，我去替你通报”。

对于坐在接待室等人的来访者，前台千万不能因为事情太多而忘记了，要不时的进去添茶倒水，并客套的说一些：“不好意思，让你久等，王总今天太忙，过一会儿，我再替你通报一次”。

公司所有来人，都不能进入办公区，除非允许的特殊人物，比如总经理的客人。

仔细盘查欲进入办公场所的可疑人员，将其劝退，或报安保部门协助处理。

前台形象代表了公司的形象，前台的素质就是公司的素质。

Register 登记

登记的目的一是为了方便企业管理和安全，二是有助对来访者的接待。登记分对外和对内两种。登记的对象是来访者和本企业人员。

这里介绍的商务接待中的登记指的是对外来来访者的登记。

来访人员凭介绍人或证件填写来宾登记簿后才允许入内。

来宾登记簿后的内容包括：来访时间、来宾姓名、来宾服务单位、来宾地址、来访事由、接待人、离开时间。

登记人要详细填写登记事项，字迹要清晰，字体要端正。

请别人出示登记证件时要礼貌，对不合作的客人要耐心给予解释。

Receive 接待

接待来访者要注意把握分寸，如果反应过快，或者在态度上喜出望外过于热情，来访者会误以为我们平常业务冷清，门庭冷落；反之，则会认为我们自视清高，有意冷淡。所以，始终保持不卑不亢、彬彬有礼，自然得体的接待风格是十分重要的。

一、接待准备

事先做好充分的准备，可以帮助我们在商务接待过程中避免手忙脚乱，这些准备工作包括：

第一，准备一份原始会见登记本，或者计算机登记系统，根据以往商业客户来电来函来人的预约记录，整理出当天已事先预约的来访者单位、姓名、职务、时间、事由、接待者，做成一份当日来访预约表，如有必要，可通过电话方式向来访者和被访者再次确认及提醒。

第二，建立来访者名片索引系统，用名片扫描仪将来访者的名片资料储存在计算机里备查，配合来访登记记录，合并成一套来访资料系统，这样既便于完整记载已发生过的来访及结果，也便于有事联系商业客户时，可以迅速地借此检索提供准确的信息。

第三，了解掌握企业内可以接待来访者的人员姓名、部门、职务、分机号码。这意味着，一家企业、一个办公室内，并不是所有的人都有资格在工作时间和工作地点接待外来者的，它有着相当严格的限定，当客户来访未指明所访何人时，我们应该清楚判定应由哪个部门哪个人出面接待，并且先用内部电话与该同事联络，获得确认再作安排。

第四，准备一些笔和便条纸，如果来访者拜访的人未在，可请其留言以便转交。

第五，在面向办公室内部的墙上设置留言板，作为备忘之用。可以请有关人员外出时做个留言，或者由指定专人如秘书代劳，这样可以帮助大家在忙碌自己的工作同时，也能随时掌握其他有关人员的行踪和有关情况，当来访者登门时，或者上司有事找有关人员时，各位不会一问三不知。

第六，有意拉开公司内接待处与会客区的距离。除非特许，外来者不得进入办公区域，常规的做法是设立专门的会客区或等候区。凡是来访者，无论是否有约，也无论陌生或熟悉，都应请他们在会客区就座，奉上茶水，请他们稍候，然后回到我们自己的办公桌，用内部电话与被访者联系，征询对方是否接待和何时接待的意见。当被访者因故不想见来访者时，也可以找借口应付和支走来访者。分开两个区域，目的就是不让来访者听见我们和其所想见的人的通话内容，这也是避免尴尬甚至冲突的良策。

会客室内应放置当日的报纸杂志，使来访者安心等候，也可以转移来访者的注意力。

总之，应避免在来访者面前打电话给被访者。

二、接待程序

一般的企业里都由专职文员或秘书负责对外接待，商务人员的作用，一是在接待人员未在岗位上时协助其处理接待事宜，二是当来访者与我们本人有关时，亲自负责接待。虽说我们是终端接待，但在程序与标准上，业务接待与日常接待的做法都是差不多的。

第一，来客登门拜访，我们应起身相迎，待客态度应该亲切温和，面带职业性的微笑，同时热情的招呼对方："您好，请问您有什么事需要我帮助？"或者"您好，请问您有什么事？"前者的招呼比较专业，后者的问候比较随意，这可视来访者的情况选择使用。客人要找的负责人不在时，要明确告诉对方负责人到何处去了，以及何时回本单位。请客人留下电话、地址，明确是由客人再次来单位，还是我方负责派人到对方单位去。

如果有客来访，我们正巧在接打电话，那么正确的做法就是向电话那头的人说声"对不起，请稍候！"先放下电话，笑脸相迎来访者，并请来访者稍候，然后再拿起电话继续交谈。

无论是否有来访者需要我们接待与安排，我们在接打电话时都应简明扼要，因为忙碌的工作会分散我们的注意力，任何一项细小的疏忽都有可能变成麻烦，我们必须保持随时待命和迅速处理的状态。

第二，无论陌生人还是熟客，我们接待时说话的声音都应保持相同的语调和节奏，声音徐缓平和，咬音吐字清楚。

始终一致的讲话态度和语调，可以有效避免来访者因为亲疏而产生的厚此薄彼的感觉。同时也会让所有的来访者都觉得我们非常的职业化。

第三，商务人员有很多非同寻常的能力，超常的记忆力就是其中之一。只要见过一面打过招呼，过目不忘的特点就应该能够让我们在脑海里挥之不去，无论什么时候什么场合再见面，我们都能立刻准确无误地认出对方。这种熟记生人的非常本领对日复一日年复一年和数不清的人打交道的我们而言，确实是种考验，但如果我们具备了这种能力，一定会让有过一面之缘的来访者惊讶和喜出望外。

第四，如果来访者是陌生人，我们应该先打招呼，然后视情况决定是否介绍我们自己的身份。一般来讲，有必要作自我介绍，让对方知道我们的实际身份。这是程序，也是规矩。

第五，如果来访者初次登门，人生地不熟，对方会担心受冷遇。因此我们应该以始终如一的职业态度去问候对方，并且要求对方提供能够证明其身份的东西，这个验证的程序必不可少。对来访者提供的名片，我们应礼貌地用双手接过，仔细地轻声念出名片上的姓名、企业名称、职务，这样做有三个好处，一是加深印象，二是给予确认，三是让对方感觉我们很重视他。问明对方的来意后，请他在会客室稍候，然后回到自己的办公桌前，用内部电话和我们认为合适的有关人士联系。

第六，如果来访者是熟人，我们的招呼中当然应该多一分熟悉的亲切感，同时仍应十分礼貌地问明其来意。我们并不能因为对方是熟人而任其在企业的工作环境中自由进出，我们做出规矩，来访者自然会遵守，如果我们不讲究这些，那么熟人反而会觉得我们随心所欲出尔反尔。始终如一是接待的标准。

第七，如果来访者事先与我们有约，而我们手头又有事暂时脱不开身，那么就应该请其在会客室稍候，然后赶紧处理完手头之事或干脆先放一放，去接待来访的客户。我们必须清楚，商业客户犹如我们的衣食父母，在任何时候，除非我们身不由己，否则我们永远也不能怠慢甚至得罪客户。

第八，如果同时有多位客户到访，那么我们自然应按先后顺序给予接待，但如果其中有特殊来客，则应立即给以特殊安排。重要的是根据来访者的身份地位及重要性做出判断。任何习以为常的按部就班或者错误的判断都会招致重要客人的不满。然而，过分重视重要客人同时忽略其他客人又容易引发众怒。我们的原则是：来的都是客，先以顺序区分，再以重要性和急迫性区分。对需延后等候的先到者给予适当的解释，获得对方的谅解；对其他等候者，客气地请他们稍候，并捧上茶水，为免等候的无聊，可以给他们阅览报纸杂志，并在之后的接待中再一次诚恳地打声招呼要求原谅。

顺便提醒一句，如果同时有多批客人来访，在安排他们等候时，应尽量避免让他们之间发生横向联系。有时候，这样的场面未必是件好事，多长个心眼儿，在任何时候都有必要。

第九，如果来访者想打电话，可以允许他们使用事先安排的电话，这部电话应该是直线电话，如果有长途功能则必须加锁或者密码才能使用，以便控制费用。我们应礼貌地告知对方这部电话的使用方法，并且要求对方控制时间和通话的声音，以免影响周围正常工作。

我们应尽量避免来访者使用我们桌上的办公电话和内部电话，因为这肯定会妨碍我们的工作，同时也可能无意中泄密，尤其是我们正在处理一些重要的商业合同或商业文件时，对方使用我们的电话时很可能会随意地看到。

同样的道理，只要我们离开自己的办公桌，哪怕片刻，都要养成这样的习惯：收起桌上有关文件资料，或者用其他东西盖住。我们不能因为一时的疏忽，而给自己的工作带来被动甚至伤害。

有个别的人确实不够自觉，当我们允许他使用电话时，他往往会毫无顾忌地大声说话，甚至讲起来没完没了。如果谈的是有关业务，倒也情有可原，但滔滔不绝讲的都是些私人事务，这就有点太过分了。我们劝阻他吧，他说我们太计较；我们制止吧，他又得寸进尺变本加厉。大凡这种样子的人，骨子里已经定型，改不了了。我们任何一点儿不忍心和不好意思，他都不会领情。而如果我们不能及时地予以劝阻和制止，一旦被上司反感，倒霉的只有我们自己。因此，我们在处理这类没有明显是非和程度大小的麻烦时，应该礼貌地坚定地明确地表示自己的态度，认真而又坚决地提醒对方立刻中止。要使这种劝阻发生立竿见影的效果，最好的方法是特别强调的彼此尊重。这意思就是说：我给您面子，请您也给我面子！

第十，如果来访者想和我们攀谈，而我们又正在忙碌，礼貌性的做法是让他先开口，我们边忙边注意呼应，倾听和应和，让他体会到我们的知书达理与善解人意。良好的谈话也能促进来访者对我们商务人员的了解，但谈话的内容应避免涉及企业内的人或事。

如果来访者谈兴甚浓，在多谈了一阵之后，我们也应视自己的工作情况决定是否继续，因为商务人员手头的工作是相当繁重的，我们不太可能有太多空闲时间陪客人聊天，因此，适可而止地向对方表示歉意："对不起，我手头还有些事需要马上处理，我们改天再聊好吗？"或者"对不起，我需要马上做一些其他的工作，您不会介意吧！"然后继续做我们自己的工作。

重要的是，我们要让对方感觉到我们对谈话很快乐，但我们对不得不中止谈话也十分无奈而惋惜，这样既能让自己得以解脱，又不至于扫了对方的雅兴。

第十一，如果上司或有关人员正在开会或会客，来客有事需要打断他，我们可以请来客在会客室稍候，然后将其名片或写张便条送进去给被访者，也可通过内线电话进行提醒。这种打断应该是一种心领神会地默契，不能引起他人注意的。

如果有些来访者逗留时间过长，而被访者又不好意思送客的，那么我们应该注意观察被访者的细微表情变化，敏感并且准确地领悟其真实意思，巧妙地帮助其摆脱困境，譬如走进去找个借口打断谈话，提醒其应该立即动身出门赴约，或者提醒其下一个约会的人正在外面等候。

不便于公开讲的秘密应用纸条或内部电话悄悄地告诉被访者，有意解围的借口务必当面公开讲，且讲完了还得站在一边，等着送客，这种执著是必要的，因为我们要关注最后的结果，如不这样紧盯着催促，那么任何借口有可能都只是半途而废。

第十二，送别来访者也有接待规格上的讲究，同事的访客当然由同事送别，我们完全可以保持自己的矜持与庄重。上司的访客则区别对待，一般地由秘书代劳送至门外，与我们工作或业务有关的则由我们陪伴至大门外，重要的则由上司亲自送别。送别有三种规格：

普通来访者只需送出办公室门外，相对重要的或者熟悉的访客则送至电梯门口，并代按电梯键，待客人进了电梯，电梯下行后再转身回办公室。

特别重要的则陪送下电梯，一直送到大楼门口，所谓"送君送到大路旁，君的来意我记心上"。

除非上司特别要求，一般送客不必太远，否则太热情会误导来访者的感觉，于我们自己于企业都不利。当然，商业客户又另当别论，他们本就是我们的重要对象，再三相送在情在理。

三、接待完毕

凡是商业客户告辞离去后，我们都应将接待结果三言两语简要地记录在约会登记本的备注栏内备查。

总之，接待规范的基本要求是热情友好、彬彬有礼、不卑不亢、落落大方、来有预约、走有记录、顺序安排、控制时间、掌握分寸。

Wait for 等 候

迎来送往，是社会交往接待活动中最基本的形式和重要环节，是表达主人情谊、体现礼貌素养的重要方面。尤其是迎接，是给客人良好第一印象的最重要工作。给对方留下好的第一印象，就为下一步深入接触打下了基础。

迎接客人要有周密的部署，对前来访问、洽谈业务、参加会议的外国人、外地客人，应首先了解对方到达的车次、航班，安排与客人身份、职务相当的人员前去迎接。若因某种原因，相应身份的主人不能前往，前去迎接的主人应向客人做出礼貌的解释。

主人到车站、机场去迎接客人，应提前到达，恭候客人的到来，决不能迟到让客人久等。客人看到有人来迎接，内心必定感到非常高兴，若迎接来迟，必定会给客人心里留下阴影，事后无论怎样解释，都无法消除这种失职和不守信誉的印象。

接到客人后，应首先问候“一路辛苦了”“欢迎您来到我们这个美丽的城市”“欢迎您来到我们公司”等等，然后向对方作自我介绍，如果有名片，可送予对方。

迎接客人应提前为客人准备好交通工具，不要等到客人到了才匆匆忙忙准备交通工具，那样会因让客人久等而误事。

请客人坐车也有讲究，如是小轿车，以后排右侧为首位，左侧次之，中间座位再次之，前坐右侧殿后。如果由主人亲自驾驶，以驾驶座右侧为首位，后排右侧次之，左侧再次之，而后排中间座为末席。女士登车不要一只脚先踏入车内，也不要爬进车里。需先站在座位边上，把身体降低，让臀部坐到位子上，再将双腿一起收进车里，双膝一定保持合并姿势。

吉普车无论是主人驾驶还是司机驾驶，都应以前排右坐为尊，后排右侧次之，后排左侧为末席。上车时，后排位低者先上车，前排尊者后上。下车时前排客人先下，后排客人再下车。

我们在接待团体客人时，多采用旅行车接送客人。旅行车以司机座后第一排即前排为尊，后排依次为小。其座位的尊卑，依每排右侧往左侧递减。

主人应提前为客人准备好住宿，帮客人办理好一切手续并将客人领进房间，同时向客人介绍住处的服务、设施，将活动的计划、日程安排交给客人，并把准备好的地图或旅游图、名胜古迹等介绍材料送给客人。

将客人送到住地后，主人不要立即离去，应陪客人稍作停留，热情交谈，谈话内容要让客人感到满意，比如客人参与活动的背景材料、当地风土人情、有特点的自然景观、特产、物价等。考虑到客人一路旅途劳累，主人不宜久留，让客人早些休息。分手时将下次联系的时间、地点、方式等告诉客人。

准确掌握客人到达时间。必须在客人下机、下车、下船之前到达机场、车站和码头等候客人，不能让客人等候甚至空等。

对身份较高的外宾，事先应在机场(车站、码头)安排贵宾休息室，并备有饮料。

如因故需要在家招待商务客人时，我们应仪容整洁，并事先打扫好房间，准备好招待用品和用具，在事先约定的时间内等候客人，若客人还没到来时，可再次检查以下准备和客人商谈事宜的资料或阅读报纸、刊物。

Guide
引　领

接待人员带领客人到达目的地，应该有正确的方法和姿势引领客人进室内。

客人下车之后，对客人边引领边说："请跟我来，这边请，里边请"，走在客人左前方二、三步，在转弯或上楼梯时不要时回头示意客人。

行引领礼的标准姿势是手掌要与水平成45度角。如果掌心向上摊开有向人索要东西的嫌疑；拇指不并拢手掌，则会让人有"张牙舞爪"的感觉。行礼的时候，手势也要根据情况不同有相应区别，手在胯部表示请客人就座；手在平肩表示向客人指示方向；手在平头高度时表示请客人上楼或把东西放上高处。

同客人行路，接待人员在客人二三步之前，配合步调，让客人走在内侧。

在走廊上，接待人员在客人二三步之前，配合步调，让客人走在内侧。

客人上楼时，应该让客人走在前面，接待人员走在后面，若是下楼时，应该由接待人员走在前面，客人在后面，上下楼梯时，接待人员应该注意客人的安全。

进电梯，接待人员先进入电梯，按着"开"的钮，等客人进入后，关闭电梯门；到达时，接待人员按"开"的钮，让客人先走出电梯。

要进房间，向外开门时，如屋里有人，先敲门，打开门后把住门把手，站在门旁，对客人说"请进"并施礼。进入房间后，用右手将门轻轻关上，请客人入座。向内开门时，敲门后，自己先进入房间，侧身，把住门把手，对客户说"请进"并施礼。轻轻关上门后，请客人入座。

小型会议室，接待人员用手指示，请客人在上座位置坐下，看到客人坐下后，才能行点头礼后离开。如客人错坐到下座，应请客人改坐上座(一般靠近门的一方为下座)。

中型会议室，一般四周都有座位，围成一个半圆形，接待人应该引领客人坐左边，对方主谈人坐左边最上边的第一个位，我方人员应引领到右边，主要负责人坐右边第一个位，第二负责人坐第二位，其他人员可依次随便落座。

引领客人入座时要注意，处于主陪地位的领导，应并排在客人旁边落坐，不要落在后边。

合影时，一般要引领主人居正中，按礼宾次序，以主人右手为上，主客双方间隔排列。

主动照顾来宾中的老人、妇女、儿童和残障人士；尊重属不同国家和民族来宾的风俗习惯和礼节。

Introduction 介绍

在正式商务活动中，首先向领导介绍客人(单位、职务、姓名)；其次把身份低、年龄轻的人介绍给身份高、年纪大的或按职务高低，依次介绍一行来客，职务相同，先介绍年纪大的。

较随意的商务场合，当你要将某人介绍给别人时，顺序是：年轻介绍给年长的，男士介绍给女士，双方的地位和年龄差不多时，应该先把与自己关系密切的人引见给另一方。

如果把一个人介绍给众多人时，首先应该向大家介绍这个人，然后再把众人逐个介绍给这个人。集体介绍可以按照座位次序或职务次序一一介绍。

双方握手时，要友好地注视对方，以表示尊重对方，如果这时把眼光移向别处，东张西望，是很不礼貌的行为。

初相识的双方在自报姓名时，要注意听清和记住对方的姓名，以免发生忘记和叫错名字的尴尬局面。

在许多人相互介绍时，要做到尽量简洁，避免拖泥带水。一般与陌生人、长者以及关系一般的人交往，通常用尊称"您"；而对私交较深、关系密切者，如同窗好友、共事多年关系不错的同事，往往用友称"你"来称呼对方。

向年长者引见年轻者，不论男女都是按这样的顺序作介绍；向女士引见男士，向职位高的引见职位低的人，同时连同双方的单位、职称一起简单作介绍。

在人数众多的场合，如果其中没有职位、身份特殊的人在场，又是年龄相仿的人聚会，则可按照一定的次序一一介绍。为他人作介绍时，应简洁清楚，不能含糊其辞。介绍时，还可简要地提供一些情况，如双方的职业、籍贯等等，便于不相识的两人相互交谈。

如果你单独介绍两人相识，应该事先了解一下他们彼此是否都有想认识对方的愿望，免得造成不必要的尴尬。在向他人介绍某人时，不可用手指指指点点，而应有礼貌地以手掌示意。

当你自己被介绍给他人时，你应该面对着对方，显示出想结识对方的诚意。等介绍完毕后，可以握一握手并说“你好”“幸会”“久仰”等客气话表示友好。

如果你是一位男士，被介绍给一位女士，你应该主动点头并稍稍欠身，然后等候对方的反应。按一般规矩，男的不用先伸手，如果对方不伸手也就罢了。如果对方伸出手来，男的便应立即伸手轻轻一握。如果你是一位女士，被介绍给一位男士时，一般来说，女的微笑点头也就是合乎礼貌了。如你愿意和对方握手，则可以先伸出手来。

当你想同某人结识，却又一时没有找到合适的介绍人时，那么不妨作自我介绍。作自我介绍时，可主动充满信心打招呼说声“你好”来引起对方的注意，然后亲切自然，友善可掬地说出自己的姓名、身份。也可一边伸手跟对方握手，一边作自我介绍。

在作介绍的过程中，介绍者与被介绍者的态度要热情得体、举止大方，在整个介绍过程中应面带微笑。一般情况下，介绍时，双方应当保持站立姿势，相互热情应答。

Face to send
迎　送

首先确定迎送规格，依据来宾的身份，访问目的，并适当考虑有关国际惯例。一般而言，迎送者应与来宾身份对等，也可稍低一些。然后确定迎送程序和相关礼仪。安排迎送者应知道其正式头衔和职务，以便介绍时不会出现差错。迎送者应是来宾将要接触的有关人士或部门负责人。

向来宾献花以主要迎送者的夫人或少女儿童为宜。献花时间是在主要迎送者与来宾握手之后。

主要迎送者在和来宾见面握手致意后，应担负起介绍其他迎送人员见面的责任。主要迎送者最好是讲来宾的母语或英语，如需翻译，翻译应跟在主要迎送者身后。

迎送应安排陪车，主人陪车应坐在来宾左侧。翻译坐在加座或司机旁。上车应请来宾首先上车，主人晚一点上。上车时，应请来宾分别从两侧车门上车，而不要在车里穿行。如来宾已自选座位就座，则不必让他更换座位。

迎送身份较高的贵宾，事先应在机场或车站码头安排贵宾休息室，准备饮料。

如有条件，在来宾到达之前最好能将住房号码通知来宾，并指派专人协助来宾办理入境手续及机票(车、船票)和行李提取或托运手续等事宜。来宾到达后，应尽快进行清点并将行李取出并运送到住处，以便来宾更衣。

来宾抵达后，一般不要为其立刻安排活动，应让来宾稍稍休息。如有必要，可在重要来宾的房间里适当安排些新鲜水果，在女士房内则可放些鲜花。

商务人员陪同外宾进行参观考察或商务洽谈前，应先了解和熟悉来宾的基本情况，对来宾的要求能够立即做出反应和答复，同时礼貌有加地照顾到其他随行来宾。如果需要翻译，我们在翻译时应如实将句意转换，不能随意用我们的语言改变谈话的意思，翻译时更要注意风度、热情、随和、面带微笑。

如果来访的客人在我们公司逗留时间太久，而我们因为某种原因必须停止接待，或者必须送客时，我们可以用看钟表的方式暗示甚至提醒客人：

“我的天！都已经这么晚了，我马上要出门去！”同时迅速起身，表现得十分紧迫样子，在客人下意识地反应时，马上表示歉意：

“实在对不起，只能改天再聊，请多多原谅！”

上述方式带有不容置疑和无法改变的强制性，通常适用于一般客人，而对重要客人，态度上要更加诚恳，语气上也要委婉些，带有些为难和无奈的意思：

“哎呀，真是不好意思，我还得马上赶去参加一个商务活动，您看……”或者直截了当：“很抱歉，因为我早和客户约好，下午三时见面签约，现在我必须得和您一同出门，我们改天再谈。”

当然，无论是什么方式的送客表示，总得给对方一点儿时间再说几句话，但我们的动作及表情可以不用停止，仍在为送客及我们随后的安排做准备，这既是节省时间，也是给某些磨磨蹭蹭的客人一种压力，同时也是表明送客的决定无法改变和无法拖延，一个有主见，懂礼貌，很果断的商务人员，很容易影响别人的意志，也很容易被人欣赏与尊重。特别是当我们站起身，握住对方的手，送至门外，告诉对方：

“谢谢您的光临，一旦有什么消息，我会立刻联络您。”

或者再一次诚挚地表达歉意：

“今天我实在是身不由己，还请您多多包涵！下次再请您过来，我们好好谈谈，一言为定！”

这样子的时候，坚定的口吻，诚恳的态度，到位的表示，有一种不容置疑的影响力。

如果是客人主动告辞，我们应予以热情挽留，只有当客人站起身坚持告辞时，我们才能起身相送，否则客人一说要走我们就起身相送，显然很不礼貌也很滑稽。

送客一般应送到大门口。如属初次来访的客人，我们则应主动送至最近的回程车站并为其选择一条便利的路线。

客人临走时常会遇见意外情况，如下雨或天冷了，或车坏了，此时我们应主动提供有关物品给客人使用，关心帮助其解决困难。一般情况下，客人都会不好意思再三推却，此时我们应真诚地向其解释，帮助其打消顾虑，因为这是我们作为主人的应尽之礼。

客人来访常会带些礼品来，对此我们应有所反应，或表示谢意或请求其以后来访时不要再携带礼品，或相应回赠礼物。

The business visits the standard

Chapter 3

第三章

商务拜访标准

预约
交通
赴约
拜访
告辞
留言

Reserve 预约

人员出访，常常需要事先与要见面的人或公司进行预约。这类预约可以用电话，也可用E－mail或信函。

不管是那一种只要做到清楚、简洁、礼貌就行。它的内容一般包括：请求拜会并说明原因；建议确切的约会时间和地点等。如果你的时间比较充裕，预约时可给出你可接受的时间由对方决定；请对方答复并进行确认。

预约的结果可分为接受和拒绝两种。接受的内容一般有：表明预约的信息已收悉；表示接受；重述具体时间、地点等；表达希望会晤或感谢的心情。拒绝的内容一般包括：表明来信收悉；说明拒绝的原因；致歉。

当要变更预约时，应说明变更的原因，同时致歉。

电话预约前注意要点：

为了电话预约进行得顺利有序，电话预约前要注意几点：

一是字斟句酌地编写打电话的词，将之烂熟于心，并在打电话之前演习多遍。

二是设想各种各样可能出现被拒绝理由，针对每一种拒绝想出应招，并和同事们讨论这些方案，然后将这些应招烂熟于心。

三是事先尽可能地了解要打电话的客户背景，并粗略估计一下与之做生意的可能性有多大。

四是在打电话前永远将带有日历的记事本、笔、简要介绍自己公司的说辞、对付客户各种异议的方案置放在自己眼前，以便随时参考。比如说，当客户用没有时间来推脱面谈时，你看一眼自己日历上的记录，就可以立即提供其他可供选择的约见时间。

Transportation 交通

在准备赴约时，我们第一个要考虑的是交通工具的问题，坐什么车去？到那里有多远？需要多长时间？走路需要多久？

赴这个约会之前，我在干什么，会耽搁时间么？开车去的线路最好走哪一条？

在和别人预约好见面的时间之后，能否准时到达是一个不可忽视的要点。一般来说，在赴约前按双方距离的远近都会提前出门半个小时到1个小时，甚至更长时间，因为路上交通的问题实在难以预测。

不管是坐公交车、出租车还是自己开车，都可能随时碰上塞车等情况。

如果坐公交车，还要计算上等车的时间，最好出发时计算好时间。搭出租车要考虑在时间段和选择的地段上好不好搭。开车去好不好找停车位等情况。

提醒大家注意的是下车后要注意自己的东西，不要忘记在车上，从从容容、轻轻松松是比较关键的，急急忙忙、丢三落四、衣冠不整，这样的形象出现在被拜访人面前，就已经输了一分。

Go to an appointment 赴约

准时赴约是良好的基本礼貌。"准时"的定义就是提前五分钟到达约会地点，不多也不少。有一项调查指出，百分之九十三的商业人士对那些赴约迟到者印象不好。

提早出门为赴约做好准备，即使那代表你得在咖啡厅中消磨上半个小时。早点抵达面谈地点让你有时间再次确认正确的地址及楼层，并且还能避免衣冠不整、气喘嘘嘘地站在约见人面前。赴约时，尽量减少随身携带的物品。如果碰上下雨天，要礼貌地询问秘书或接待小姐该把雨伞放在哪儿。

赴约准备的目的是确保清楚拜访的目标，做到赴约时有条不紊。内容大致包括：回想拜访的目标，回想要拜访人的姓名和特点，设想需要沟通的方式；需要的拜访资料；整理自己的仪容等。

讲究仪表与衣帽整洁是赴约者的基本要求。男子的头发、胡须不宜过长，应修剪整齐。面、手、衣履要洁净，衣服不能有褶皱，纽扣均应扣好，裤扣不能在室外或公共场合整理。衬衣下摆不露出外套，并放入裤内，皮鞋应擦亮。不要在人前做剔牙、抠鼻、掏耳、剪指甲、搔痒等不雅的小动作。举止大方要得体，态度和蔼端庄，精神饱满自然，言行检点。站、坐、走都要符合规范。说话要客气，注意身份。说话时神情矜持和蔼，面带微笑。

Visit 拜访

拜访他人应事先打招呼约好时间，千万不要做不速之客，以免扑空或打乱被访者的日常安排。

如果事先已约但我们因故迟到甚至失约，应设法事先通知对方并且表示歉意，或在事后上门道歉。

拜访应选择对方方便时登门，尽量避免在对方吃饭或休息时间登门拜访。

拜访长辈或地位较高人士时，可先请人递上一张名片，以作通报，让对方考虑安排何时见我们。

拜访时，仪表应整洁庄重，举止应彬彬有礼。如是礼节性拜访，还应适当带些礼物以示敬意。

如属私人性质拜访，可以馈赠花卉以示心意。

朋友结婚，应送象征幸福的玫瑰花或月季或用长春藤、麦藁组成的花束(长春藤茁壮成长表示良缘，麦藁表示幸福结合)。

祝贺对方生男孩的送淡蓝色花，生女孩的送粉红色花。

给老年人祝寿时则应送文竹、万年青、罗汗松等象征长寿的常青盆景。

探望生病者宜选择香气清柔的兰花、米兰、月季、金橘。或用红罂粟和野百合扎成花束相赠(红罂粟表示安慰，野百合表示幸福即将回来)。

表示哀痛的则赠菊花或无香无味的花。

节日探望可选用红色花卉为主的花束。

如登门拜访是为送别对方远行的，应用松枝、香罗勒、胭脂花扎成的花束(松枝表示依依惜别，香罗勒表示美好的祝愿，胭脂花表示勿忘友情)。

拜访时，应轻轻敲门或按门铃，向开门者有礼貌地询问被访者是否在家。若门已开着，也应站在门外打招呼，待室内人照了面请我们入内才可边道谢边进屋。若被访者不在，可托其转告或稍等。

拜访时，经被访者邀请入室就座前，向室内其他人打招呼问好。主人敬上茶，我们应站起身双手迎接道谢。

拜访时，若是陪同上司或他人，则应礼貌地将其介绍给主人。

初次拜访不宜停留过久，一般以20分钟为宜。相熟后则视拜访内容和主人情况而定。总之，拜访应尽快进入话题，说明来意，以免占用对方时间过长而影响对方工作及休息。

拜访时，不要随便翻弄主人的物品。如果遇见有他人也登门拜访主人，我们应在他人坐稳后设法尽快告辞，以免妨碍主人接待他人。

Take leave 告辞

告辞是拜访结束之际要做的事，结束谈话后告辞的技巧是一门学问。

得体的举止是一个人文化素质的表现，是人类文明的标志，它不仅能增添别人对你的好感，而且能感染他人，使人享受到愉快与和谐的气氛。

有礼貌的告辞就像见面时握手一样，要与主人热情握手、点头微笑，并说一些的客套的语句。如：以后还请多多照顾。或是表达在停留期间主人给予照顾时的谢词。如：谢谢你为我们所做的一切。

如与被拜访的人非常熟悉，可以说："请代向嫂夫人问候"等语句。如对方执意送你出门，在会客室告辞后，在走廊上分手道别时，应再一次感谢对方抽出时间会谈，并提醒此次会谈中，彼此可能要检讨准备的事项，以备下次再会谈；在门口时主动握手告别表示辞谢对方的送行并请主人留步。

若室内还有其他人，还应向其他人致意，道别。

出门前，轻轻向对方点头，面对关键人士将门轻轻扣上，千万不可背对关键人士关门。走过传达室时，应向有关人员招呼一声，表示我们就要离开。如果未打招呼，就自行大摇大摆地离开的话，是不允许的失礼行为。

告辞的方法因对方的重要性而大有不同。对于今后仍想保持关系的对方，必须明确说出自己的想法，如：请再联系，或：什么时候我们可再见面？等等。

当然，告辞的客套话要适可而止。如你以后不想再见到对方的话，绝对不要使用，如来到北京，请务必光临寒舍等语句。虽是客套话，讲话还是要小心。

总而言之，告辞礼节有可坚持的原则，也有可变通之处，运用得好，完全可以达到艺术的境界。

拜访过后，礼节上应寄上感谢函。许多人因为不确定该如何下笔而没有寄出事后的感谢函。不过也有太多人不晓得在适当的礼仪中，仅在面谈后草草地道一声："谢谢！"是不太够的。感谢函虽然只需要短短几行，但你一定要记得附上能够建立起你形象的字句，或许是你在面谈时遗漏的重点。

Message 留言

留言是指当你要拜访或寻找的人不在或暂时不能接见时，你通过一定的方式告之对方的行为。

留言方式根据具体的情况不同，可以分为以下几种。

口头留言是指通过其他人，如对方的秘书向其本人转达你的意思。口头留言的特点是简便，但对方容易忘记，或是不能完全正确转述你的意思。

便函留言是指你通过便笺写下你的留言。这种方式显得比较正式，其次能比较清楚的表达你的意见。要注意的是不管你的字体是否写得好看，留言的字迹都要工整、清晰，便笺的纸质要好。有经验的商务人士一般都随身带有准备好的便笺纸，尽管大多数公司都有现成的便笺纸，但不一定合你的心意，要知道一份印有自己标志的、散发着淡淡清香优雅的便笺是能影响对方的。

电话留言是指你通过电话找人，对方不在或是不方便接电话，对方提示你可以电话留言，这种情况下对方电话一般都设置好了电话信箱提示功能，你只要按电话提示，就可以留下你的话语并储存起来。对方可以按电话功能键提取出你的留言。

用这种方式留言要注意说话时的声音和心情，一般要表现出喜悦的心情与明朗的声音。如：

"你好，我是邓亦云。我希望尽快和你见面，商讨订立媒体合同一事。我的电话号码是010－12345678。谢谢"。

电话留言的缺点是受电话设置功能影响，留言不能太长。

不管是那一种方式留言，都要注意：一是留下你的姓名；二要简单扼要说明是什么事情；三是你的联络方式要清晰正确；四是要礼貌用语，不管是表示感谢还是问候。

Business talks standard

Chapter 4

第四章

商务会谈标准

安 排
联 络
确 认
会 见
会 谈

Arrangement 安排

东道国对来访者(包括外国常驻外交使节到任和离任)，从礼节及两国关系上考虑，一般均根据对方身份及来访目的安排相应领导人和部门负责人会见。

来访者及外交使节，亦可根据国家关系和本人身份，以及业务性质，主动提出拜会东道国某些领导人和部门负责人。一般说来，礼节性拜会，身份低者拜见身份高者，来访者拜见东道主。如是正式访问或专业访问，则应考虑安排相应的会谈。外交使节到任后和离任前，还应对与本国有外交关系的国家驻当地使节作礼节性拜会。外交团间对同等级别者之间的到任礼节性拜会，按惯例均应回拜，身份高者对身份低者可以回拜，也可以不回拜。

无论何种性质或是内容的会谈，目的都是一样，通过信息交流和研讨，达成共识，解决问题，做出结论。

会谈要耗费与会人员的时间、精力、场地、费用等等，这对企业来讲，都是一种成本，既然有成本，当然要讲究效益，因此，会谈的召开与安排应该把握这样一个原则：必要、及时、恰当。必要是指会谈非开不可；及时是指会谈的时间选择对会议所要表达到的目的作用明显；恰当是指会谈的规模、规格、开支等都与会议的内容相符合。

商务会谈安排是个系统工程，必须精心策划与周密部署，才能确保会谈的成功。

Contact 联络

会见之前，会见双方都应做好准备工作，做好会见前的沟通工作，是双方的一种礼貌相待。

提出会谈的一方要向拜会的一方先进行口头联络，积极主动的提出会见要求，并将要求会见人的姓名、职务以及会见什么人、会见的目的、会见的谈话内容通过传真或公函告知对方。

接见方接到传真之后一般应尽早给予回复，约妥时间。如因故不能接见，也要婉言解释。对于这种情况，如确实有因不能接见，提出会谈的一方也不要勉强，可以提出在另外合适的时间再安排会谈。

如对方回复表示欢迎，联络人要在联络的过程中和对方商务人员通过沟通约定时间和地点，并及早通知有关人员和有关部门作好必要的安排。

Confirm 确 认

确认的重点是对方具体安排人员、时间、地点，并通知出席人员。

得到对方肯定的答复之后，提出方和接见方都在安排会谈日期的前一个星期相互再次确认。

作为接见一方的安排者，应主动将会见(会谈)时间、地点、主方出席人，具体安排及有关注意事项通知对方。作为前往会见一方的安排者，则应主动了解上述情况，并通知有关的出席人员。

准确掌握会见、会谈的时间、地点和双方参加人员的名单，及早通知有关人员和有关单位作好必要安排。

Meet 会 见

国际上一般称接见或拜会。凡身份高的人士会见身份低的，或是主人会见客人，称为接见或召见；凡身份低的人士会见身份高的，或是客人会见主人，称为拜会或拜见。中国统称为会见。接见和拜会后的回访，称回拜。

会见可分为礼节性的、政治性的和事务性的，或兼而有之。一般说来，礼节性拜会，身份低者拜见身份高者，来访者拜见东道主。拜会的时间不要太长，半小时左右即可告辞，除非主人特意挽留。

准确掌握会谈的时间、地点和双方参加人员名称。主人应提前到达；会谈场所应安排足够的座位，如用长桌，事先排好座位，现场放置中外文座位卡；视情况安排扩音器；如有合影，事先做好合影准备，备好饮料(茶水、咖啡或冷饮)。

会见通常安排在会客室或办公室，宾主各坐一边。首会见时的仪程序，如双方简短致辞、赠礼、合影等。我国习惯在会客室会见，客人坐在主人的右边，译员、记录员安排坐在主人和主宾的后面。其他客人按礼宾顺序在主宾一侧就座，主方陪见人在主人一侧就座。座位不够可在后排加座。

小范围的会谈，也有不用长桌，只设沙发，双方座位按会见座位安排。

会见双方都应遵时守约，尤其作为主方人员应提前到达会见地点以迎候客人。迎客时，可以站在会见的大楼正门，也可以在会客厅门口等候。当客人到达时，应主动上前行礼表示欢迎，并引导客人入座。因会见是一项对组织具有重要意义的工作，为表示庄重和便于会见时的交谈，事先都有一定的座位安排。

会面介绍，宾主握手。介绍时，应先将主人向客人介绍，随后将客人向主人介绍。如客人是贵宾或大家都熟悉的知名人物，就只将主人向客人介绍。介绍主人时要把姓名、职务说清楚。介绍到具体人时，应有礼貌地以手示意。

为表示友好，会见应准备合影项目。合影可安排在会见之前或是会见结束之后，摄影时的位置按礼宾顺序排列，一般主人居中，以主人的右手为上，主客双方间隔排列。人数较多时，可分排排列，第一排为主要的主宾人员，两边应有主方人站立。

组织领导人之间的会见，除陪见人员、译员、记录员外，其他工作人员安排就绪之后应退出会场。如允许记者采访，则应在会见开始前几分钟进行，会见待开始即离开。谈话过程中，旁人不要随意进出。如会见人数较多，会见场地也较大，此时最好安装扩音器，主、客双方各备一只。

会见期间，应准备饮料、茶水，根据不同的季节以及来访客人的习惯，备有不同的饮品招待。会见时招待用的饮料，各有不同，视季节和客人的年龄，备茶水或冷热饮。我国内一般只备茶水。夏天加冷饮。

会见结束，主人送客人至车前或门口握手告别，目送客人返去后再退回室内。

在一般日常交往中，客人来访后，相隔一段时间应予回访。如果客人是为祝贺节日等喜庆日来访，则不必回访，而应在对方节日时前往拜访，表示祝贺。

Talks 会谈

会谈是指双方身份、地位对等的会见并讨论一些具体问题。会见是礼仪性的，一般不讨论具体问题。

会谈内容较为正式，专业性较强，商务会谈则主要洽商有关公司商务或者商业合约，与商务谈判相比，形式比较随意，气氛较宽松。

客人到达时，主人在门口迎候。可以在公司正门迎候，也可以在会客厅门口迎候。如果主人不到公司门口迎候，则应由工作人员在公司门口迎接，引入会客厅。如有合影，宜安排在宾主握手之后，合影后再入座。

会谈时，应按人数的多少、房间的大小及形状、房门的位置等情况安排会见坐席。会谈场所应安排足够的座位。如双方人数较多，厅室面积大，主谈人说话声音低，宜安装扩音器。会谈如用长桌，事先排好座位图，如有外宾，现场应放置中外文座位卡，卡片上的字体应工整清晰。

在会谈中，双方一般围桌而坐，通常使用长廊形、椭圆形或圆形桌子，宾主相对而坐。座位的排列，以门为准，有不同的安排法，主人以背向门落座，客人面向大门，主要人员居中，其他人按礼宾顺序左右排列。如果长方桌的一端向着正门，则以入门的方向为准，右为客，左为主。如果是多边会谈，也可将座位摆成圆形或正方形。记录员可安排在后排，也可安排在会谈桌就座。若多边会谈，座位可摆成圆桌，按礼宾次序依次就座。

双边会谈通常用长方形、椭圆形或圆形桌子，宾主相对而坐，以正门为准，主人占背门一侧，客人面向正门，主谈人居中。我国习惯把译员安排在主谈人右侧，但有的国家亦让译员坐在后面，一般应尊重主人的安排，其他人按礼宾顺序左右排列。

在与客人会谈中，谈话时的仪表、语气、话题都显得十分重要。出席谈话的人要努力给对方留下美好的印象，促使会谈成功。其间涉及到的会谈礼仪有：首先，要注意仪表、仪容。出席会谈的人，衣着要整洁大方，谈话的表情应自然、诚恳，面带笑容。其次，谈话的态度要诚恳，谈自己的观点时要谦和；他人发言时要认真聆听，不要随意插话；对原则性问题需要坚持和拒绝时，注意态度上不要激烈，可做耐心的解释和婉拒。

无论何种方式，都必须体现出会谈双方相互平等的意思。会谈准备工作包括落实接送人员、车辆、场地、旗帜、茶点、座位卡等。会谈准备的茶饮一般是茶水或加啡，会谈如时间过长，可适当备些茶点。

如准备合影，人数众多应准备架子，事先排好合影图，应安排好礼宾次序，主人居中，主宾紧挨主人右边，主客双方间隔排列，两端则由主方人员把边。如需分排，还要考虑第一排人员的身份，双方人员职位的均衡，同时也要注意到场地的大小等。合影时间一般安排在主客双方见面之后。

来宾抵达后，商务人员代表上司或陪同上司在门口迎接，并负责引领进入会谈房间，会谈结束后，商务人员应送客到车门道别，并目送来宾离去后再离开。

Business meeting standard

Chapter 5

第五章

商务会议标准

筹备
通知
文件
会务
程序
发言
记录
善后

Prepare and plan
筹 备

首先，根据需要向公司提出召开商务会议的建议，或者根据公司的要求安排会议，或者根据有关部门及人士提出的申请组织会议。筹备时先和有关方面商量，确定会议主题，拟定议事日程，划定人员范围，敲定有关原则，并据此制订可行会议筹备方案。

第二，制作规范的会议通知并发给有关参会人员。

第三，无论会议是由我们或其他人主持，都应准备会议程序表和相关资料，确保会议按事先计划进行。

第四，落实会议场地及相关设备，并在开会前一天亲自确认。如有必要可多准备一套应急方案以防不测。

第五，如系大型会议，应与有关方面联系安排参会者的食宿交通及接待，这就必须像旅行社一样，先做一份表，将所有可能涉及到或必须解决的事项逐一列明，做到心中有数，然后组织专人分头落实。

第六，确认参会者人数，做出相应调整。会议出现重要人物缺席自然会使会议的结果打折扣，为了弥补缺席可能造成的影响，一是事先获得因故缺席者的书面意见作为会议的内容参与交流，二是要求缺席者委托他人代行权利。

第七，准备会议所需物品，如上次会议记录、本次会议有关资料、日程表、出席人员签到本、缺席人员回复、空白信纸、记事本、笔、录音机、投影仪、音响器材、白板等。

第八，提前到达会议场所，布置会场，调试音响，备好茶水，开启灯光和空调，放好资料和有关物品。检查无误，恭候参会者光临。

一、会议方案

这是会议的前奏和预演，是指我们将所有的会议内容与程序在脑子里先过一遍，通过想像和策划，将计划全过程形成文字的东西，以便有关人员可以在此基础上集思广益，达成共识，指导落实。方案陈述力求简明扼要，用词准确。

二、方案内容

方案内容包括：确定会议名称，确定议题，确定与会人员，确定时间地点，确定会议通知内容，会议通知跟进落实程序与要求，会场布置要求，会议文件资料种类、内容、要求，会议设备和用品种类、要求，会议后勤安排，会议记录安排，会场服务安排，会议预算安排，议定事项催办及反馈的程序、要求、责任。

Circular 通知

为示慎重，除临时会议之外，其他会议无论大小，均应形成书面通知发给有关人员，或用电子邮件形式发送。

通知内容力求准确完整。排列注意的规范格式。其顺序如下：

1．被通知者。
2．会议名称。
3．会议日期和时间。
4．会议地点。
5．出席对象或议事日程。
6．通知者或授权者。
7．注意事项。
8．企业名称。
9．通知日期。

Document 文件

会议文件既有事先准备的，又有过程发生的，还有事后整理的。从性质来看，会议文件可分为不同的种类和用途。

指导性文件：上司指示，会议起因文件。

主题内容文件：开幕词、主题报告、专题报告、大会正式决议、闭幕词。

进程文件：会议程序表、日程安排表、会议记录、会议简报、选举或表决程序表。

参考文件：调查报告、典型材料。

提案文件：提案。

成果文件：选举结果、会议纪要、新闻公报、执行计划等。

管理文件：会议通知、议事规则、证件、保密制度、管理规定等。

凡需要上司关注或表态的会议文件，均应由商务人员执笔或起草；凡涉及程序性或记录性的会议文件，可由其他办公人员去做。这样分工可以适当减轻我们商务人员的工作压力。

Committee affairs
会 务

协助会议签到处的工作程序。

协助有关人员陪同与会者入席。

接待与会者。

整理并打印与会者姓名及其公司名称等，并发给与会者。

必要时协助作会议记录或录音。

必要时拍照或摄影。

必要时协助会场内外保安。

必要时协助安排座位及放置席位卡。

必要时协助满足重要与会者的特殊需要。

必要时协助收集整理会议信息打印简报分发给与会者。

Procedure
程 序

宣布会议开始。

核对法定人数。

宣读会议程序。

宣读有关报告。

讨论有关报告。

讨论各项议题。

做出有关决定。

Speech
发 言

会议发言无外乎有两种情况，一种是即兴发言，想什么讲什么。另一种是事先写好发言稿，书面发言。

发言稿不宜写得太满，应留有即兴发挥的空间，也就是说，要点必须一一写清，精彩句子特别点缀，语气用词完全省略，这样才会避免在发言时因为照读发言稿而产生的呆板与尴尬。

怎样使我们的每次发言都能不同凡响?

首先，我们事先应有所准备，充实的资料会让我们底气十足，胸有成竹。

其次，事先考虑一下讲话内容，记下发言的要点，设计好条理和出彩的地方。发言稿条理清楚能使讲话的思路清晰明了，但要注意完整的发言稿也可能会使我们过分依赖它而失去发言的魅力。

最后，发言时要用标准的、简洁明了的语言，句子要短，声调要抑扬顿挫，节奏要有起伏。关键之处有意停顿，会格外引起听众注意，使在座各位随着我们的思路发展，理解与消化我们所讲的内容。

发言时表情应泰然自若，若有所思，必要时可用目光扫视听众，仿佛在和某位听众交谈，目光交流会增加语言的穿透力和感染力。

总之，我们对自己的发言应有总体结构的构思，即使是即兴发言，也要想好了再说。讲什么，怎么讲，哪些可以叙述，哪些必须强调，都应在脑子里先设想好一个框架。

Record 记 录

会议记录有两种解释，一种是指记录本身，一种是指记录结果，通常所说的会议记录，其实大多是指后者，因为毫无疑问，为商务会议做记录一般都是商务人员的工作。

一、原始记录

原始记录是用快速记录、要点记录或录音方式，同步记录下会议的过程、议题、发言的要点、讨论的内容、决定等。

原始记录并不是一字不差地原样复制，它可以有所选择。过去人们都是用速记的方式力求原汁原味，但速记本身需要将语言转变为速记符号，这个转换过程会增加记录者的负担，直接影响记录的速度和效果，因此，这种方法对商务人员来讲未必合适。

应付不经常性的会议，最好的方法是快速记录结合录音，因为快速记录是记一、二个关键字，并且缩小字体，简化笔画，连笔带过，迅速地把意思记录下来，我们在事后就凭这些关键字回忆，促使原音再现。至于录音就更能保证记录的准确性与简易性。

做原始记录必须注意以下几点：

第一,完整。原始记录必须如实体现会议实际过程，将要点记录下来，不能有任何遗漏。

第二,简洁。用简明扼要的语句进行概括表达。

第三,条理清楚。依照会议进程和议题，逐一予以记录，保持其原始的条理性和顺序。

第四,准确。记录内容要准确无误，用词要真实恰当。当某个字一下子写不出来时，空着它，只要前后的字意思准确，之后仍然能设法填补。千万不要因不解而含糊，更不能用自己的语言随心所欲地改变真实的原话。

二、整理记录

标准的整理记录应按顺序反映如下内容：

(1)会议主题。

(2)会议描述。

(3)与会者人数。

(4)缺席者和缺席原因。

(5)用准确措辞按顺序记录的会议内容。

(6)会议结果。

(7)其他事项。

(8)会议记录整理者签名。

(9)会议主席签名。

(10)会议记录整理日期。

整理记录的作用有两点，一是打印成文后发给与会者，以便会后分头负责落实会议上决定下来的事情，二是存档备案，作为企业的商务资料予以珍藏。

Rehabilitate 善后

非正式会议，譬如晨早例会，只需作些常规性的笔记，但正式会议则有一套严格的善后程序必须遵守。

首先，将会议上使用的所有的文件资料放回原处。

其次，整理会场，清还有关器材设备及用品。

再次，结算有关费用。

最后，整理会议记录并经上级签字后打印成文，分送有关部门、有关人员或归档保存。

The business negotiates standard

Chapter 6

第六章

商务谈判标准

准备
相约
布局
席次
入题
阐述
说服
提问
答复
询盘
发盘
实盘
虚盘
还盘
接受
签约

Preparation
准备

商场犹如战场，不打无准备之仗，对于商务人员来说，对整个谈判胸有成竹，就能有效控制谈判进程和节奏。

归纳起来，谈判的准备主要包括四件事，一是市场调查，二是情报收集，三是资料整理，四是人员安排，五是确定目标。

一、市场调查

市场调查是一种特定的有明确目标的商业活动，针对商务谈判所需要掌握的背景材料以及第一手的市场状态信息，通过问卷、走访、座谈、活动的形式，获得能够反映市场行为和相关信息的真实数据，从而为商务谈判提供决策依据。

市场调查包括以下内容：

市场总体状况；

产品销售情况；

产品竞争情况；

产品销售渠道；

消费需求情况；

商业形态状况；

对手目前状况；

市场发展空间。

市场调查必须事先设定一些基本的结构性问题，从总体上来讲，它属于战略性的对策，是为商务谈判确定基本的范围与基调，以调查后归纳整理形成的结果来左右或者影响谈判的基本内容。

为了商务谈判而进行的市场调查，与为了市场营销而做的调查，在本质上是不尽相同的，前者的范围更广，政策性更宽泛，其结果是确定一份谈判方案；而后者的功能性更强，其结果是制定一份可以操作的营销方案。

市场调查分为以下三个阶段：

一是设定调查范围，确定调查内容，设计调查方式的阶段；

二是具体调查并且根据需要和变化及时调整范围、内容、方式，使调查结果更趋全面、专业、合理；

三是整合调查数据，形成一个完整清晰的谈判概念，掌握重点，注重发挥。

了解这一点非常重要，因为市场调查所需不菲，成本问题难免有所困扰，为了谈判而做的市场调查完全不必像市场营销调查那么严谨细致，自然调查成本也可以适当控制在一个合理状态。

还有一点，市场调查获得的数据，毕竟只能作为商务谈判过程中的参考，调查的结果能让谈判者心中有底，但如果过分强调这些结果而忽略了谈判现场的发挥，以及谈判策略的运用，未免就会显得死板而且不可理喻。

二、情报收集

如果说市场调查是一种战略行为的话，那么很明显，情报收集工作就是一种战术行为。

在商场上，情报收集的无孔不入和防止情报泄露的滴水不漏是一对很有意思的矛盾。一方面，我们必须尽量扩大情报收集的范围，准确掌握情报的来源；另一方面，我们也要格外注意对自身情报的保密。

商业情报大致可分为两种，一种是我们作为买方，谈判对方作为卖方；另一种则是相反。

假如谈判对手是买方，我们就必须迅速了解对方的经营状况，尤其是财务状况，判断对方的购买能力，可能的付款期限及付款方式，等等。

假如谈判对手是卖方，我们就必须迅速摸清对方的实际家底，产品质量如何，生产状况如何，库存与物流是否正常，供货是否有保障及是否准时交货，价格底线是多少，有无其他销售渠道，等等。

在情报收集工作中需要格外注意的是谈判的最后期限，任何谈判都有一定期限，重要的结论和最终的结果都是在谈判结束之前才能最后确定，期限在其中起了极其重要的，仅次于价格的影响作用。

谈判结果成功与否，第一取决于价格，第二取决于期限。期限是谈判成败的分界线，未到期限，对手不会做出最后的让步，但过了期限，对手也没有必要做出让步。因此，准确掌握对手为谈判设定的心理期限，这对于我们在最后关头敲定谈判结果大有裨益。

当然，能和自己较劲的谈判对手肯定不是等闲之辈，他们也肯定会千方百计地保守谈判期限这个秘密，甚至有意无意地提供假情报来混淆我们的谈判思路。

我们必须记住，只要是涉及到利益再分配的谈判，无论对手如何掩饰，事先总会有可能暴露出蛛丝马迹，关键在于我们是否能去伪存真，剥茧抽丝，从中发现对我们有价值的东西。特别是在谈判过程中，通过近距离的察言观色，可以从对手的情绪流露中大致摸清其最后期限，这几乎是非常容易的事。

如果对手是买方，判断其谈判期限的真伪，必须全面分析买主的动态，譬如是否同时和其他卖主谈判购买，买方的支付能力如何，买方对所需商品的需求程度如何，等等。

如果对手是卖方，必须调查其存货的数量、质量、生产计划、需求资金，必须了解其是否与其他买主进行实质性接触。

只有掌握大量情报，我们才能据此对对手做出非常精准的判断，从而把握住谈判的主动权。

我方对谈判期限的设定是种压力，对对方来讲，他们会试图了解我方的底线，收集情报时对此应有充分的认识，了解其所知多少，也是为了把握主动权。

情报收集工作还要特别注意摸清对方对我方的信任程度，以便更好地设计谈判方案，争取主动。这个信任度包括对方对我方的实力与信用的评价和信任，信任度越高，对我方越有利，对交易成功也越有帮助。

三、资料整理

谈判所需资料包括：

有关法律资料，如合同法。

有关法定资料，如工商执照。

有关技术资料，如设计图纸。

有关价格资料，如报价表。

有关样品或货单。

整理资料与收集情报不同，情报是信息，通过分析来作判断；资料是实物，通过整合来促成交易。从商务谈判的角度，情报是知彼，资料是知己。正所谓：知己知彼，百战不殆。商务谈判的成功，很大程度上就在于资料和情报这两手准备是否充分，然后就是技巧和策略应用得当，再加上一些运气。

资料整理的工作有些繁乱复杂，这就需要我们商务人员平素养成一种良好的习惯，平时注意收集和分类各种资料，用自己熟悉的方式建档备案，以便随时可以调阅及查找。除此之外，学会在确定主题之后，简捷而且迅速地将有关资料汇总与合并，形成一套完整的资料库，使谈判所需要的所有内容都能清晰准确地整合在一起，以便随时可以参考和证明。

四、人员安排

针对商务谈判，通常需要成立相应的谈判小组，确保谈判以专业性的方式达成双方都能接受的结果，这个谈判小组的搭配，涉及到人员安排的结构性、配套性、主次性、互补性，所以不能随便“乱点鸳鸯谱”。

凡是参与商务谈判的人员，均应具备基本素质，而其中个别人，更是必须具有特殊素质。

所谓基本素质，是指专业品质和专业能力，所谓特殊素质，是指专业知识和专业经验。

1. 专业品质

商务谈判人员并非是十全十美的人，但是守信重诺诚恳谦和的品质是必须首先具备的，因为只有如此素质的人，才能为谈判对方所尊重和佩服，才能感染和影响对方的决策。

其次，商务谈判人员应该具备非常敏锐的洞察力，洞察不是观察，观察可能只看到事物的表面现象，而洞察则能透过表象发现事物的本质。出色的洞察力有助于谈判人员准确迅速地抓住谈判的要点，减少时间成本和自己可能会发生判断失误的机会。

再次，有坚定不移的毅力和不达目的决不罢休的执著精神，成功往往就在于再坚持一下的努力之中。既然成为谈判高手，半途而废这个词就应该从职业字典中消失。

最后，商务谈判人员还得有充沛的体力和旺盛的精力，谈判人员的最佳年龄为30岁至50岁之间，这个年龄段是一个人思维敏捷，精力旺盛，经验丰富，干劲十足而且办事效率高，待人处事都比较成熟的最佳时期。

2. 专业能力

一是表达能力。商务谈判的过程是由一系列问答所构成的，谈判双方彼此提出问题，互相做出回答。提问是因为有疑惑不解，回答是因为要解释厘清。双方的回答就是在不断的厘清中彼此达成共识，在争取或者让步之间获得平衡，最终达成双方都能接受的条件。而在这整个过程中，出色的语言表达能力无疑能起到说服和影响对方，一言九鼎的作用。

二是判断能力。在谈判中善于察言观色只是一种本领，而能够从对方故意安排的迷局中洞若观火，做出非常准确而且及时的判断才是一种天赋。真正的商务谈判无疑是在斗智，大智慧的人能够在错综复杂的谈判过程中始终抓住自己的定海神针，有的放矢，明辨是非。

三是承受能力。众所周知，商务谈判是一项非常熬人的工作，特别是在心理方面，语言的交锋和表情的冲突，对人性的考验确实会达到某种极限。正是在这种常人难以忍受的状态之中，豁达大度的语言和从容淡定的态度，能够在无形中消化对方的非礼和刁难，使对方在我们坚韧的心理承受能力面前心服口服。

四是应变能力。商务谈判过程中发生意外或变化是非常普遍的现象，只要有利益冲突存在，事态就不可能如单方面预料和设想的那么美好。变化总是比计划快，不变才是有些奇怪，变数的出现可以更好的验证商务谈判人员的应变能力。

善变是一种主动，用得好能够主导谈判进程，用得不好则惹人反感，甚至导致谈判破裂；善于应变则是另一种主动，只要发挥得当，一定会令对方心悦诚服，甘拜下风。

节外生枝甚至突发意外往往会很突然，对此早有所料，除非是位神仙，遇此困难关键在于临危不乱，以变应变，因势利导，见风使舵。迅速判断变化的原因和程度，准确预测变化可能会造成的各种后果，及时采取应变的对策和措施，使这种变化朝有利于我们的方向发展，使变化本身成为有利的转折点。

3. 专业知识

未必是所有的商务谈判人员都要拥有渊博的知识。事实上，“三个臭皮匠顶个诸葛亮”的集思广益，在谈判小组的结构安排上是司空见惯的。将有不同专业知识的人组织起来，构成一个超乎常人的大智慧，足以胜任任何难度的谈判工作，这远比找一个全能的人来得实际而且实用。

从单个人来讲，知识面再广也总有欠缺之处，但从众多专业人士的组合来讲，知识面的宽泛与深厚确实能够覆盖谈判所涉及的所有范围。对这个小组而言，不同的专业知识就是每个人与众不同的特殊素质。

因此，选择那些各有所长，具有完全不同专业知识的专业人士来担任商务谈判小组的成员，通过有效的整合使之成为一种知识的力量，那就是综合性所能产生的奇迹。

分布在每个人身上的专业知识，应包括以下方面：

(1)丰富的商品知识。

(2)丰富的市场知识。

(3)丰富的法律知识。

(4)丰富的外贸知识。

(5)丰富的金融知识。

(6)丰富的心理学知识。

(7)丰富的行为科学知识。

(8)丰富的涉外知识。

(9)丰富的人情世故。

(11)出色的外语水平。

4. 专业经验

专业经验指的是有关谈判所涉及的专业知识，也指谈判经验，前者是对专业的掌握程度，后者是指对经验的运用程度。

具有丰富的专业经验，可以帮助我们发挥专业特长，对专业所涉及的范围和内容胸有成竹，使谈判能够落实到实处。

具有丰富的谈判经验，可以帮助我们应付谈判过程中各种复杂情况的发生，使谈判能够顺理成章。

必须指出的是，在所有有可能影响谈判进程乃至结果的因素中，专业经验可称得上是举足轻重，而这完全依赖经历。

因此，对于商务谈判人员而言，拥有专业经验是衡量我们是否能够主持谈判，或者影响谈判的重要标准，平庸与优秀之分，就在于这一点。

在商务谈判人员的选择和谈判小组的安排上，我们必须依照商业原则来做好以下几件事：

首先，谈判人员应被赋予法人资格或者实权，无权肯定无势，当然难以说服谈判对手。商务谈判的目的是达成协议，没有法人或法人代表资格所签订的协议，从法律上来讲都是没有法律效力的一纸空文。当然，法人或法人代表所行使的只是其权限范围内的权力，在谈判中如有越权行为，应当由其本人负完全责任，这也是法律所明确的，我们清楚，对方也许更清楚，所以大可不必在权限委托上有所顾虑，只要明确权限，对方即使故意为难甚至做套，都会面临这道防火墙的自动阻拦。

其次，要根据谈判的性质和对象，确定合适的谈判规模。一般来讲，人员少而精是基本原则，但有时候人多势众也能表现出人才济济，十分重视的特别效果，至于究竟如何定夺，则应视具体情况而定。

最后，谈判小组中的成员要坚持分工明确，职责分明，层次清晰的原则。什么人讲什么话，什么人拍什么板，什么人扮白脸或者红脸，都要根据谈判人员的特点来安排，尤其是专业素质、专业能力、专业知识、专业经验这四方面斟酌考量，达到人尽其才，各司其责的效果。

五、确定谈判目标

任何谈判都有其明确的目标，商务谈判也是如此。

目标不仅仅只是一种目的，更是一种结果，但在实际争取的过程中，目标会因为种种原因而有所改变，所以从本质上来讲，目标只是一种主观的预期，它是否能够成为可能，还需要很多条件。因此，为了避免目标与实际结果太离谱，并为谈判预设一些阶段性的结果，有必要对谈判目标进行分类选择，这就是所谓的目标系统和目标层次。

选择不同的谈判目标，意味着在谈判之前，我们就得根据自身利益的需要和对方利益的可能需要，以及各种客观因素的影响及变化，先行制定不同要求与结果的谈判目标。仿佛那句老话，作最坏的打算，作最好的努力，在谈判过程中不厌其烦地讨价还价，来达到某一个目标层次，并且尽可能朝最理想的目标努力。

在商务谈判中，目标主要分为四种：一是最佳期望目标，二是实际需求目标，三是可以接受目标，四是最终底线目标。

很显然，上述四种目标程度不同，内容也有差异。

1. 最佳期望目标

最佳期望目标是对我们最为有利的理想目标，在满足我们实际需求利益之外，还有一个增加值，也就是利益最大化。

但实际上，这种目标的实现是不太可能的，对此我们必须有清醒的认识。因为在商务谈判中，对方利益的重新分配总有一条界限，一方得益太多意味着另一方吃亏不少，即使谈判过程中另一方没有发现这一点，但在谈判落定后的合约履行阶段甚至之后，另一方仍然有可能恍然大悟，以至因为后悔而生愤恨，影响今后与我们的合作关系。更何况，对方也未必比我们傻，在谈判过程中，对方完全可能掌握主动，即使对方不占上风，也不会心甘情愿把自己的利益全部拱手让给我们。因此，指望在商务谈判中像"卖油郎独占花魁”那样占得便宜，几乎是天方夜谭。

不抱非分之想是一种明智，但这并不意味着我们轻易放弃最佳期望目标，事实上，最佳期望目标往往正是谈判开始的话题，也是我们信心与实力的表现，让对方知道我们的企图并且习惯于接受它，这对整个谈判过程中我们试图说服对方及最终影响对方是极为有益的，我们尽可以借题发挥，充分利用这个目标来追求利益最大化。

只要我们的实力与信誉良好，只要我们的利益与对方的期望值保持一致，我们达到最佳期望目标的机会是完全可能存在的，关键在于我们必须了解对方的底线目标，并在我们的最佳期望目标和对方的最终底线目标之间取一个平衡点，成功就是可预料的。

2. 实际需求目标

实际需求目标是谈判双方根据主客观因素，结合各种情况，经过核算、评估以及预测后得出一个结果，并且纳入谈判计划中的一个谈判目标。

实际需求目标是我们必须努力达到的谈判目标，它比最佳期望目标更为现实，相对而言也比较容易被对方想像得到，进而在心理上会好受些。

然而，对方能否想像到我们的实际需求目标并不重要，重要的是对方的期望值与我们的这个目标层次相距太大，迫使我们用尽十八般武艺，使用各种谈判手段，付出相当大的代价才有可能让对方认同并接受这个目标。

为了达到这一目的，我们应该把握住以下几个要点：

(1)在未知对方目标底线前，绝不流露我们的实际需求目标，这是一种“猫戏老鼠”的智力游戏，不到最后关头不能轻易出手。

(2)实际需求目标是我们心理上必须死守的最后防线，如果守不住这道防线，我们应该让谈判陷于僵局或者暂停，以便利用这种结果给对方压力，同时也能找个借口在我们内部讨论一下下一步的对策。

(3)实际需求目标的提出，最好是由对方主动挑明，而我们则顺势推舟，半推半就，见好就收。因为对方一旦提出我们的实际需求目标，当然表明对方已完全接受了我们的要求，这个时候再去纠缠不休，显然会增加变数，弄巧成拙。

然而在实际谈判过程中，对方有可能始终避谈这一点，在这种状态下，适当的提醒或者暗示对方以使谈判明朗化就成为我们的责任。关键是选择某个微妙的时机提出这个目标，让对方能够平静的接受或暗示。

(4)实际需求目标关系到我们的全部经济利益，不到万不得已，不能轻言放弃。我们必须让对方明白，这是我们不容许讨价还价的界限，只有这样才能造成压力，迫使对方让步。

3.可以接受目标

可以接受目标指的是在确保部分预期利益的前提下做出的一定让步，满足对方部分要求的一种谈判目标。

对我们来讲，商务谈判是一种利益的均分，谁占便宜谁吃亏，有时并不是很容易区分，特别是在讨价还价过程中，彼此互不相让的态度很可能会使谈判破裂。从大局和长远利益出发，我们主动退让不失为上策之举，但这种退让必须清楚地告诉对方，让对方知道这一块利益的让渡来之不易，对方才会更加珍惜而在其他方面做出积极的回应，促进谈判的顺利进行乃至成交。

4.最终底线目标

顾名思义，最终底线目标是商务谈判中我们必须确保实现的目标，底线意味着无可退让，最终底线意味着没有任何选择余地，凡是低于这个最终底线，一切免谈。

最终底线目标与最佳期望目标之间，其实有着必然的内在联系，这两者之间通过实际需求目标和可以接受目标连接，四个目标层次一脉相承，都是对利益追求的不同要求与接受程度。在商务谈判中，一开始就提出最佳期望目标，实际上是一种策略，目的是为了争取实际需求目标，保护可以接受目标，守住最终底线目标。谈判之初开出高价，就是预料到对方一定会习惯性的反复压价，那么在若干个讨价还价的回合之后，我们所获得的实际结果，往往会超过我们的最终底线目标。

最终底线目标的作用，是给我们在商务谈判中有把标尺，有了这个目标作为比较，我们就可以随时清楚地知道是否应该做出让步以及什么时候做出让步。

目标层次中，最佳期望目标是一个随机数值，是谈判叫价的起点，甚至话题，也是谈判过程中讨价还价的砝码，只要我们提出来，这个目标值就会顽固而且执著地影响对方的核算和判断，甚至左右对方的情绪，不得不在我们设定的谈判思路上跟随我们思考。至于这个随机数值究竟是多少，只需高于我们为谈判确定的实际需求目标就行。

实际需求目标是一个定值，它是我们根据效益做出的预算，在这个目标中，利润大于成本。可以接受目标也是一个随机数值，它在实际需求目标与最终底线目标之间酌情选择。最终底线目标也是一个定值，它是我们根据投入产出比做出的预算，是为最低利益而明确划定的限值，在这个目标中，成本大于利润。

综上所述，我们可以发现，商务谈判中真正起作用的是两个定值，一个是保本的最终底线目标，另一个是盈利的实际需求目标。而另外两个随机值，只是讨价还价的砝码，目的是为了给对方造成压力。当然，我们所有的努力都需要在随机值上下功夫，因为只有这两个值，才能为我们争取利益的最大化。

我们必须承认，在实际谈判的过程中，过于教条或死板的死守上述四种目标层次，无疑是把自己的底牌轻易亮给对方看，因为规律这个东西很容易被人掌握，我们知道这四个目标层次的作用以及运用特点，别人肯定也知道，大家都知根知底，谈起来就会显得心照不宣地滑稽。而在这种状态中，谁能运用策略或者技巧，淡化四个目标层次的区别，让对方相信现在的条件已经是无法再商量和退让的最终底线目标，谁就能谈判最终胜利。

在确定商务谈判目标系统时，我们要注意三项基本原则：

一是可行性原则，我们制订的谈判目标必须是可以谈和能够谈的，我们有这个谈判实力和谈判目的，对方也有对这个谈判的期望值，只要我们提出来的和对方的期望值始终保持联系，双方彼此都有利可图，谈判就有基础。

二是合理性原则，即谈判目标有时间和空间的合理性，并且能够和对方的谈判目标有相应的吻合。

三是合法性原则，谈判目标必须符合相关法律法规，否则，再好的结果也得不到法律认可或者法律保障。

Mutually roughly 相约

谈判准备工作完成之后，由一方向另一方，一般是主谈方向另一方口头或书面提出谈判约定，内容包括谈判地点、时间、参加谈判人员身份、人数、谈判内容及要求。

谈判的地点选择，原则上必须经过双方协商一致同意。但在实际操作中，谈判双方都想安排在有利于自己一方的谈判地点，比如自己公司的会议室，处于熟悉的环境中谈判，在心理上已经取得优势。不同谈判地点会对谈判起到至关重要的作用。一个有利于企业谈判的地点，将为企业的谈判起到推波助澜的效果。通过选定一个适合的谈判地点，会加强谈判的成功率。

谈判时间的选择，可根据需要安排，传统商务谈判具体的时间安排一般是上午10:00开始到中午11:30结束，下午4:00开始到5:30结束，在谈判的过程中，中间可安排休息20分钟或半个小时。也有一些谈判，在实施谈判的过程，双方不按照预先定好的谈判时间进行，根据谈判需要而改变谈判时间。

谈判人员的人数、身份、名单确定是根据谈判需要确定的，都是与谈判内容有关的人员，双方预先要将名单和人数传至对方，组织谈判方应事先印制好谈判人员的名牌，根据谈判身份安排席位。

谈判内容和要求向对方提出时，要用比较得体的外交辞令，显得比较郑重其事。因为太随意的要求只限于十分熟悉的人才能使用，否则会降低要求的可信度。

谈判相约是谈判程序中的一个阶段，具体操作一般都是由商务人员来进行，在电话沟通和书面交流的过程中，要注意以下几点原则：

一是真诚原则。无论说什么、做什么都要本着真诚的心态来和对方沟通交流，尤其是谈判相约的阶段更要注意这一点，因为你的行为代表了你企业，一旦给对方留下不好的印象，可能会影响到谈判。

二是准确原则。在和对方交流和沟通过程中的电话、信函最好要有记录，将对对方的信息和意见准确反馈给谈判主办人员。

三是理智原则。在交流和沟通的过程中要有原则和理智，在和对方人员说话时，分清什么是该说的，什么是不该说的，注意保密工作。

四是积极原则。在相约阶段，能给对方留下最好最深印象的是积极的态度，不管是传达还是解决问题都要尽快给对方答复，一问三不知、没有下文是最糟糕的交流。这种印象代表了你公司对谈判的态度，谁会与一个对谈判没有兴趣的公司谈判呢！谁又会和一个工作不积极的公司合作呢！

Distribution 布局

谈判的目的是要达成双赢方案。然而在现实生活中，一个要榨橘子汁，而另一个要用橘子皮烤蛋糕的情况毕竟太少见了。你坐在一个买家面前，你们心中都抱着同样的目的。这儿没有魔术般的双赢解决方案。他/她想要的是最低价，你想要的是最高价。他想从你的口袋里掏出钱来，放进他的腰包里。

跟下棋一样，运用谈判技巧必须遵守一套规则。谈判和下棋最大的区别在于，谈判时对方不知道这些规则，只能预测你的棋路。棋手将象棋中的这几步战略性走棋称为“棋局”。开局时要让棋盘上的局势有利于你，中局要保持你的优势。进入残局时利用你的优势，将死对方。

谈判技巧中最多涉及到的是战术技巧，它包括：强风式、马拉松式、虚实相间式、步步紧逼式、调和式、电话式、稻草问题、双簧戏、僵局、代理人、叫停、投石问路、数字游戏等。

一、强风式

意思是立场强硬，迫使对方让步，其具体做法是：

(1)针锋相对，但要有风度。

(2)最后通牒，千万不要让对方感觉这是儿戏。

(3)无赖相，要有退路和台阶，否则会非常被动和难堪。

(4)限度，当然要留有余地。

二、马拉松式

意思是有意拖长谈判时间，消磨对方耐性，使对方放弃立场，其具体做法是：

(1)疲劳轰炸，把日程安排得非常紧凑，根本不留任何时间。

(2)泥菩萨，装糊涂也能有效地消磨对方的意志。

(3)挡箭牌，用假设的决策者或反对者来增加谈判的难度，拖延时间，使对方失去耐心。

三、虚实相间式

意思是有虚有实，根据需要进行变换。其具体做法是：

(1)以假乱真，制造虚假竞争对手迷惑对方。但是采用这种方式必须注意前后一致，否则会露出破绽。

(2)虚张声势，做卖方时开出最高价，做买方时还以最低价。

(3)欲擒故纵，越是想要得到的东西，越是要装得满不在乎。

(4)声东击西，在无关紧要的问题上有意纠缠不休来分散对方对主要问题的注意力。

(5)木马计，先假装认可对方的观点，待了解对方真实意图后再想法反击对方。

四、步步紧逼式

意思是不断给对方压力，迫使对方就范。其具体做法是：

(1)挤海绵：就像犹太人谈生意一样，善于连续不断地施加压力，挤压对方，迫使对方让步。

(2)连环马：就像中国的江浙人那样，你要我一个条件，我也要你一个条件，彼此互换，彼此不吃亏，尽量力争以小换大。

五、调和式

顾名思义，调和式就是和稀泥，其具体做法是：

(1)折中调和：双方分担，互相让步。

(2)配套交易：搭售就是调和的方法。

(3)引鱼上钩：就像日本人所擅长的以小利为诱饵使对方中招。

六、电话距离式

谈判未必要见面，运用电话照样也能达成交易，而且运用电话还有以下这些显而易见的优点：

(1)快速。

(2)对方没有准备。

(3)不会因外界因素影响交易。

(4)容易找借口打岔。

(5)可以继续执著地说话而故意不听对方的话。

(6)可以使自己态度强硬而避免尴尬。

运用电话技巧时有几点必须引起注意：

一是尽量争取当打电话者，以占据主动。

二是当对方来电时应听清楚少表态，找个理由挂断电话，然后等自己准备充分后再打电话给对方，重新掌握主动权。

三是准备一个充分的理由来中断电话。

四是运用电话费用制造压力或减少压力，譬如对方来电时我们有意拖延谈论实质性问题，这样可有意增加对方的电话费开支，如果是我们打电话给对方，则简明扼要告诉对方我们的想法，迫使对方迅速做出反应，这样来减少我们的电话费用。

七、稻草问题

意思是无关紧要而且零乱琐碎的小事。有时候，人们最烦神的并不是什么特别重要的事情，而是那些剪不断理还乱的杂七杂八的事情，如果用大量的这些小问题来搞乱对方的正常思维，以致使对方忽略了对重要问题的重视，就会使对方因小失大。其具体做法是：

(1)准备尽可能多的稻草问题。

(2)用大量的稻草问题扰乱对方的判断。

(3)在众多小事上让步来换取对方在某件大事上让步。

(4)充分的讨价还价甚至斤斤计较，让对方感觉得来非常不易，一旦我们放弃稻草问题，对方就会感到有利可图。

八、双簧戏

双簧戏是我们常说的红白脸战术，一人扮红脸做好人，一人扮白脸做恶人，软硬兼施，能够有效影响对方的心理，使其在不知不觉中接受我们的条件。

人类具有回避冲突的心理，在一般情况下，如果不是被白脸的强硬所征服，那就会被红脸的温和所感化，这也是人性的弱点。因此，在商务谈判中，对一些非常棘手的问题采用红白脸战术，效果会出乎意料的好。

然而在运用红白脸战术时，我们也应注意以下几点：

首先是选好角色，扮演白脸的应有进攻性和威慑性，扮演红脸的应非常理智，态度温和并且善于化解矛盾。

其次，红脸白脸应配合默契，不露表演痕迹，注意分寸和有理有据。

最后，注意选择时机和场合。

如果对方采用红白脸战术，我们则应能及时识破，并且分化瓦解对方的战术，而又不让对方知道我们的聪明。此时，最好的方法就是大智若愚，越聪明的人，表面上就越是傻呵呵的，如果我们太精明，对方就会对我们严加防范。

九、僵局

制造僵局是为了迫使对方让步，但我们要注意，制造僵局前，我们应有把握打破僵局，否则就会陷入被动之中。

使商务谈判陷入僵局最多的原因是价格，在对方没有足够思想准备之前，我们绝不能透露价格。

千万不要尝试用人身攻击来制造僵局，因为一旦出现这种情况，结果往往不是僵局而是冲突。

人类具有回避冲突的心理，因此，在谈判过程中，人们总是倾向于采取各种措施来避免僵局出现。当我们认识到僵局也许无法为谈判双方带来任何好处时，我们应拓宽考虑问题的思路，探寻多种解决问题的方法。当我们面临僵局时，不妨可以采用下述这些措施来打破僵局：

第一，我们可以提出暂停谈判的建议，让双方都能重新冷静地考虑；

第二，善意并且郑重其事地提醒对方，僵局可能产生的后果；

第三，以让步换让步，给对方台阶和面子，或者通过场外非正式交换意见来寻求双方都能接受的解决僵局的办法，或者借助第三方或中间人的调解，或者干脆调换谈判人员来化解僵局。

十、代理人

代理人通常比委托人更了解某一方面的情况，在谈判时往往会有更强的处理能力。用代理人作为谈判代表可以更有专业性和针对性，而且也能在发生矛盾时可以有个缓冲作用。

选择代理人的标准是能力较强，忠诚可靠。

采用代理人战术只是我们不在谈判第一线出面，但幕后联络与参谋仍是我们的责任。

如果对方采用代理人战术，那么我们就应该摸清对方代理人所获授权的程度，在尊重对方代理人的同时，不轻易向其做承诺，并积极要求与对方有决策权的人谈判，以减少中间环节，确保谈判成功。

十一、叫停

适当运用叫停技巧，既可利用时间调节精神，也可借此机会进行内部协调，研究下一步的对策。

但是，叫停应有充分的理由，并且与对方商定暂停的时间。

那么，什么样的情况下才适合叫停呢？

第一种是预感谈判会出现僵局，为避免僵局出现。

第二种是一个阶段谈判已经结束，另一个谈判即将开始。

第三种是当谈判双方生理或心理感觉疲劳时。

第四种是对谈判气氛不满时。

叫停虽然可以控制谈判的节奏，但过多叫停也会引起对方反感，可能适得其反，因此，采用叫停战术必须慎重。

十二、投石问路

投石问路通常用在我们无法确知对方意图的时候。为了减少谈判的盲目性，我们用假设做成多种条件供对方选择，从对方的选择中判断对方的真实意图。

十三、避免争论

谈判双方为了谋求各自的利益，必然会在一些问题上发生分歧。分歧出现以后，我们一定要保持冷静，防止感情冲动，尽可能地避免争论。因为争论不仅于事无补，而且会使事情变得更糟。最好的方法是采取下列态度来和对方进行协商。

(1)冷静地倾听对方的意见。

(2)婉转地提出不同意见。

(3)分歧产生之后谈判无法进行，应马上休会。

实践证明，休会策略不仅可以避免出现僵持局面和争论发生。而且可以使双方保持冷静，调整思绪，平心静气地考虑双方的意见，达到顺利解决问题的目的。

十四、抛砖引玉

在谈判中，主动地摆出各种问题，但不提解决的办法，让对方去解决。这种策略一方面可以达到尊重对方的目的，使对方感觉到自己是谈判的主角和中心；另一方面，我们又可以借此摸清对方底细，争得主动。但是，这种策略在两种情况下不适用。一种情况是在谈判出现分歧时不适用，因为在双方意见不一致时，使用此策略对方会认为我们是故意给他出难题，没有诚意。第二种情况是在了解到对方是自私自利过分计较的人时不宜使用，因为对方会乘机抓住对他有利的因素，使我们处于被动地位。

十五、留有余地

对所要陈述的内容应留有余地，以备讨价还价之用。

在实际交谈中，不管是否留有余地，对方总会认为我们肯定要留一手，我们的报价即便是分文不赚，他也会认为我们会赚大钱，所以总要与我们讨价还价，我们如果不做出让步，对方肯定不会满意。因此，为了使双方利益都不受到损失，我们在报价时必须留有让步余地。

一般说来，在两种情况下可以使用这种策略：一是用于对付自私狡猾、见利忘义的谈判对手。二是在不了解对手或开诚布公失效的情况下使用。

十六、避实就虚

为达到某种目的和需要，有意识地将洽谈的议题引导到无关紧要的问题上故作声势，转移对方的注意力，以求实现我们的判断目标。具体做法是在无关紧要的事情上纠缠不休，或在我们不能解决的问题上大做文章，以分散对方对我们真正要解决的问题上的注意力，从而在对方无警觉的情况下，顺利实现我们的谈判意图。

十七、保持沉默

谈判开始我们就保持沉默，迫使对方先发言。沉默是处于被动地位的谈判者常用的一种策略，这种策略主要是给对方造成心理压力，使之失去冷静，不知所措，甚至乱了方寸，发言时就有可能言不由衷，泄露出一些信息。

运用沉默策略时应注意以下两个方面的问题：

第一，事先准备。首先要明确在什么时机运用该策略。比较恰当的时机是在报价阶段。此时对手的态度咄咄逼人，双方的要求差距很大，适时运用沉默策略可缩小差距。其次是约束我们自己的本能反应，避免暴露真实心态及想法。

第二，耐心等待。为了忍耐可以做些记录。记录在这里可能起到双重作用。首先它纯系作戏。其次，记录可以帮助我们掌握对手讲些什么，有助于我们分析对手为什么讲这些问题而不讲那些问题的目的。

十八、善于忍耐

在谈判中，占主动地位的一方通常都会以一种咄咄逼人的姿态表现自己。对对方的态度不做反应，采取忍耐的策略，以我之静待“敌”之动，以我方的忍耐消磨对方的棱角，挫其锐气，使其筋疲力尽之后，我方再作反应，那就能以柔克刚，反弱为强。

十九、多听少讲

一个处于被动地位的谈判者，除了忍耐之外，还要多听少讲。让对方尽可能多地发言，充分表明他的观点，说明他的问题，这样做既要表示出我们对对方的尊重，也能使我们根据对方的要求，确定对付他的具体策略。

二十、情感沟通

如果与对方直接谈判的希望不大，我们就应采取迂回的策略。所谓迂回策略，就是先通过其他途径接近对方，彼此了解，联络感情，沟通了情感之后，再进行谈判。人都具有七情六欲，满足人的感情和欲望是人的一种基本需要。因此，在谈判中利用感情的因素去影响对手是一种可取的策略。

二十一、先苦后甜

在日常生活中，人们对来自外界的刺激信号，总把先入的信号作为标准用来衡量后入的信号。如果先入的信号是甜，再加上一点苦即为极苦；如果先入信号是苦，稍加一点甜即为极甜。先苦后甜的策略正是建立在人们的这种心理变化基础上，在谈判中先向对方提出全面苛刻的条件，造成一种艰苦的局面，恰似给对方一个苦的信号，在这一先决条件下再做出退让，使对方感到欣慰和满足，这就是该策略的基本含义。

二十二、最后期限

处于被动地位的谈判者，总有希望谈判成功达成协议的心理。当谈判双方各持己见，争执不下时，处于主动地位的一方可以利用这一心理，提出解决问题最后期限和解决条件。

二十三、最终原则

商业谈判是智慧的较量，经验告诉我们，有效运用谈判策略无疑会增加我们谈判的胜算，因为有些策略几乎就是影响谈判结果的原则。具体做法是：

(1)谈判时，不要让我方全部人员都进入谈判场地，以便给我方创造一个有利的条件和借口。

(2)谈判时，坦率的回答通常是最好的策略。如果我们不满意，最好的方法就是直截了当告诉对方。

(3)在谈判中介入个人情感，几乎可以在任何问题上帮助我们获取主动。

(4)谈判成功的诀窍在于让我们的谈判对手看到我们能做什么，并且让对方觉得和我们建立商务关系是他自己的主意，同时让对方说出来我们应该怎么做。

(5)当对方谈论自己时，不要打断他。

(6)严守秘密的习惯会使我们成为一个身价倍增的谈判对手。

(7)最好的交易通常在私下进行，在达成交易前绝不公布。

(8)如果谈判刚开始，我们就在一个问题上纠缠不休坚持不让步，那么在随后的谈判中就很难指望对方会做出较多的让步。

(9)谈判时，对方在拒绝了一个规模较大的建议后，对规模较小的要求则比较容易接受。同样的道理，先向对方报一个高价，然后逐渐降下来促使对方成交，这种反向诱惑的方法也具有相同效果。

(10)谈判快结束时，人们往往变得容易让步，即使非常棘手的问题，也总是希望尽快解决它。这个时候我们应充分利用，来达到我们的目的。

(11)谈判结果，我们务必要求对方达成协议，因为结果没有书面的约定，那么所有的努力、能力、计划、技巧、策略都失去了意义。

Order of seating 席次

通过利用源于《易经》的场效应对应理论，谈判时除了对谈判对手、企业自身条件、谈判目标和谈判内容进行详尽的分析，还要选择利于企业目标达成的座位安排才能为谈判成功奠定基础。

在谈判过程中，往往同一个人在不同位置会表现出在本次谈判中的不同状态，而同一位置上的不同人总能在谈判中成为主导者。正是因为不同位置在本次谈判中所表现出的场能能量，决定了位置在谈判过程中的重要性。通过位置选择，增强谈判者的说服力，帮助企业赢得谈判成功。尤其是在对外招商谈判中，座位的安排是很有讲究的。如果座位安排得不妥当，将会对整个招商谈判造成不良影响。

通过选择与企业谈判目标相适应的谈判席次，会增加谈判的优势。

从礼仪角度讲，为合作或谈判者布置好席次，使之有利于双方谈判的顺利进行，一般来说，应考虑到以下几个因素：

其一、正式、礼貌、尊重、平等。谈判作为一种商务行为首先是双方基于一种平等的地位，作为谈判的主办方在安排谈判席次时要充分体现礼貌和尊敬。第二谈判作为关系到合作双方各自实际利益的一种商务活动，是非常正式的，谈判席次安排不能像安排会议或宴会席次那样简单和随便。

其二、舒服。舒服作为心理和身体的反应，在谈判时发挥着重要的作用。座椅的软硬、形状、高度；座次的排列顺序，相邻的人、职位的高低；双方谈判人员的对视角度、在整个房间中的位置，都会给谈判人员造成舒服或不舒服的心理反应。人一旦产生不舒服的感觉，就不能集中精力、专心致志地思考。

其三、方便沟通和交流。谈判的参加者可能是几方面人员，最少也是两方，各方都希望通过谈判达到自己利益上的满足，在谈判过程中要讲技巧、讲策略，这不是一个人就能做到的，它需要团队的合作，所以谈判中各自小组成员相互间的沟通和交流就尤为重要，座次的安排就要方便这一点。

在目前的商务谈判中，席次安排有多种，常见有：A.双方人员交叉入座；B.任意入座；C.双方人员各坐一边；D.走动自由等。这几种安排各有不同和优缺点。最常用的一种是双方人员各坐一边。

谈判双方应该是面对面坐着，还是采取某种随意的座次安排，反映着不同的意义和效果。一个敏锐的谈判者，会试着去了解座位的安排，并且会去研究它们蕴含的意义。

在正式的商务谈判中，座次位置安排，应充分体现主宾之别。按照礼仪要求，一般以左为首、坐北朝南为主、坐南朝北为客的习惯，应让客方坐在左侧或南侧，以使对方有被尊重之感，增强谈判中的友好气氛。

要在谈判场所内设长桌或椭圆形桌子，双边洽谈时宾主相对而坐，以正门为准，主人方占背门一侧，客人方占面门一侧。或以入门方向为准，主左客右各占一侧。双方的主谈者原则上应该居中坐在平等而相对的位子上，谈判桌应该是长而宽绰、明亮而考究的；其他谈判人员一般分列两侧而坐(有时，在桌上放好既定的出席谈判人名牌)，涉外洽谈增设小型国旗以示区别。秘书或随行人员席位分设两边，秘书如作记录或翻译，可在上司后面设座或直接坐在上司右侧席位。这种座位的安排通常显示出正式、礼貌、尊重、平等。

如果谈判是在异地举行，则应尊重当地风俗和主人的安排。

多边谈判，各方的主谈者应该围坐于圆桌相应的位子，圆桌通常较大，也可分段而置；翻译人员及其他谈判工作人员一般围绕各自的主谈者分列两侧而坐，也可坐于主谈者的身后。

无论是双边谈判还是多边谈判，面对门口的座位均为“上座”，背朝门口的座位则为“下座”。从心理感觉而言，上座具有一种现场的影响力和权力感，后者则只有从属感，如果不是为了达到某种暗示或影响，应该尽量避开这个忌讳。

桌子和椅子的大小应该与环境和谈判级别相适应：会议厅越大，或谈判级别越高，桌子和椅子通常也应相应较大、较宽绰；反之，就会对谈判者心理带来压抑感或不适。

与长方形谈判桌不同，圆形谈判桌通常给人以轻松自在感。所以在一些合作双方较熟悉的谈判场合，主办方为了使谈判处于一种轻松的环境中也会使用圆桌，各方围着桌子坐下，可放松心情，准备进行谈判。

不论是方桌还是圆桌，都应该注意座位的朝向。一般习惯认为面对门口的座位最具影响力，西方人往往习惯认为这个座位具有权力感，中国人习惯称此座位为“上座”；而背朝门口的座位最不具影响力，西方人一般认为这个座位具有从属感，中国人习惯称此座位为“下座”。

如果在谈判中想通过座位的安排暗示权力的高下，较好的办法是在座位上摆名牌，指明某人应当就座于某处，这样就可对每个人形成某种影响力。按照双方各自团体中地位高低的顺序来排座，也是比较符合社交礼仪规范的。

当然，谈判席次的安排要求体现公正，这是不争的事实，但是作为谈判的主办方，在安排谈判的席次上更有主动权，利用有益自己方的席次的安排作为一种战胜对方的心理战术是不可忽视的。比如：将谈判的地点选在你的办公室里，坐在办公桌后的大位子上，你的对手坐在桌旁边的椅子上或是临时搬进来的低矮椅子上，这时你的优势明显增强，对手则处于气势较弱的下属位置，过于低矮的座位会使得坐者必须挺直腰身讲话，感到不适和紧张，让对手有机可乘，再者，坐高座的人可以俯瞰低座位者，占尽地利；而低座位者不得不仰视高座位的人，其气势已弱。

另外，在谈判中，谈判的环境布置也很重要。

选择谈判环境，一般看自己是否感到有压力，如果有，说明环境是不利的。不利的谈判场合包括：嘈杂的声音，极不舒适的座位，谈判房间的温度过高或过低，不时地有外人打扰，环境陌生而引起的心力交瘁感以及没有与同事私下交谈的机会等等。这些环境因素会影响谈判者的注意力，从而导致谈判的失误。

可利用自然光源，也可使用人造光源。利用自然光源即阳光，应备有窗纱，以防强光刺目；使用人造光源时，要合理配置灯具，使光线尽量柔和一些。

室内应保持宁静，使谈判能顺利进行。房间不应临街，不在施工场地附近，门窗应能隔音，周围没有电话铃声、脚步声等噪音干扰。

室内最好能使用空调机和加湿器，以使空气的温度与湿度保持在适宜的水平上。温度在20℃，相对温度在40%～60%之间最合适。一般情况下，也至少要保证空气的清新和流通。

室内的家具、门窗、墙壁的色彩要力求和谐一致，陈设安排应实用美观，留有较大的空间，以利于人的活动。

谈判活动的场所应洁净、典雅、庄重、大方。宽大整洁的桌子，简单舒适的座椅(沙发)，墙上可挂几幅风格协调的书画，室内也可装饰有适当的工艺品、花卉、标志物，但不宜过多过杂，以求简洁实用。

商务会谈室通常要安排一间主要谈判室和一间准备谈判室，如条件允许还可以准备一间休息室。

重要谈判的布置一般要典雅、舒适，具有一定的民族特色，采光充足，并配备相应的视听设备。主要谈判室的桌子用长方形的较佳，也可以用圆形或椭圆形的桌子。主要谈判室通常不设录音设备，如设置录音设备需经谈判各方同意方可。准备谈判室是商务谈判各方都可以使用的隔音较好的房间，该房间可以供招商谈判某一方内部协商之用，也可以供招商谈判各方就某个专项问题谈判之用。准备谈判室通常不要离主要谈判室太远，最好是紧靠着主要谈判室。准备谈判室同样要布置得典雅、舒适，采光要好，准备相应的桌椅、纸笔等。休息室的布置应本着舒适、轻松、明快的原则，可配备一定的茶水、酒类、水果等食品饮料，还可以配备一套音响设备。

Into 入题

谈判的目的是为了达成某种共同认识。基于这一目的，一般说来，理想的谈判气氛应当是严肃、认真、紧张、活泼。当然，这种双方都乐意接受的洽谈气氛需要有一定的时间来建立。所以，有经验的谈判者不是一入谈判场就进入实质性的谈判，他总要花一定的时间来与对方协调思想，以求进入双方都能互相容纳的协调状态。

谈判开场白，一方面能够为双方建立良好关系铺路，另一方面又能够了解对方的特点、态度和意图。因此，在这个阶段，必须十分谨慎地对所获得的对方印象加以分析，采取一些重大措施，准备工作做得既周密又灵活，对方的谈判作风，同样的可以在开场阶段的发言中反映出来。

商务谈判入题的方式大致有四种：

一是，迂回入题，避免直截了当造成的突兀和尴尬。谈判中迂回入题的方法有从题外话入题或从自谦入题。

一位经验丰富的谈判人员，为了谋求双方的合作，总在开始时讨论一般性的题目，另一种具有不同洽谈作风的人员，虽然他的经验同样丰富，但其目的是为了对谈判产生影响，他会采取不同的措施。一进入谈判，他就极力探求双方的优劣势，探听哪些是自己必须坚持的原则，以及在哪些问题上可以让步，他不仅要了解“自己”的情况，甚至对每一个对方人员的背景、价值观，每一个人有把握的和担心的事以及是否可以利用等问题都要搞得一清二楚。

这一目的往往是通过轻松的话题或闲聊来达到的。

闲聊些什么呢？比如说可以谈谈大家都有兴趣的话题：“看昨晚的球赛了吗？”

“什么看法？现在某处的风景真好，应该旅游一番。”“早上看新闻了吗？”“对股市情况是否满意……”

还可以点到为止地谈谈私人问题。“我儿子真淘气！你的孩子怎么样？”“最近某某身体怎么样？”

如果说，与你谈判的对手同你以往有过私人交往，甚至是朋友，你也用不着感到不安，不妨就此开点玩笑，或者谈谈共同的经历……

闲聊不是无目的瞎吹，而是为了使双方有共同话题，避免冷场，为心理的相互沟通做准备。再说，在闲聊中，双方无意中便传递出一些信息，同时也获取一些自己想了解的东西。

比如谈判对手在寒暄时如果不能应付自如，或者突然单刀直入地谈起生意来，那么可以断定，他是谈判生手。谈判高手总是留心观察对方这些微妙之处。

自谦是迂回入题的另一种方法。比如："张总，今年你们可是大获丰收啊，我们跟你们比可就差远了。或是恭维对方谈判人员的话："张总，你的人可都是精英啊！自谦是有讲究的，自谦不是一种自我贬低，而是通过拔高别人，来表达自己的谦虚，其次通过这种方式，调节谈判的敌对现场气氛，自谦还能让对方降低防范心理。

这种微小的交流也具有很强的感染力。

总之，洽谈之初建立的气氛是最关键的，而往往也是短暂的。管理者要着重认真研究谈判开始阶段所发生的事情，研究应该采取怎样的行动，以建立良好的谈判气氛。

二是，以具体话题作引子，切入谈判正途。这种谈判入题没有任何铺垫，可以说是单刀直入，比如："我们就从货运方式开始谈起吧。或者说："张总，关于货运方式上，我们有不同意见"，通过从谈判合同中的某一条款说起，直接进入谈判话题。这种入题方式的优点是简单明了，节约时间。缺点就是容易引起对方潜意识的警惕和防范的态度。

三是，先谈一般原则，后谈细节。双方在目标一致的情况下先谈原则性的方向，在大方向的范围中，再谈其中的小细节。这种方式的特点是共同基础优先，对立问题居后。假定谈判开始之初，基本目标已经发生对立，这时若彼此各自坚持、互不相让，事情很可能由此全面瘫痪，别说有任何进展了，甚至可能因此而造成更尖锐的对立，带来无穷的后患。有位著名的谈判专家曾经说过："从最简单的地方着手去做艰巨而复杂的工作，才是正确而聪明的做法。"假如一开始对立情形就非常明显，则所要谈判的事项可能因而变得复杂，为了不使情况恶化，发生对立的部分最好暂且搁下，改从其他的共同点着手进行谈判。比如合同中的日期和地点、运输方式等小细节，可通过沟通而获得一致的决议，可视为谈判的共同基础而灵活运用。努力使小地方也能意见一致，如此将感受到内心想法的共鸣，从而缩短谈判双方的距离或者设法在其他问题上取得协议，则使双方对立的主要问题有可能出现让步的征兆。

如果对方仍然无法接受，则不宜进一步坚持，不妨搁置一旁，先就其他事项沟通二、三次，建立共同基础以后，再重来一次。假如始终无法达成妥协，过去所花费的时间与努力就全然白费了，因此要把握最后的机会，相信这时对方会因为该坚持的都已经坚持过了，而接受下来。

使用这种方式的基础是基于谈判双方都本着能合作成功的思想，这种方式进入正式谈判能使谈判成功率增加。

四是，先谈次要细节，再谈主要内容。先从合同的细节开始谈起，当细节达成共识之后，再谈合同的主要内容。这种方式入题也有它的优点，比如当大家对细节方面都没有什么意见了，谈主要条款，也就相对容易得多。缺点就是容易在细节上互不相让，有可能导致谈判进行不下去或一方撤出谈判。

这种方式的使用，双方都应该注重整体利益。代表的立场不同，相关利益也不同，甚至互相对立，这是很自然的现象，但如果一味采取自我本位，恣意坚持自己的主张，势必将无以顾全谈判的目标。谈判者的原始角色即为解决对立，以使整体组织获得更大的利益，因此在细节上互相坚持已见的对立之后，应注视企业的整体利益，以达到有利益的合作为目的。若能经常考虑到这一点，则可化解谈判者之间在细节上的对立情形，所以使用这种方法一定要掌握好技巧。

在谈判的开始阶段，不管是那种方式入题，谈判者都要注意以下两点：

其一是调整、确定合适的语速。由于谈判人员缺乏对对手的了解，减慢了谈判的语速，会影响谈判的进行。如果谈话速度过快，那么即使是滔滔不绝，也可能给人以慌慌张张的印象。过慢和过快的语速都是不合适的。合适的语速应该符合两个必要条件：一是谈者不感吃力，有轻松愉快之感；二是具有谈判效率说话不重复拖沓。

其二是避免谈判开头的慌张和混乱。谈判尤其是正式的谈判是坐着的，中间隔一张谈判桌。从科学的角度看，这种方式远没有站着适合于谈判。因为站着给人以更轻松、更自由、更灵活之感，可以较容易地改变相互的接触角度与距离，从而减轻心理上的拘束感。坐在固定的位置上则完全失去了这些好处。特别是初次进行谈判的人，面对这种短兵相接的形式，难免显得慌张。为了避免这种临场反应，一定要凝神，坦然直视对方，轻快入题。

Expatiate 阐述

第一种阐述技巧是开场白，商务谈判进入主体之后，双方都得向对方交代自己的主张，这时候，向对方阐述和听对方阐述就成了我们唯一的工作。

向对方阐述时，我们应该注意以下几点：

(1)明确指出本次谈判所要解决的主要问题，借此提醒对方引起高度重视，尽快达成共识。

(2)明确指出我方的最佳期望目标，以及我方对此次谈判所持的态度和所抱的希望。

(3)开场白应简明扼要，言简意赅，态度真诚，强调原则，凡是具体细节不宜在开场白中提及。

(4)开场白的目的是为本次谈判定基调，并且让对方明白我方的意图，见面皆因有缘，和谐才能深交，开场白应以诚挚和轻松的方式来表达。

听对方阐述时，我们也应该注意以下三点：

(1)认真耐心倾听对方的开场白，明白对方的真实意图，理解对方阐述的重点，避免误会。

(2)对对方的开场白如有异议，必须让对方讲完之后再委婉的对此谈出自己的想法与观点。

(3)用赞赏的态度对待对方的开场白，充分肯定对方开场白所表示的积极内容，并用重复的方式强调对方的要点，一是加深印象，二是给予确认，三是引出话题，四是用我们的角度曲解那些对我们明显不利的观点与主张，巧妙地影响对方做出适当的相应改变。

第二种阐述技巧是坦诚相见，这种朴实的态度会获得相当高的印象分。

第三种阐述技巧是让对方先谈。在商务谈判过程中，礼让对方无疑能够获得极好的人缘，既使我们有时话题比较敏感，说法比较尖锐，对方也不会很在意。

第四种阐述技巧是运用语言的感染力，说服及影响对方。

开场白用语要通俗明白，紧扣主题，措辞得体，语调清晰，声音温和，抑扬顿挫，富有感染力。

正确使用语言技巧并不是虚伪做作，关键还在于开场白所表述的主题是否能够让对方感兴趣，譬如在无甚紧要之处轻描淡写地交代几句，在需要引起注意之处提高声调，在悬念之处有意停顿卖关子，等等。

总之，商务人员的语言表达需要细心观察对方的反应而随时做出必要的调整，如果对方对我们的开场白毫无兴趣，那以后我们所做的努力就有可能全是白费。

Persuasion 说　服

说服，就是设法使他人改变初衷，心悦诚服地接受我们的意见。

运用说服技巧的基本原则有以下几条：

(1)不要只说我们自己的理由。

(2)研究和分析对方的心理状态和真正需求。

(3)消除对方的戒心与成见。

(4)不要操之过急，急于奏效。

(5)态度诚恳，平等相待，积极寻求双方的共同点。

(6)不要一开始就批评对方，不要指责对方，不要把我们自己的意志和观点强加于对方。

(7)说服用语要朴实亲切，富有感召力，不要过多讲大道理。

(8)承认对方“情有可原”，善于激发对方的自尊心。

说服的具体技巧包括以下几点：

(1)谈判开始时，要先讨论容易解决的问题，然后再讨论容易引起争论的问题，这样容易收到预期的效果。

(2)多向对方提出要求，多向对方传递信息，影响对方的意见，进而影响谈判的结果。

(3)强调与对方立场、观点、期望的一致，淡化与对方立场、观点、期望的差异，从而提高对方的认知程度与接纳程度。

(4)先谈好的信息、好的情况，再谈坏的信息、坏的情况。

(5)强调合同中有利于对方的条件。

(6)待讨论赞成和反对意见时，再提出我们的意见。

(7)要注意精心设计开头和结尾，以便给对方留下深刻印象。

(8)结论要由我们明确地提出，不要让对方去揣摩或自行下结论，否则可能会背离说服的目标。

(9)多次重复某些信息、观点，可增进对方对这些信息和观点的了解和接纳。

(10)充分了解对方，以对方习惯的能够接受的方式和逻辑来展开说服工作。

(11)不要奢望对方一下子接受我们提出的突如其来的要求，事先做出必要铺垫，最后再自然而然地讲出我们在一开始就已经想好的要求，这样对方比较容易接受。

(12)强调互相合作、互惠互利的可能性与现实性，激发对方在自身利益认同的基础上来接纳我们的意见和建议。

Lift to ask 提问

提问就是提出问题，提问的方式有很多种。

一是封闭式提问。即在一定范围内引出肯定或否定答复的提问。这种提问，可使提问者获得特定的资料，而一般情况下答复者也不需要太多的思考过程和时间即能给予答复。

二是开放式提问。即在广泛的领域内引出广泛答复的提问。这类提问通常无法以“是”或“否”等简单字句答复。由于开放式提问不限定答复的范围，所以答复者可以畅所欲言，提问者也可以得到广泛的信息。

三是婉转式提问。即在没有摸清对方虚实的情况下，采用婉转的语气或方法，在适宜的场所或时间向对方提问。这种提问，既可避免被对方拒绝而出现难堪局面，又可以自然地探出对方的虚实，达到提问的目的。

四是澄清式提问。即针对对方的答复重新措辞，使对方证实或补充原先答复的一种提问。不仅能确保谈判双方在同一语言层面上沟通，而且可以从对方进一步得到澄清、确认和反馈。

五是探索式提问。即针对谈判对手的答复要求引申举例说明的一种提问。不仅可以探测到对方对某一问题的进一步的意见，而且可以发掘更多的信息。

六是借助式提问。即借助权威人士的观点和意见影响谈判对手的一种提问。应当注意，所借助的人或单位应是对方所了解并且能对对方产生积极影响的，如对方不了解借助人，或对他有看法，就可能引起反感，效果适得其反。

七是强迫选择式提问。即以自己的意志强加给对手，并迫使对方在狭小范围内进行选择的提问。运用这种提问方式要特别慎重，一般应在我方掌握充分主动权的情况下使用。否则，很容易引起谈判出现僵局，甚至出现破裂。

八是引导式提问。即具有强烈的暗示性。这类提问几乎使对方毫无选择地按我们所设计的提问作答。

九是协商式提问。即为使对方同意自己的观点，采用商量的口吻向对方发出的提问。而且即使对方没有接受我们的条件，但是谈判的气氛仍能保持融洽，双方仍有继续合作的可能。

提问时机的选择只有恰到好处，才能获得理想的效果。以下四种时机通常都会令人满意：

一是在对方发言完毕之后提问。

二是在对方发言停顿、间歇时提问。

三是在自己发言前后提问。

四是在议程规定的辩论时间里提问。

提问时必须注意以下几个方面，来保证提问的质量。

一是注意提问的速度。

二是注意对手的心境。

三是提问后，给对方以足够的答复时间。

四是尽量保持问题的连续性。

Reply 答复

谈判中答复对方问题是一件很不容易的事情。因为我们所回答的每一句话都负有责任，都将被对方理所当然地认为是一种承诺。这便给我们带来一定的精神负担和压力。评价商务谈判人员水平的高低，很大程度上取决于其答复问题的水平。

答复问题实质上是叙述，因此，叙述技巧对于回答问题也是蛮适用的。经验告诉我们，叙述和答复都是深思熟虑之后的思考结果的表达，只是这种深思熟虑非常迅速而且本能。

在答复时，有一些经验可以借鉴：

一是不要彻底答复对方的提问。

二是针对提问者的真实心理答复。

三是不要确切答复对方的提问。

四是降低提问者追问的兴致。

五是让自己获得充分的思考时间。

六是礼貌地拒绝不值得答复的问题。

七是找借口拖延答复。

Inquire 询盘

询盘是指交易一方为出售或购买某项商品而向交易的另一方询问该商品交易所需要的各项条件。

询问对方能否供应或购买某种商品，但具体详尽的交易条件还需在沟通信息之后，根据双方的意图进一步洽商。

询盘的主要目的是寻找买主或卖主，而不是同买主或卖主正式洽商交易条件。询盘有时也是对市场作一次初步试探，看看市场和用户对自己的供或求有何反应。询盘者在急需解决自己的需求或销售的情况下，可以在询盘时将自己的交易条件稍加评述，以便尽快找到买主或卖主。询盘仅仅是对一项交易进行询问，是正式进入谈判过程的先导。询盘可以是口头表示，也可以是书面表达。它既没有约束性，也没有固定格式。

Hair dish 发盘

发盘是指交易一方想出售或购买某项商品时向交易的另一方提出买卖该项商品的各种交易条件，并表示愿意按照这些交易条件订立合同的商业行为。

发盘可以由卖方发出，表示愿意按一定的条件将商品卖给对方；也可以由买方发出，表示愿意按一定的条件购买对方的商品，但在多数情况下，发盘是由卖方发出的。

一项发盘有两个关系人，即发盘人和受盘人。如果一项发盘由卖方发出，卖方就是发盘人，反之亦然。

按照发盘人对其发盘在受盘人接受后，是否承担订立合同的法律责任来划分，发盘可分为实盘和虚盘。在商务谈判中，无论是买方或是卖方，明确实盘和虚盘的法律含义是十分重要的。

Solid dish
实 盘

实盘是对发盘人有约束力的发盘。即表示有订立合同的意图，只要受盘人在规定的有效期限内无条件接受，合同即告成立，交易即告达成。如果在发盘有限期内，受盘人尚未表示接受，发盘人不能撤回或修改实盘内容。

实盘一般应具备以下四项条件：

一是各项交易条件要清楚明确，不能存在含糊不清的内容或模棱两可的词句。

二是各项交易条件必须十分完备，商品品名、计划单位、品质、价格、数量、交货期、支付方式和包装等主要条件都要开列齐全。

三是无保留条件，即发盘人保证按提出的各项交易条件签订合同，达成交易，否则无任何保留地承担全部经济与法律责任。

四是规定有效期限，即告知对方发盘的终止日期。这个有效期主要是约束发盘人的，对受盘人则无约束力。作为受盘人可在有效期限内接受，也可不接受，甚至在不接受时，也不必承担通知发盘人的义务。

同时，有效期也是对发盘人的一个保障，发盘人只在有效期内负责，如果超过有效期，发盘人则无需受所发盘的约束。

在实盘的有效期内，如果发现下列情况之一，按照国际贸易惯例即告失效，发盘人可以不再接受这一项实盘的约束。

第一、过时。一项实盘超过了发盘中规定的有效期，所发盘自然失效，受盘人过期接受，发盘人不受约束。

第二、拒绝。实盘发出后，如果受盘人表示“没有兴趣”“抱歉”或直接答复“不能接受”，发盘的效力即告结束。假如受盘人表示拒绝后，又来电或函件表示接受，尽管后来的接受仍在原发盘的有效期内，发盘人也可以不承担原发盘的责任，只有再经过发盘人的确认后，交易才能成立。假如受盘人对发盘内容进行还盘，原发盘也立即失效。

第三、国家政府法令的干预。如果发盘人在发出实盘后，政府宣布发盘中的商品为禁止进口或出口的商品，这项实盘即无效，对原发盘人的约束力也即告解除。

False dish 虚盘

虚盘是一种对发盘人和受盘人都没有约束力的发盘。对于虚盘，发盘人可以随时撤回或修改内容。受盘人如果对虚盘表示接受，还需要经过发盘人的最后确认，才能成为对双方都有约束力的合同。

虚盘一般有以下三个特点：

一是在发盘中有保留条件。如“以原材料价格没有变动为准”“以我方明确确认为准”或标注说明如“仅供参考”等。它对发盘人不具有约束力，受盘人若要结束这一发盘，必须得到发盘人的确认。

二是发盘的内容模糊，不作肯定表示。如“价格为参考价”，“商品价格视数量多少给予优惠价”等等。

三是缺少主要交易条件。有些发盘虽然内容明确、肯定，但没有列出必须具备的交易条件，如“价格、数量、交货期”等，这在性质上也属于虚盘。

发盘人可以发实盘也可以发虚盘，二者如何选择应由自己在当时状态中的经营意图和谈判策略来决定。

虚盘通常适用于我方货源尚未组织落实，或者对客户不十分了解，而对方询盘又很急的情况。另外，由于对某一时间内的国外商情和市场情况不明，我们也可以故意发出虚盘，以作探测。

有一点必须特别注意，使用虚盘时，一般采用“以我方最后确认为准”的形式。

Return the dish
还 盘

还盘是发盘后又一个谈判环节。还盘是指受盘人在接到发盘后，对发盘内容不同意或不完全同意，反过来向发盘人提出需要变更内容或建议的表示。按照这一规定，在原受盘人做出还盘时，实际就是要求原发盘人答复是否同意原受盘人提出的交易条件，这样原受盘人成为新的发盘人，其还盘成为新发盘，而原发盘人成为受盘人，原发盘人的发盘随之失效。

需要注意的是，既然还盘成了新发盘，那么前面对实盘所作的法律含义和实盘的法律责任同样适合于还盘。这一点对于已经改变了地位的原发盘人来说，具有非常重要的意义。作为原发盘人，此时，一方面要明确自己的实盘已经失效，可不受约束；另一方面也要分析对方的还盘是实盘还是虚盘，如果接受对方的是实盘，当然要求对方履约。另外，还要注意对方有时发来的表示，貌似还盘，其实不是还盘，这就不能表明自己的实盘失效。比如，对方提出某种希望、请求时，但在法律上不构成还盘，发盘人即使同意这些“希望”“请求”，仍不表明实盘失效。因此，发盘人一定要能判断出对方的表示是否真正构成还盘，以避免由于判断错误而发生纠纷或处于被动地位。

发盘人如果对受盘人发生的还盘提出新的意见，并再发给受盘人，叫做再还盘。在国际商务中，一笔交易的达成，往往要经历多次还盘和再还盘的过程。

Accept
接 受

接受是继询盘、发盘、还盘之后又一个重要的谈判环节。所谓接受，就是交易的一方在接到另一方的发盘后表示同意。接受在法律上称为承诺，一项要约经受约人有效的承诺，合同才能成立。但发盘或还盘一旦被对方接受，合同即告成立，交易双方就必须履行合同。

构成一项有效接受，应具备以下几项基本条件：

第一，接受必须是无条件的。所谓无条件是指受盘人对实盘无保留的同意，即接受的内容必须同对方实盘中所提出的各项交易条件严格保持一致，否则就不能表明为有效接受。

第二，接受必须在发盘的有效期内表示。一般来说，逾期接受是无效的。如由于通讯、交通等条件出现不正常事态等不可抗力的原因而造成了延误，或是受盘人在有效期限的最后一天表示接受，而这一天恰好是发盘人所在地的正式假日或非营业日，使“接受”不能及时传到发盘人的地址，那么在上述情况下发生的逾期接受，并由受盘人立即口头或书面形式通知对方，则此项逾期接受仍可有效。一项逾期接受是否最终有效，取决于发盘人的态度。

第三，接受必须由合法的受盘人表示。一项发盘可向特定的人提出，也可向不特定的人提出，如在报刊上公开发盘。

对于向特定的人提出的发盘，接受的表示人必须是发盘指定的受盘人。只有指定的受盘人所表示的接受才构成有效接受。任何第三者对该发盘所表示接受均无法律效力，发盘人不受约束。

第四，接受必须以声明的形式或其他行为的形式表示并传达到发盘人。受盘人若要表示接受，必须以一定表示形式才能证明表示接受。以“声明”表示，就是用口头或书面文字表示；以“其他行为”表示，就是按照发盘的规定或按照双方以确定的习惯做法或者惯例做出行为，比如以支付货款、发运货物等形式表示接受。

接受是达成一项交易的必不可少的环节。作为一个谈判者，无论是以发盘人身份还是以受盘人身份与对方谈判，都必须对上述关于接受的严格含义非常清楚，同时，在此基础上灵活运用自己所做出的接受和应付对方所做出的接受。

Make a contract 签约

买卖双方通过交易谈判，一方的实盘被另一方有效的接受后，交易即达成。但在商品交易中，一般还得通过签订书面合同来确认。

由于合同经双方签字后就成为约束双方的法律性文件，双方都必须遵守和执行合同规定的各项条款，任何一方违背合同规定，都要承担法律责任。因此合同签订工作也是商务谈判的一个重要环节。如果这一环节的工作发生失误或差错，就会给以后的合同履行留下引起纠纷的把柄，甚至会给交易带来重大损失。

对签约工作的基本要求是：合同内容必须与双方谈妥的事项及

其要求完全一致，特别是主要的交易条件都要订得非常明确和肯定。拟定合同时涉及的概念不应有歧义，前后的叙述也不能自相矛盾或出现疏漏差错等。

签字仪式是指国家或企业间通过谈判，就政治、军事、经济、科技文化等某一领域内相互关系达成协议，缔结条约、协定或公约时，一般都举行签字仪式。签字人视文件的性质由缔约各方确定，有由国家领导人签的，也有由政府有关部门负责人签的，但双方签字人身份应相当。一国领导人访问他国，经双方商定发表联合公报（或联合声明），有时也举行签字仪式。各国业务部门间签订专业性协议，一般不举行这类签字仪式。

安排签字仪式，首先应做好文本的准备工作，有关单位应及早做好文本的定稿、翻译、校对、印刷、装订、盖火漆印等项工作，同时准备好签字用的文具、国旗等物品，与对方商定助签人员，并安排双方助签人员洽谈有关细节。

参加签字仪式的，基本上是双方参加会谈的全体人员。如一方要求让某些未参加会谈的人员出席，另一方应予同意，但双方人数最好大体相等。不少国家为了对签订的协议表示重视，往往由更高或更多的领导人出席签字仪式。

我国举行的签字仪式，一般在签字厅内设置长方桌一张，作为签字桌，桌后放两把椅子，为双方签字人员的座位，主左客右。座前摆的是各自保存的文本，上端分别放置签字文具，中间摆一旗架，悬挂签字双方的旗帜。

双方参加人员进入签字厅。签字人员入座时，其他人员分主客各一方按身份顺序排列于各自的签字人员座位之后。双方的助签人员分别站立在各自签字人员的外侧，协助翻揭文本，指明签字处。在文本上签毕后，由助签人员互相传递文本，相互握手。有时签字后，备有香槟酒，共同举杯庆贺。

Business movable standard

Chapter 7

第七章

商务活动标准

应酬
社交
庆典
酒会
茶会
舞会
晚会
展会
参观
考察
仪式

Social parties
应　酬

应酬这个词，总有些礼貌性应付之意，即使是积极主动地彼此相邀，用了应酬就觉得有些客套和无可奈何。

商务应酬是指商业客户之间为了联络感情、增进友谊、发展关系而举行的非商务性质的交际活动，虽然也是一种应付，但场面上和礼节上还是要讲究些的。

仅从字面含意分析，应酬似乎更多的是指接受对方的邀请，参加对方举办的交际活动，而我们做东道主所举办的此类活动，则更多属于商务宴请和商务活动的范围，这是需要有所区别的。

商务应酬包括宴会、酒会、茶会、晚会、舞会、娱乐、旅游、体育活动。由于种类繁多，我们仅以最有典型性的赴宴及最为平常的饮茶为例，说明商务人员究竟怎样才能做好商务应酬的工作。

一、受邀

如果对方发出邀请，我们决定接受，便应用电话或专函的方式答复或告知对方。非特殊原因不可随意取消已答应的受邀，更不能践约，否则就是对对方极大的侮辱和不敬。当然，实在事出有因必须推辞，也应事先征得对方的谅解和同意。

凡是商务应酬，出席人数和出席者身份都有相应要求，如果受邀后却不到场，肯定会令主人难堪，无论理由如何，这始终都是有失信用的行为，而且也会自贬身价，仿佛别人抬举你，而你却不识抬举。

受邀并应承对方之后，重要的是将应酬当回事，不仅要安排好时间，准时赴约，更要在事先做好一些必要的准备，使自己在应酬场合中给别人留下美好的印象。

无论参加哪种应酬，我们都应精心打扮自己。如果是轻松随意的应酬，穿着打扮可以活泼些。如果是正儿八经的应酬，特别是有重要客人出席的，穿着打扮则应该刻意讲究些。

女性的发型可以根据自己的品位与喜好来确定，短发应干净利索，披发最好吹出妩媚的大波卷，挽发则以定型胶喷抹令头发纹丝不乱而且显出光泽，发饰应与耳环项链搭配和谐。

男性的发型无论三七、五五分还是大背头、寸头，都应该非常的干净整齐富有弹性与光泽。除非早有保留，否则不修边幅、胡子拉碴的脸是很煞风景的。

对于女性而言，赴宴着装采用丝、缎、纱之类轻软而有光泽的衣料，最能显衬出高雅窈窕的身姿。颜色最好用黑、白、红、蓝、黄等纯色，因为纯色能更好展现出女性的身段和端庄之态。款式应高雅得体，在显露女性身体优势的同时，把高贵的气质表现得淋漓尽致。

肩膀和颈部漂亮的地方可以露出。

胸部丰满的可穿低胸或中空的上衣或连衣裙或晚礼服。

腿修长的可穿开有中叉或高叉的裙子，甚至是短裙。

至于鞋袜以及其他的配饰都要配合社交场合的要求。

袜子宜透明有弹性，吸附力强，吊带长袜最合适，连裤袜次之，否则宁可赤脚穿鞋，也是别有一番风韵。

鞋子应选用丝绒、绸缎、小羊皮或麂皮面质料的高跟鞋，这种面料吸光质感很好，穿在脚上高贵优雅，有姿有色。

手袋和鞋子的材料最好配套，质感与色彩相同的能起到上下呼应俨然一体的效果。手袋的大小相当于两个手掌大小最为合宜，手拿式的也最为优雅。手袋里的东西不可以放得太多，只宜放一些小件的女性随身用品。

赴宴的饰品包括耳环、项链、手镯、戒指、发饰等，这些饰品不仅需和着装配套，而且本身之间的质地、款式、色泽也应该是一个系列或搭配得当，相映成趣。

饰品在光线下会产生异样的光芒，特别是晚上的灯光光源集中，明暗分明，更能反映出饰品的品质，佩戴钻戒就有这样夺目的效果。如果是赴晚宴，佩戴折光率高的饰品就会产生非常出色的效果。

作为一种正式的交际活动，参加应酬时应事先在自己的身上洒些香水以增加性感的魅力。

男人用古龙水，很淡但有成熟气味，显得比较郑重其事一些。

女人用香水则有时间区别，白天选用香味较甜浓的香水，夜晚选用香味优雅的香水，这是因为气温的变化会令香水的气息有所不同。

香水应喷或轻抹在人体脉搏跳动部位，如耳后、前胸、手、脚、肘或腿膝后。

手掌间如用些淡香水，然后再和人握手，会比较富有女人味。

二、赴宴

通常宴会都会请客人提前半小时到达，而一般应酬则是准点到达。只要不是因为特殊原因迟到并在到场后专门向主人及在座各位说明理由和道歉，那么迟到都是非常失礼的。

进入应酬场所，首先应向主人打招呼。见到熟人是落落大方地打招呼，见到生人则是礼貌地微笑致意。有时候熟悉或陌生的人太多，来不及一一辨识与应酬，那么不管是否相识，索性都以微笑点头示意或者握手问好。

在应酬场所，对长者应主动起立、让座问安；对女宾则微微欠身，彬彬有礼；对晚辈可嘘寒问暖，呵护关爱；对朋友要亲切自然，认真交谈。

入席时，如果座位事先已有安排，则找到自己的位置，待主人或主宾入席之后，再从自己的椅子左方入席。如果座位未定，主客随便，那么正常的礼节是将正对门口的座位视为上席，由主人就座，主人座右侧为此次应酬中地位最高或年龄最大的客人座位。背对门的则是下座。上下座之间的座位可以随便坐，一般应先让主人与主宾、身份高者、年长者、女宾先行入座，我们再找合适的空位坐下。

入座后，脚不要踏在别人的座位下，不要随意伸直，不要两腿抖动，不要将手放在桌上或邻座椅背上，不要把手肘撑在桌上或靠在桌沿，不要东张西望，不要心不在焉，不要独自发呆，不要盯着桌上菜肴显出迫不及待的样子，更不要随便摆弄餐具或餐巾。

在还没有开始用餐前，正确的做法是端坐在椅子上，双手自然地放在自己的腿上，神态自如，风度优雅地和邻座的人轻轻攀谈几句，或是神态安详，略带关注地倾听别人的谈话。

如果此时服务员递上一块湿毛巾，我们应礼貌地接过来并顺手轻轻擦拭一下自己的双手，然后放在桌沿上。这块湿毛巾只能用来擦手，绝不能用它擦脸或脖颈或手臂，哪怕我们此时汗流浃背。道理很简单，这样做是不登大雅之堂的失态之举，而且也很不卫生。

正式宴会应该着正装，不能脱去外衣，更不能在用餐中脱去外衣。

三、用餐

当主人示意用餐开始，我们可将桌上的餐巾打开，平铺在自己的双腿上。中餐是将餐巾完全打开，西餐则是将餐巾打开到对折为止。除非是西式大餐，否则没有必要将餐巾吊挂在自己胸前。

餐巾的用途是防止汤汁或食物弄脏衣服，同时也可以作卫生用。如果用手取食，可用洗手水洗清手指后用餐巾擦干。用餐过程中稍事休息或用餐完毕，可将餐巾轻轻擦拭嘴唇和嘴角，然后轻轻放在餐具右手边，表示用餐完毕。但不可放在椅子上，更不能叠得方方正正地放在一边。这和我们用餐中途因故离开座位时将餐巾稍微折一下放在桌上而不是放在椅子上的道理是一样的，因为这样过分规矩，照上海话讲起来就是“洋盘”，意思是不懂装懂的假正经。

规范的握筷方式是用右手大拇指和食指相对，五指握在筷子三分之二处。用餐时，应先用公筷或汤匙将所需菜肴夹到自己的餐盘中，然后再用自己的筷子慢慢食用。

用筷时，一忌每次夹菜太多，二忌夹菜到自己餐盘时滴汁不断，三忌用筷在桌上笃齐，四忌用筷在菜盘中挑拣，五忌用筷在汤中洗刷，六忌用筷敲打餐具，七忌用筷指点人，八忌用汤匙舀汤时手里同时拿着筷子。

如果有骨头之类杂物，应用筷子放在嘴唇间将杂物接送至自己的碟盘中，不能直接吐在桌布上。

舀汤时，应放下筷子再用汤匙。用毕汤匙，应将其放在自己的碟盘中，不能直接放在桌布上。

西式餐具主要是刀、叉、匙。

正确的持刀姿势是大拇指与食指相对，五指相握在刀柄处。

正确的持叉姿势是五指轻握持住叉柄，叉柄顶端应处在食指的第二关节处。

正确的持匙姿势和持叉姿势相同。

用餐时，左手持叉，右手用刀，用刀叉切割食物时应用叉牢牢按住所切的食物，刀紧贴在叉边切下以防滑开；不能用力过猛，否则会发出刺耳响声。一般应切一块吃一块，每一块以一口咬下的最为宜。

用完一道菜时，应将刀叉平行排放在盘子上右侧，叉尖向上，刀刃向内。如果未用完，正确的摆放姿势是刀叉相交成夹角位置，叉尖向下。

汤匙专用于喝汤，不宜用来进食，但可以与叉并用，帮助叉盛取食物。

喝汤时，应用右手持匙，左手扶着盘子，由自己一方向桌中心方慢慢舀去；喝剩少许时，应用左手把汤盘靠自己一边稍提起，再用汤匙轻轻地由里向外舀去。喝完以后，汤匙应放在盘子里，匙心向上，匙柄置于盘子右边缘处。

如果我们单独赴宴，周围没有熟人，有时不免会感到紧张孤单，坐在陌生人旁边则更会感到拘谨，不知该说些什么好。在这样场合，我们要学会自我调节情绪，尽量自然地和旁人聊聊天，找些大家都感兴趣的话题，当其他人对此附和并滔滔不绝谈话时，我们最好成为他的听众，并不忘频频点头或附和几声表示赞同。我们也可以选择和风趣幽默的人同桌，这样容易谈笑风生融洽气氛。

如果在酒宴中途冷场，我们可用斟酒或劝酒等方式来搞热气氛。

用餐进入尾声，常有一道水果助兴，不同水果有不同食用方法：

梨和苹果，应用刀切成四或八瓣，再用刀削去皮核，然后拿着吃，或用牙签插着吃。削皮时刀口向内，由外往里削。

香蕉应用手剥皮，用刀切成小块吃，整根拿着吃是不雅的举止。

橘子应用手剥皮，一瓣一瓣地吃。

橙子应用刀切成四或八瓣，像吃西瓜一样，将皮剩下。

葡萄要用手一个个摘下来吃。

西瓜、菠萝、哈密瓜等水果通常都是去了皮切成块放在盘子里大家分着吃，吃时用叉。

如有果核，应用手掌托在嘴边，将果核吐于掌中，然后放在盘沿，不能吐在桌布上。

用餐完毕喝咖啡时，应先用专用糖夹或糖勺往自己的咖啡杯里加适量的糖，或者加些奶，然后用小匙搅拌，搅匀后将小匙取出置于托盘上。也可根据个人口味不加糖和奶。喝咖啡时应左手托盘，右手执杯耳，将托盘置于齐胸处，然后将咖啡杯端离托盘慢慢品饮。喝完后，再将咖啡杯放回托盘上，再整个儿一起放回桌上。将小匙放在杯内或用小匙舀着喝的做法都是不规范和失礼的。

四、离席

宴会未结束，但我们却已用完餐，照理是不可以随意起身离席的，知趣的人总是在用餐的尾声时有意控制自己的速度，以求和周围的人大致相同，避免过早吃完呆坐的尴尬和别人都已吃完自己还在狼吞虎咽的难堪。

一般情况下，我们总应该比其他人稍微早一些吃完，这也是一种礼貌。不便离席时，不妨一边饮水或饮料，一边和身边的人聊几句话来等待，也可以借故离开餐桌一会儿再回来，但决不能一去不回，因为这对主人，对坐在同桌的人都是极不礼貌的。如果当时确实有急事万不得已，又不好意思惊动与打搅其他人，那么可以悄悄起身，请服务人员帮助传个字条，或自己走到主人身边悄声告知我们的离席原因，向其致歉。

正式的宴会必须由主人和主宾餐毕先起身离席后，其他客人方可依次序离席。

离席时应主动将桌上的餐具适当整理，一者是避免站起身时不慎带动餐桌桌布，放在桌沿的餐具或杂物很容易被碰，掉下来；二者是杯盘狼藉的场面，难免有失雅观，适当地整理一下，也是顺手之劳。

离席时应向主人表示谢意，向同桌的人表示幸会。

正式宴会结束后，即使我们在现场已经向主人道过谢，礼节上仍然要求我们在回去之后再致函主人表示感谢，这如同宴会的程序一样，几乎是必不可少的。

五、规矩

就餐的动作应斯文得体，不慌不忙，动作很轻。吃东西时用小口，而且不能发出声响。

无论用叉，用匙，用筷进食，都不能将餐具的整体放入嘴里，也不能用舌去舔。

口内含有食物却和人说话是极不雅观的。

如果汤菜太热，可将其盛入碗内，用汤匙慢慢搅动或舀一舀来散热，等稍凉后再一口一口慢慢喝。直接对汤菜吹气散热是十分粗俗之举，而且很小孩子气。

如欲在餐桌远端夹取自己喜欢的食物，可以请服务员或主人代劳，自己千万不能站起身直接去取。同样道理，如欲取用摆在同桌其他客人面前的调味品，也应请邻座帮忙传递，手超过自己的范围而在别人面前伸来伸去，绝对是不礼貌。

当主人端来我们并不喜欢吃的食物时，我们一般是不能拒绝的，适当的方式是取少量食物的放在自己的碗碟内，说声：“谢谢，够了。”

席间如遇意外情况，如不小心将酒水或菜汁打翻或溅在邻座身上，应立即向其道歉并马上协助擦干，求得对方的谅解。如果是别人不慎弄脏了我们的衣服，则不必大惊小怪，反而应该安慰对方：“没关系，这是难免的意外，请您不用自责。”我们甚至可以用打趣来缓和尴尬的气氛，让对方愧疚的心好受些，也显示出我们的大度和幽默，然后自己去洗手间擦拭一下。

女性在用餐前还有一件必须要做的事，那就是要悄悄用餐巾纸抿去或抹去嘴上的口红，以免在餐具上留下红唇印，既不文雅又影响别人的食欲。

用西餐时，应用手将面包撕开后用专用小刀抹黄油、果酱，抹上一块吃一块。吃烧烤类食物可用手撕着吃，吃完后用餐巾擦干，而绝不能放在嘴里舔。 用手取食前，服务员会送上一盅洗手水，水里放着柠檬片或玫瑰瓣，这是专用洗手水，绝不能端起来喝，否则会闹笑话。洗手时两手轮流沾湿指头，轻轻刷洗，然后用餐巾或小毛巾擦干。

在冷餐会或酒会上，如果是我们自己取食物，要注意不要往人多的食物前挤，也不要一下拿太多的某一种食物。另外，我们要一边吃一边与其他人谈话，而不要独自在一边享用食物。在行走和取用食物时，一定要端好自己的盘子，以免不小心落下食物或被别人碰翻。

有的招待会是由服务人员为客人送取食物，无论他们多忙，我们都不能自己去找服务员取食物，而必须要等他们顺便送来。如果我们不需要当然可以不取，但别忘记说声："谢谢"。

酒主要是由服务员为客人们送，他的托盘里会有几种酒，我们可以随便要一种，由他来为我们斟上，我们自己不能倒酒。

在酒会上，服务员一般固定在某一地点，由客人自己去点各种各样的酒。实际上，酒会的主要内容与其说是喝酒，还不如说是聚在一起聊天。

用餐时或用餐完毕需用牙签，应放下手里的一切东西，用手遮挡住嘴和牙签，大庭广众中用手指掏牙齿以及毫不遮掩地使用牙签，都是非常不像话的。

不要在商务应酬中评论菜肴的缺点，因为这会使主人难堪，而且会得罪人。

不要在商务应酬中评论或附和别人对某人的议论，人背后的评说无论理由多么充分，总不是君子应有的风度。

不要在商务应酬中只和某一人说话而冷淡了其他的人。

不要在商务应酬中一个人孤芳自赏，或者落寞地想自己的心事。

不要在商务应酬中任性而为。我们的一举一动都在别人的视线内，偶尔的不雅与随便，都有可能造成对我们的误会，破坏我们好不容易建立起来的职业形象。商务应酬中的自律，因为有了环境的影响而显得格外困难也格外重要。

最后，商务应酬现场的所有物品，都不可以顺手牵羊拿走，如果我们确实很想留下一些礼物以做纪念，譬如精美的菜单，也应征得主人同意后方可取走，但可以食用的东西是绝对不能开口索要的。

六、饮酒

在商务应酬场合，主人通常都有向客人敬酒的习惯，宾主之间往往也会互相敬酒。

1. 敬酒

敬酒的态度要稳重、热情、大方。郑重其事时以双手举起酒杯向对方微微点头示礼，一般礼貌时以单手举杯示意。如在场客人较多，可举杯向周围绕一圈示意，不必一一碰杯敬酒。

中餐一般上白酒或啤酒，西餐一般上白酒和香槟酒。通常在应酬时，主人总会事先准备白酒、啤酒、黄酒、葡萄酒几种，究竟选哪一种，一是可以客随主便，有什么喝什么；二是主请客选，客人点什么酒就喝什么酒；三是客人应酬时携酒赠礼，当场打开以示捧场。

2. 选酒

中餐喝酒全凭自己口味，西餐喝酒则应同上的菜相配，其具体区别如下：

上头道菜时配送红或黄色两种鸡尾酒，红酒较淡，适合女性饮用；黄酒较浓，适合男性饮用。

上汤时配送白葡萄酒或雪梨酒。

上鱼时配送威士忌加苏打水。

上肉类菜肴时配送红酒。

上点心时配送香槟酒或葡萄酒。

吃完西餐，喝过咖啡后，配送利口酒，也就是蜜酒。

选取合适的酒在合适的时候饮用，会使菜肴的口感更好，味道更佳，而且不同品质的酒感觉各异，适度的饮用会令自己的心情格外的愉悦。

3. 斟酒

打开酒瓶后，先倒少许酒试酒，试酒者可以是主人，也可以是主宾。试酒者小饮一口，仔细品味，然后再饮一口，待其第一口的回味和第二口的新鲜味混合在一块儿，就能体会出这个酒是否合口味，以及品质是否纯正。

斟酒的先后顺序是从主人右侧主宾起逐位向左开始，站在每位饮酒者的左手边上斟酒。

斟酒时应一手执瓶身，另一手轻扶瓶侧，将酒瓶的商标正面朝向客人，脸带笑容，全神贯注，姿态优雅而且认真地将酒慢慢倒入客人杯中。

斟酒时，瓶口绝对不能触碰酒杯口。每斟完一杯，要迅速而且敏捷地将酒瓶口翘起来并顺手往左轻轻一旋，以免酒水滴淌在客人身上或桌面上。

单手斟酒时，用右手握住酒瓶，食指与其他四指分开，压在瓶颈上，斟完一杯时同样也是顺手左转抬起瓶口，干净利落，动作潇洒。

正式的宴会通常会安排两种酒杯，一个是烈性酒的小酒杯，一个是甜酒的高脚杯，通常情况下，先斟烈性酒，再斟甜酒。

斟酒的尺度因酒精度数高低而有所不同，白酒之类的烈性酒宜斟至酒杯三分之二；甜酒宜斟至酒杯八成；啤酒宜斟满，并且让泡沫的比例占酒杯容量的四分之一甚至三分之二，让泡沫溢至杯口。

4. 接酒

别人为我们斟酒时，我们应站起身，一手持杯，一手扶住杯底，微笑对人并轻声道谢。

超过自己酒量的敬酒，应该含笑婉拒，若敬酒者执意坚持，也不必拂逆其好意，推辞再三后不妨给对方面子，让其再敬一次，但在接过其斟酒之后，适量喝一点，浅尝即止，假装醉意，巧妙化解，相信对方也不会非与我们为难。

当然，保持满杯的状态也是防止自己的醉酒失态的好办法，因为酒杯一空，别人自然会为我们斟酒，这样没完没了，真是怎么得了。

假装已有醉意，多跑几趟洗手间，也可以躲掉一些喝酒的机会。

女性则可涂一点腮红，假装因酒精作用而脸红，也可打消别人敬酒意图。至于征求护花使者帮自己挡驾或代喝，也是女性自我保护的顺水推舟之策，相信会有不少人乐意表现男子汉风度来为女性解围。

5. 应对

应酬中互敬酒或劝酒是很正常的事，关键是商务人员在这种场合中，应该学会自制。恰到好处是一种艺术，一旦过分则会令人不快。

对男性而言，商务应酬中因不胜酒力而发酒疯，实在是件非常有损形象的事，文酒疯还算斯文，最多嘴里话多，趴着或躺着直接就睡了过去，样子虽然难看了些，倒也不会太扫大家的兴。武酒疯那可是真的麻烦，嬉笑怒骂，拳打脚踢，丑态百出，还可能会伤人，只要来过这么一次真性情，得，这以后的事可就难说了。谁会愿意招惹一位因为一点酒就缺乏自制能力的酒鬼？即使撞上了，恐怕也是避之不及。

好酒量只是一种垫底，为应酬喝点酒，本只是一种助兴，点到为止就可以了，万一喝得多了一些，借着酒劲说些平时想不出来的俏皮话，也是幽一次默，但过了量则会弄巧成拙，这就是喝酒的尺度。

对女性而言，醉酒似乎是不可想像的事，特别是在商务应酬场合，不过也许女性的生理构造比较特殊，在场面上，女性的酒量往往会令男性大吃一惊，只不过女性比较含蓄和规矩，不会在大庭广众之下由着性子来和别人干杯，所以劝喻女性少喝些酒未免有些多余。

但是男性醉酒时，女性在场的应对却是很有些讲究的，商务应酬中能够应付自如，无疑会增加得体的分数。

对女性来讲，男性醉酒时，可以用以下几种方法巧妙地处理：

趁他不注意时悄悄倒一杯浓茶给他喝。

当他酒后失态纠缠着要向我们敬酒时，借口上洗手间，回来后再换个座位暂避一下。

当他频频劝酒而不肯罢休时，我们取出事先准备好的助消化药，当着他的面吃下去并且告诉他：“我的肠胃有病，实在不能喝了！”相信他见此不会再逼人太甚。

当对方借酒装疯对我们搂搂抱抱时，我们可用无奈与无助的姿态和语调带笑向邻座其他男性求援，这时自然会有人挺身相救，这样做也不致使失态者觉得难堪。

当酒宴结束，对方借着酒意对女性纠缠不清时，则也可请其他女宾找个借口为之解围。

男人的酒后失态也许因为他是真心喜欢，对此，我们不要反应过度怒颜相向，以免破坏气氛，造成尴尬局面。

Social interourse 社交

社交活动是放松自己调剂生活的一种方式，也是与社会名流、商界人士、政府官员联络感情加深友谊的一种手段。社交活动既有政治性的，也有商业性的，还有私人性的。

商业性社交活动有着浓厚的商业气息，参加者绝大多数是商界人士或其家属，有的是交际性的，如音乐会、舞会之类，有的是慈善性质的，如义演、义卖、募捐之类，也有内容单一目的明确的，如拍卖会，这些活动有的是由商会组织，也有的是商界人士发起。这类社交活动大多要求参加者携带家眷，穿着得体，仪表庄重。

在商业性社交场合，我们的穿着打扮必须端庄大方，我们的言谈要适中，千万不要寡言少语，甚至一言不发，容易引起误解，以为你有什么不称心的事，或者以为你不肯直叙己见，对别人所谈不感兴趣等等。

社交中举止必须斯文得体，比如和客人站着进行社交活动时，不要歪靠一边，不要斜倚着墙壁、窗台、桌沿。如果站立的时间较长，感觉疲劳，可以两腿交替呈“稍息”姿势。假如手中持有酒杯或盘子等物，要注意与交谈对方保持适当距离，以免酒食洒泼到对方身上。女士如站立与人交谈，也应亭亭玉立。

我们的音容笑貌必须沉稳温和。我们的反应必须点到为止，我们的神情必须全神贯注，我们的态度必须明朗坚定，我们的动作必须敏捷迅速，我们的思路必须有条有理。

私人性社交活动虽然也讲究礼尚往来，但毕竟轻松随意许多，譬如陪伴上司打打网球或高尔夫球，或者和若干同事好友外出休闲旅游，只要不失态，只要不过分，一切都自然地流露，相信我们都能做到得体。

陪同客户参加各类社交活动，我们讲究礼节势必也会对客户产生影响，礼多人不怪，只要我们随时随地按社交礼仪行事，别人自然会对我们肃然起敬。

在商业社会中，商务性质的社交应酬是非常普遍的，很多交易其实并非都是在公司里通过正式谈判达成的，社交活动对促成商业交易无疑具有非常正面的影响。

对商务人员来讲，商务性的社交活动分为两种，一种是你协助上司做东道主，组织安排并邀请有关人士参加，另一种则是你自己或陪同上司出席别人举办的社交活动。

社交活动本身也分为两种，一种是正式的，譬如招待酒会、茶话会、音乐会。另一种是非正式的，譬如舞会、一场网球或高尔夫球，或者就是小范围的商业界朋友的聚会。

无论是正式或非正式的活动，作为商务人员而言，都需要作精心的安排。

首先是安排活动的计划，根据上司的意图或企业的要求，确定社交活动的形式，明确社交活动的目的，预算社交活动的费用以及场地安排、邀请范围、参加人数，等等。

其次是安排活动的程序，社交活动的礼节比较讲究，先做什么，然后做什么，都丝毫不能含糊。经常出席社交活动的人士往往会将这种程序上的礼节视为社交的规矩而特别重视，任何程序上的疏忽都可能令客人对我们产生看法。

再次是确定活动的要求，正式的社交活动都应向被邀请的客人提出明确的要求，如参加招待酒会或音乐会，来宾衣着必须特别讲究，而且必须在指定时间准时出席。一旦接受邀请，来宾应向主办方致函或致电确认。非正式的社交活动虽然没有什么特别的要求限制，但两者之间的区分都要十分明确，如有必要还得在活动请柬上注明正式或非正式，因为现在缺乏社交礼仪教育，绝大多数人并不知道该如何出席社交活动，以平常的样子或别出心裁的另类打扮参加商业性社交活动的时有所见，很煞风景。为了避免此类尴尬的事发生，同时也是为了提高社交活动的档次，使社交活动真正成为知书达理的商业人士彼此沟通交流或联络感情的主流生活内容，有必要用标准的社交活动来影响和规范人们的礼仪行为。

商业性的社交活动自然会带着浓厚的商业气氛，但要注意的是，只有淡化商业色彩，才会突出社交活动的包容和高雅。任何向文化靠拢的社交活动总是会在人们心中激起一种异样的虚荣心，尤其是商业人士，文化会使他们的感觉更美好。因此，将社交活动安排成纯文化的上流社会人士的聚会，无形之中也会提升我们的企业形象。

最后是强调活动的格调，社交活动本身应该是气氛轻松的聚会，即使这种聚会是由商业机构出面主办，出席者大多都是商业人士，但活动本身的交际性质就是让人们修身养性增进友谊。因此，在安排社交活动时，应该有意识地营造一种高雅舒适的氛围，而把商业内容深深隐藏起来。“醉翁之意不在酒”举办社交活动的最终目的当然是为了商业利益，但潜移默化的功夫做在深处，却能让社交活动起到意想不到的效果。

安排社交活动最重要的是形式，针对邀请对象的特定情形来选择合适的形式当然能起到事半功倍的效果。有的客户很喜欢在晚上到社交场合喝酒聊天甚至跳舞，有的客户则喜欢招三五知己去高尔夫球场打个18洞，比试球技，也有的则愿意泡杯清茶坐在那儿钓鱼。根据客户的喜好度身定造活动内容是小范围安排的特点。至于稍微大型的社交活动，则通常以人们喜闻乐见的方式，再掺杂一些切合我们企业自身特点或者能够激起人们乐趣的内容。

Celebration ceremony 庆典

企业举办的各种庆典如开业或某项重要会议的开幕，大多都是由商务人员或行政人员负责筹备安排的，按照礼仪规范准确无误地安排庆典的程序，对企业形象十分重要。

组织安排庆典时应注意以下几点：

首先精心拟定出席庆典的参加者名单，并由专人负责将请柬送到参加者手中。

其次拟定典礼程序，其内容包括：宣布庆典开始，宣读或介绍来宾名单，致贺辞，致答辞，剪彩，舞狮或放气球或燃放烟花爆竹以示喜庆，宣布庆典结束。其中要拟定致贺辞和致答辞的人员名单，并拟写好贺辞与答辞呈报上司审阅定夺。贺辞表示祝贺，答辞表示感谢，两份讲话稿都应言简意赅，用词精彩，目的是沟通感情增进友谊。

接着确定剪彩嘉宾，确定摄像和摄影人员。

随后准备有关物品如签到本、红绸带与球、镀金剪刀、镀金盘、照相机、胶卷、摄像机、横幅、标语、彩旗、气球、烟花爆竹等。

最后安排人员，谁负责接待，谁负责签到，谁维持秩序，谁负责送礼，谁管音响，谁执红绸，谁托盘递剪，谁点爆竹，都要落实具体的人。这些人员必须事先安排确定，明确交代其工作责任，条件允许的话还应预演一下。庆典前这些人员必须到达各自指定岗位，商务人员则应协助上司对此监督检查，发现问题及时解决。

庆典中可酌情安排一些喜庆节目增加气氛，庆典结束后也可安排参观游览或举行酒会、宴会。当然，这些应视庆典内容与目的而定。

把庆典办得隆重热烈丰富多彩而又简单节俭，这是商务人员应该把握的分寸。

庆典活动中的剪彩仪式需要事先做周到细致的准备，特别是剪彩时必不可少的红色缎带，按照传统做法，应由一整匹未曾使用过的红色绸缎，在中间结成数朵花团。红色缎带上所结的花团，不仅要生动、硕大、醒目，而且具体数目往往还同现场剪彩者的人数直接相关。有两类模式可选择，一是花团数目较现场剪彩者的人数多一个；二是花团的数目较现场剪彩者的人数少一个。前者可使每位剪彩者总是处于两朵花团之间，尤显正式。后者则不同常规，亦有新意。

剪彩所用的镀金剪刀，必须是每位剪彩者人手一把，而且必须崭新、锋利而顺手。

白色薄纱手套，是专为剪彩者所准备的。在正式的剪彩仪式上，剪彩者剪彩时最好每人戴上一副白色薄纱手套，以示郑重其事。

在剪彩仪式上所使用的托盘应该崭新洁净。通常选择银色的不锈钢盘并铺上红色绒布或绸布。在剪彩时，可以一只托盘依次向各位剪彩者提供剪刀与手套，并同时盛放红色缎带；也可以为每一位剪彩者配置一只专为其服务的托盘，使红色缎带也专由一只托盘盛放。

剪彩现场铺设红色地毯，主要是为了提升仪式档次，营造一种喜庆气氛，红地毯主要铺设在剪彩时站立处，面积略大一些更有气派。

除主持人之外，剪彩人员主要由剪彩者与助剪者组成。剪彩者可以是一个人，也可以是几个人，但一般不应多于五人。通常剪彩者由上司、合作伙伴、社会名流、员工代表或客户代表担任。

若剪彩者仅为一人，剪彩时居中而立，若剪彩者不止一人，则同时上场剪彩时位次的尊卑就必须予以重视。一般的规矩是：中间高于两侧，右侧高于左侧，距离中间站立者愈远位次愈低，主剪者居于中央位置。

助剪者多由东道主一方的女职员或聘请的专业礼仪小姐担任。分为迎宾者、引导者、服务者、拉彩者、捧花者、托盘者。

一般来说，剪彩仪式宜紧凑，忌拖沓，在所耗时间上愈短愈好。剪彩仪式，通常应包含如下六项基本的程序：

(1)请来宾就位

在剪彩仪式开始时，由司仪宣布："敬请各位在已排好顺序的座位上就座"，剪彩者应就座于前排。

(2)宣布仪式正式开始

司仪宣布仪式正式开始后，乐队演奏音乐，现场燃放鞭炮，全体到场者热烈鼓掌。

随后，司仪介绍到场的重要来宾。

(3)奏乐

司仪宣布奏乐，请全场起立。

(4)发言

司仪宣布请嘉宾上台发言，发言者依次为东道主的代表、主管部门代表、地方政府代表、合作单位代表，等等。每人发言不超过三分钟，分别作介绍、道谢与致贺。

(5)剪彩

司仪宣布请有关来宾剪彩，并介绍剪彩者，此刻全场热烈鼓掌，奏乐或燃放鞭炮。

(6)结束

剪彩之后，司仪宣布仪式结束。

值得提醒的是，庆典活动非常注重礼仪标准和程序规范，譬如，当主持人宣布进行剪彩之后，礼仪小姐应率先登场。

在上场时礼仪小姐应排成一行。从两侧同时登台或从右侧登台。

登台之后，拉彩者与捧花者应站成一行，拉彩者处于两端拉直红色缎带，捧花者各自双手捧一朵花团。

托盘者须站立拉彩者身后一米左右，并自成一行。

剪彩者登台时，引导者在其左前方进行引导，使之各就各位。

剪彩者必须从右侧登台。

当剪彩者均已到达既定位置之后，托盘者应前行一步，按照左为下右为上的礼仪规矩而不是顺手习惯，站在前者的左后侧，以便为其递上剪刀、手套。

剪彩者若不止一人，则其登台时亦应列成一行，并让主剪者行进在前。

在司仪向全体到场者介绍剪彩者时，后者应面含微笑向全场点头致意。

剪彩者行至既定位置后，应向拉彩者、捧花者含笑致意。当托盘者递上金剪和手套时，剪彩者亦应微笑着向对方道谢。

正式剪彩时，剪彩者应右手执剪，表情庄重全神贯注地将红色缎带一刀剪断。

若多名剪彩者同时剪彩时，其他剪彩者应注意主剪者的动作，与其主动协调一致，以便能够同时将红色缎带剪断。

按照要求，剪彩以后，红色花团应准确无误地落入托盘者手中的托盘，切勿使之坠地。

剪彩者在剪彩成功后，可以右手高举金剪，面向全场致意。之后放剪刀、手套于托盘之内，举手鼓掌。然后，依次与主人握手道喜，并列队在引导者的引导下退场，退场时从右侧下台。

待剪彩者退场后，其他礼仪小姐列队由左侧退场。

不管是剪彩者还是助剪者，在上、下场时，都要注意井然有序、步履稳健、神态自然。

剪彩过程中，所有参加者都应表现得不卑不亢、落落大方。

Cocktail party 酒会

酒会又称为鸡尾酒会，指各种调制酒品种繁多，比较有情趣。酒会的特点是不设坐席，主客可随意走动，不受拘束，到场和退席均可随意。

一般在下午四时至八时举行，备有各种酒类和小食品，邀请方式应用请柬，请柬上注明几时至几时。自助餐酒会有它自己的特点，它不像中餐或者西餐的宴会，大家分宾、主入席，只要时间一到就可以开始用餐，用餐中一般会有嘉宾或者主办方先即席发言。在嘉宾发言的时候，应该尽量停止手中的一切活动，如取餐或者是进餐。通常自助餐不牵扯到座次的安排，大家可以在这个区域中来回地走动。

在和他人进行交谈的时候，应该注意尽量停止口中咀嚼食物。

一般公司采用商务自助餐这种形式，它最突出的一点也是体现出公司的勤俭节约。所以在我们用餐的时候，要特别注意尽量避免浪费。

参加酒会，男士可着西服套装，也可着单件西装等。女士可以穿长裙、连衣裙、旗袍以及各式美丽大方的服装。

如果没有特定的酒会礼服，女士也可选择一套合宜的套装。套装的风格和颜色都很重要。若平时非常喜欢穿着暗色或中性色彩服装，此时就要特别挑选一些具有喜气的暖色调衣服，例如枣红或砖红，既不会喧宾夺主，又非常适合当时的气氛。

至于化妆，因为酒会多半是在晚上举办，浓妆比较适合。

除了合宜的服装、适当的彩妆之外，整体的饰品搭配也是相当重要的。例如皮包和鞋子时常是被人忽视的重点，我们常可看到一个情景是，一身剪裁合宜的服装，却搭配一个粗糙的皮包和平底鞋。这是因为许多上班族是下了班就直接赴宴，衣服或许是早上就特意换上的，可是皮包和鞋子却还是平常的那一套，因此才会显得格格不入。所以，此时此刻，不妨将重点摆在皮包和鞋子上，皮包应是精致、小巧一点，鞋子应该是高跟鞋，而服装则可退而求其次，只要是适当得体的服装即可。

谈话时面带微笑，并且尽量避免长篇大论，避免高声谈话，以免影响其他人的交谈；要明白谈话对象感兴趣什么话题，以便达到更融洽的沟通；谈话中要多引导对方说话，而不要总是说关于自己的话题；要知道用什么方式能够让对方喜欢你，并且留下深刻的印象。

以下行为，切不可做：

1.用又冷又湿的右手和人握手(记得请用左手拿饮料)。

2.右手拿过餐点，还没抹干净，就和人握手(请用左手拿餐点，要不然，吃完就应立刻用餐巾把手仔细擦干净)。

3.和别人说话时东张西望，好像深怕错过哪个更重要的人物，这是非常不礼貌的。

4.抢着和贵宾谈话，不让别人有和他们搭讪的机会。

5.霸占餐点桌，以致别的客人没机会接近食物。

6.把烟灰弹到地毯上，或拿杯子当烟灰缸，用完就不管了。

要明白自己想要给主人和其他宾客留下什么样的印象；要知道自己希望在酒会上遇见什么样的人，怎样才能够得体地展现个人的风采和魅力；要把你个人能够为这个社交群体所带来的资源展现给大家；主动的为他人递上一杯饮料将会是一次友好谈话的完美开端。

当客人来访时，你应该主动从座位上站起来，引领客人进入会客厅或者公共接待区，并为其送上饮料，如果是在自己的座位上交谈，应该注意声音不要过大，以免影响他人。切记，始终面带微笑。

递送名片时应用双手拇指和食指执名片两角，让文字正面朝向对方，接名片时要用双手，并认真看一遍上面的内容。如果接下来与对方谈话，不要将名片收起来，应该放在桌子上，并保证不被其他东西压起来，这会使对方感觉你很重视他。参加会议时，应该在会前或会后交换名片，不要在会中擅自与别人交换名片。

介绍的礼节是行为大方得体。介绍的原则是将级别低的介绍给级别高的；将年轻的介绍给年长的，将未婚的介绍给已婚的，将男性介绍给女性，将本国人介绍给外国人。

愉快的握手是坚定有力，这能体现你的信心和热情，但不宜太用力且时间不宜过长，几秒钟即可。如果你的手脏或者很凉或者有水、汗，不宜与人握手，只要主动向对方说明不握手的原因就可以了。女士应该主动与对方握手，同时不要戴手套握手。另外，不要在嚼着口香糖的情况下与别人握手。

到年底，公司答谢客户、与客户沟通联谊的酒会和晚宴肯定少不了，这种派对多会在星级大酒店举行。这样的场合和商务性质决定了端庄优雅的晚装才能符合这样的场合及派对的主题。在国外大公司的派对上，通常有不少女性着华贵且性感的晚装，但目前国内对晚装穿着还处于较为保守的状态，除了四肢，只露出颈、肩、背的小晚装穿起来更稳重。高雅的黑色是最稳重的颜色，此外，富有时尚感的金色，很女人的紫色，喜气的紫红、酒红也是可以选择的颜色。

Tea reception 茶会

商务茶会是一种备有茶及茶点的商务集会形式，既随和，又庄重。它主要通过饮茶品点，达到畅叙友情，寄托希望，交流思想，讨论问题，互庆佳节，展望未来的目的。

人们借茶引言，以茶助话。在中国、韩国、日本等一些对茶有深厚文化底蕴的国家，以茶会取代饭局开始成为一种新的时尚与潮流。

茶会通常在下午四时以后进行，以茶和咖啡为主，另有果汁点心等，适宜庆祝生日或节日等，是欧美国家比较流行的宴请聚会方式，由于规模不大，总是由女主人主持操办，用在商务活动中，茶会显得温馨高雅，富有家庭气氛。

一、饮茶

商务应酬中，饮茶似乎是个不可缺少的礼貌性环节，简单如餐前餐后的清茶一杯，郑重如礼数周到的茶艺品尝。茶的清香醇和，茶的情趣优雅，使饮茶成了一种品味和清心的交际活动，凡是喜好茶道的人，为茶所熏陶，似乎总也比其他人更为慢条斯理，彬彬有礼。

饮茶的氛围与感觉，确实非常适合商务应酬所需要的那种微妙。节奏不急不缓，态度从容淡定。或推心置腹，或随心所欲，由茶引发的话题，由茶营造的气氛，使商务应酬成为既可以沟通交流又可以谈谈生意的好机会。

商务应酬中的饮茶，规矩当然不如茶艺茶道那般复杂和到位，但是一些基本的程序和要求还是有所讲究的。

二、奉茶

奉茶前要注意茶水的温度，太烫的茶容易烫伤客人，事先应予提醒关照。

奉茶时，茶壶或茶杯都不能装得太满，以免溢出来，一般以八成为宜。

奉茶时，应该按照年龄的长幼顺序或职位的高低顺序或座位的尊卑顺序先后进行。

商务应酬通常以职位顺序为依据。如果一般的应酬，或是无法判定饮茶者身份的，则以年龄长幼为依据。如果上述二者都无法知道，那干脆待来客彼此谦让并坐下来后，顺理成章地将此顺序作为依据，由主人右侧主宾开始，顺序向左依次奉茶。

奉茶时应向在座的人说声："对不起！"或以右手，或以双手端茶，从客人正面或从客人身后左方奉上。左为下，右为上，从左奉茶是尊敬客人。奉茶同时面带微笑，眼睛注视对方再说一声："这是您的茶，请慢用！"

如果是杯茶，奉茶时需端着茶盘，左手托着茶盘底部，右手扶着茶盘外缘，向客人示意其自己取茶杯。

奉茶时，端出的茶色要均匀，尤其是两位或以上着客人同时在座，这一点十分重要。

以红茶或咖啡待客，奉茶时的杯耳和托碟上摆放着茶匙的握柄应朝向右边，如果没有专用奶罐和糖缸，则应在茶碟上放置一包砂糖和一包奶精或小包装鲜奶，方便客人自行调配。

奉茶时如配有点心，应放在客人右前方，便于客人享用，茶杯应摆在点心右侧。如有水果，应放在客人正前方，茶几中央。

三、饮茶

商务应酬中，别人奉茶无需用手去接，因为沟通不够或注意力不集中，这样的交接很容易增加奉茶者的困扰，使其不知如何是好，一不小心还很容易将茶盘中其他的茶杯打翻。

若是上司、长辈、主人亲自奉茶给我们，由于这时奉茶者往往是逐一奉茶或专向奉茶，主客双方的注意力比较专一，彼此交接比较安全，这时站起身用手去接就显得十分自然而且有礼貌。当然，如果是这种情况，受茶时还应双手恭敬的迎接，同时由衷地说声：“谢谢。”

受人奉茶时，我们如果因故无法说声感谢，则应以感谢的眼神向奉茶者示意回应，眼神与表情的反应只要能让奉茶者感觉得到，也是一种礼貌。

喝茶与喝咖啡不同，前者无需将杯垫或托碟一起端起，只用单手端起茶杯送至嘴边。后者则一定要用双手先将托碟与茶杯一同端起至胸前，再用左手端住托碟，右手执杯耳将茶杯端至嘴边，喝几小口后再将茶杯放在托碟中，然后双手端住托碟放在茶几上。

简言之，端茶至嘴边喝，可以一手解决，中间无需过渡和停顿。端咖啡至嘴边喝，一定要先用双手端到中间，再以单手端到位，中间有明显的过渡和清楚的停顿。

喝茶时是不能发出声音的，特别是在喝工夫茶或杯茶时，不能因为怕茶叶入嘴而用嘴吹茶或滤茶。应酬与社交场合中，发出非自然的声音都是十分不雅的。一旦有此不正常的声音，别人一定会刮目相看，惊为天人，不知如何是好。

女性饮茶前应先用化妆纸或餐巾纸将口红轻轻处理掉，以免口红印留在茶杯口，显得不太雅观。

总之，在商务应酬中，奉茶是种礼节，饮茶则不单纯是为了解渴，很多时候，饮茶的社交应酬功能更为明显。

Dancing party
舞 会

舞会是现代社会交往的重要形式之一，对企业来说，一次成功的商务舞会，不仅仅是一场普通的社交活动，更多的是作为一种与客户交流感情、传递信息、调节行为、协调关系有目的的商务行为。

在现代社会生活中，人与人之间的关系越来越紧密，联系越来越广泛。现在的人际关系已不是二三十年前那样简单，特别是现代商业中，也不可能把企业间的关系建立在单纯的业务往来之上，人际关系起着非常重要不可忽视的作用，而舞会作为一种拉近双方距离、沟通双方关系的载体，刚好可以满足这方面的需要。

一次成功的舞会需要商务公关人员的精心策划和组织。

举办舞会首先要明确举办舞会的目的，合适地确定邀请的对象与范围。舞会的举办一般有一定目的性。故此，一切事物的安排也要围绕这一主题展开。舞会所邀请的对象和范围的确定，也要与客人的身份大致相当，这样舞会才会办得和谐、活泼，使人觉得开心愉快。如果是以联络客户为目的的舞会，邀请的人大多数都是企业的准客户，希望他们成为自己的客户和产品俱乐部的会员。同时，也邀请一些忠诚度十分高的俱乐部老会员。

在舞会进行过程中，企业销售人员会和那些准客户有充分的交流时间，他们之间有很多话题都是围绕着俱乐部来的。很自然，准客户听见的几乎都是对企业有利的口碑，很多后来都成为了他的客户，甚至是终生客户。

舞会活动似乎和销售产品毫无关系，但这样精心地安排，的确给该企业带来了很多生意。

如果企业举办的舞会是内部的文化活动，比如员工生日或新年舞会，参加的人员应该是企业内部的员工和员工家属，也可以邀请少数重要嘉宾或客户，这种舞会的目的通常是企业为了联络感情，这些活动无形中缩小了部门之间、上下级之间的距离，对于提高员工的积极性，融洽相互之间的关系，改进企业的工作能起到推动作用。嘉宾和客户通过这样的活动对企业有了更深的了解，在今后的业务来往中，会更加的信任和支持。这种舞会作为一种商务行为可说是一举两得。

一次成功的舞会还需要选择恰当的举办时间与地点。舞会的时间一般可以放在节假日或晚餐之后较为合适，这样不至于影响宾主双方的工作。舞会正式开始的时间一般是晚上9点到12点。这样的舞会上并不备正餐，可以在午夜11点供应一些简单的食物，如点心或咖啡。客人们要先吃过晚饭才前去参加舞会。舞会没有固定的座位，客人也不坐在桌子旁。因此舞厅和隔壁房间有足够的椅子，供客人们休息。

企业内部举行的舞会大多数都先在宴会厅吃饭后再移到舞厅跳舞，中间还穿插一些节目和游戏，这种舞会，吃饭和跳舞会在同一家酒店，吃饭时间安排在18:00，舞会结束时间在晚上23:30左右，最迟不要超过24:30，第二天就算是休息，也会有同事可能要上班。

在一般情况下，企业为外商举办的舞会既可以单独兴办，也可以作为宴会、晚会的压轴节目。比较而言，单独举办的舞会显得更加正式一些。根据惯例，舞会应当安排在晚间举办。每场交谊舞会的具体时间长度，一般以两个小时左右为宜。普遍认为，晚上7点至9点，或者8点至10点，舞会不宜长于四个小时，而且也不应当延续到子夜时分。

举办舞会地点的选择应考虑得比较周全，如规格的高低、环境情调、交通条件和费用等等。目前市场有许多专业的商务酒店，它们一般能为顾客提供举办舞会所需要的一切服务，包括舞厅、灯光、音响、饮料、服务人员等等，甚至现场乐队。

企业内部舞会选择举办舞会的地点不用太高档，交通方便是最主要的。总之要有一个让大家轻松愉快的环境。

在外面租舞会场所，除要亲自去酒店考察外，还要提前两个星期向酒店预订。对于一些生意比较好的高档酒店更要提前预订，甚至要预先交订金，不要到舞会跟前了才打电话，那十有八九是订不上的。

订好场地之后，应该及时发出请柬，妥当安排席位。舞会举办之前发出请柬，是对客人的礼貌，请柬可邮寄或请专人送出，之后再用电话确认，一方面可以确定客人来的人数，又可对客人起提醒、备忘之用。特别重要的是，一定要考虑舞会举办场地的实际容纳能力。来宾人数过多或过少，与舞场的大小不相称，都会令人扫兴。根据惯例，邀请每位来宾时，须同时请其再邀请一位异性一同前来。之所以这样做，主要是为了确保舞会的全体参加者在性别上大体保持比例的均衡。请柬尽量选择设计大方、高雅、纸质较好的。请柬上要注明被邀请人的姓名、舞会的原因、时间、地点，根据性别要在名称后面分别加先生或女士。请柬上的字，如用毛笔或粗笔写，如字写得不好，就用电脑打印。

安排了会餐舞会，要提前2～3天和酒店确定菜单、酒水及饮料。

布置舞会场地最合适的时间是提前半天，舞会如果晚上8点开始，商务人员下午就要去布置了。去之前先要和酒店约好时间，并将你大概的想法和要求告诉对方，请他们对缺少的东西提前准备，到酒店，你要酒店接待人员详细商量，并根据参加舞会的人数、层次安排席座。按惯例，宾主的位置由座椅或沙发的位置而定，左高右低，按各人的身份、职务排列，以便于谈话，同时要考虑到座位邻近的客人是否相互认识，有无共同语言。

万事具备，只欠东风。舞会正式开始之前，宾客到场，主人应在门口相迎，并主动和客人交谈。

会餐的时候要按宾主落座，主人选择合适的话题，引导客人愉快交谈；进食时要文雅、得体、落落大方。主人和客人的交谈要亲切自然，调节活跃的气氛。目的是为了等客人到齐，为舞会的开始营造良好的环境。

舞会正式开始时，要有一段优美的音乐响起，最好是舒缓的华尔兹乐曲。

舞会也是一种艺术。舞会中包含着丰富的内涵，人们的交往与举止是艺术，言谈话语也是艺术，参加舞会的人们所跳的舞蹈更是一种艺术。

参加舞会的人要衣着整洁得体，讲究礼貌卫生。一般来说，客人和主人要穿礼服或西服，但着装要整洁大方，不能不修边幅，衣冠不整。作为舞会陪同接待人员的女性公关人员，打扮应得体，头发以清丽自然为原则，不要喷过多的发胶或将头发做成不自然的花形，特别要注意着装不要太娇艳，或穿过于袒露的衣装，以免引起别人的误会，给自己造成不必要的麻烦。

任何一场正式的交谊舞会，都必须有一位名义上的主人。因公举办交谊舞会时，应以企业的正职负责人为舞会的主人。因私举办交谊舞会时，大都由男主人充当舞会的主人。在任何情况下，舞会的主人都不应当是单身。无论如何，都要约请一位异性届时与之一同合作，担任男主人或女主人。礼节上，第一支曲子应由男女主人先跳。

男方请女方跳舞，邀请和被邀请方都要礼貌相待，尤其男方要注意自己的绅士风度，身体自然前倾，伸右手邀请。女方答应时，要轻轻握住女方手指，引女方进入舞池，这时女方一般不应拒绝；如女方有同行者，邀请者应向他们点头表示歉意。

跳舞时，舞姿要大方、文雅、端庄，心地纯洁、坦荡。男方不可把女方的手握得太紧，更不可把女方的腰身搂得过紧，或者紧紧盯着女方的脸，以免引起误会。跳舞完毕，应道谢并伴随到原来的位置。

倘若应邀参加交谊舞会的来宾多为单身时，还可酌情约请一些异性，临时充当对方的舞伴。

对于舞会中一些不善交际的男士或女士，主办方人员应主动上前交谈或介绍其他人认识。

舞会过程中，作为舞会的组织者要保证舞会的安全，通过音乐的调节使人们情绪饱满、气氛热烈，使整个舞会气氛轻松随便。

作为舞会的组织者，商务人员时刻不要忘记自己的角色。无论与客人跳舞、谈话还是相处都要注意方式和方法。不要自作聪明，结果弄巧成拙。无论哪一种情况都将直接影响到你自身与你所在公司的利益与声誉。对所有客人都要照顾周到，有朋自远方来，不亦乐乎。热情周到的服务将会使你的舞会增添光彩，同时也会使朋友与亲友之间的关系更加亲切，更有利于生意上的往来。尤其是同等职务或身份的人士，如对他们的招待态度不一样，会引起其中一方的不满，会给舞会盖上一层阴影，易使人发生矛盾，不欢而散。

在谈话时，切忌直言不讳。有时为了急于求成，在舞会上单刀直入地谈生意上的事，这是很不合时宜的。因为舞会是让人放松、愉快的地方，谈生意会影响舞会的气氛，只会造成事与愿违的后果。

对于自己擅长，且引以为骄傲，时常挂在嘴边的事尽量避免涉及。如果谈及这类事，自己沾沾自喜，眉飞色舞，再过一会儿就忘乎所以，滔滔不绝。一者对方对此毫无兴趣，如听天书，难免厌烦；二者对方工于心计，投你所好，再说下去无异于自投罗网，正中对方的圈套。

不要说自己领导、同事的坏话。有些人在与顾客聊天，特别是与自己比较熟悉的朋友聊天时，常常说自己单位领导及同事的不是，这更是商家一忌，客户对你本人的印象变坏，感觉你这个人不好相处，同时也会影响企业的形象，认为你的企业缺乏凝聚力。

各人的思想、观点不同，对政治、宗教的看法也大相径庭，如果挑起此类话头，争执起来难免要伤和气，还是不谈为妙。对某一项话题刨根问底，穷追不舍的行为，也会让人讨厌。

舞会的进行，不是跳完舞就结束了，别忘了举办舞会的目的，舞会的双方亲切交谈，可以说才是舞会的实质。

Evening party
晚会

社交活动是放松自己调剂生活的一种方式，也是与社会名流、商界人士、政府官员联络感情加深友谊的一种手段。社交活动既有政治性的，也有商业性的，还有私人性的。

晚会，也被称为文艺晚会。它所指的一般是晚上所举行的以综艺性文艺演出为主要内容的联欢性集会。

企业举办晚会对外能扩大企业品牌知名度，充分展示企业文化内涵，提升企业形象，提高了企业的影响力。对内能增强组织的吸引力、凝聚力和战斗力。

企业举办晚会对商务人员和行政人员的组织领导、协调能力是一个考验，根据经验晚会大多是由这两个部门负责筹备安排的。

企业晚会从目的上来分有庆祝的、欢迎的、联谊的或是答谢的几类，尤其在商务交往中，特别是在接待欢迎重要宾客时，为其专门组织一场文艺晚会，不仅是项娱乐活动，而且也是给对方的一种礼遇。晚会从规模上分有大型、中型的、小型的。从形式上来分有音乐的、歌舞的、综合的。不管是那一类，一台成功晚会从筹备到实施之间的几个过程总是一样的。

举办一个晚会，对于经验丰富的组织者来讲，并不认为这是一件难事。因为他们在头脑中已经计划好如何开展活动。选择参与者、排练、联系场地、联系服装、宣传、举办晚会。事情真的是很简单。但是对于一个从来没有这方面经验的新手来说，就比较困难了。组织一个晚会，其中若干项工作需要兼顾，如若其中任何一个环节出了问题，都将会影响晚会的顺利推出，所以规范和准确无误的晚会筹备安排程序是不可少的。

举办晚会将涉及诸多因素。比如需考虑最后的期限，投入的人力、时间、金钱，并且在活动中也会产生很多突发事件，怎样协调处理？成立一个筹备小组，对活动进行计划、协调与管理，有利于高效达到目标。良好的管理有利于帮助你在最短的时间内，以最小的成本，达到目标。

首先，负责人应召集筹备小组的成员开个动员会议，将这次活动的整个计划、流程，具体到前期宣传、晚会程序及应急措施进行讨论。

其次，根据讨论内容精心拟定一份晚会策划书。策划书的内容包括：晚会筹备小组成员；筹备活动日程安排表；经费预算等项目。

第三，将晚会的策划书，包括晚会的节目表送呈有关部门和领导审批。

第四，根据领导意见，完善晚会策划和节目方案。

第五，筹备小组按照筹备活动日程安排表分工，从这时晚会正式进入紧张的实质筹备阶段。这一阶段的工作任务是晚会能否能顺利按时推出的关键。要完成这段任务，首先要负责人制定工作从开始到完成要花费多少时间，其次在任务安排上要任务分配到人并恰到好处。

第六，在筹备阶段中，筹备小组要经常开会，对筹备过程中遇到的问题和困难要群策群力。筹备小组负责人要时刻跟踪各任务的进度，要帮助任务人解决问题、协调周边环境，对自己不能决定的事要随时向上级请示。

开会时要注意方式，不要为某个细节问题纠缠不清，经常开小会讨论，以致缺乏效率。

第七，在筹备过程中，筹备组组长向领导随时汇报筹备进度。

第八，在筹备工作即将结束时，筹备组召开一次工作会议，包括小组成员和分管此项工作的领导。此时，各项任务应该基本已完成。会上各任务负责人对自己负责的任务落实情况进行汇报，筹备组组长对各项任务进行总结并对晚会举行时各人的工作进行安排，领导对整个筹备工作进行总结，对晚会举行时的工作提出意见。

第九，在晚会的前一天，晚会相关人员在晚会举办现场最后一次碰头会，包括晚会工作人员、所有演职人员。

第十，晚会按程序举行。

第十一，晚会善后处理。

第十二，表扬晚会筹备工作中的先进个人和团体。

第十三，写总结，向领导汇报。

以上是一台晚会从筹备到举行所有要经过的标准程序。但这并不表明，走完这些程序，一台晚会就能顺利进行，还有许许多不可预见的工作需要随时处理。

筹备阶段的工作从大的方面分为二部分，一部分是晚会外围工作，如宣传、租场地、布置现场、商讨参加晚会人员名单、与新闻媒介联系；另一部分是准备晚会节目、成立导演组并开始讨论具体节目、与文艺团体联系、制定晚会具体流程、开始撰稿、开始约见演员，排练、演出。

晚会筹备要根据企业的实力和准备举办晚会的大小以及企业举办

晚会的目的而定，如一个非常有实力的大型企业借庆祝企业成立10周年的机会，举办一次大型歌舞晚会。一是提高自己的知名度；二是广邀客户，增加商务机会；三是与当地政府的行政职能部门建立良好的关系。四是与同行业增加交流与沟通。对于这样的晚会，建议企业通过招标的方式将晚会交给专业公司来做，企业只要做好与专业公司的沟通、交流和监督就可以了。

晚会的宣传要达到三个要求：一是宣传要早，可以提前三天在销量较大的报纸上刊登大幅广告；二是宣传面要广；三是宣传要有创意，比如海报设计要独特。

邀请参加晚会的人是一门学问，要做到既不能厚此薄彼，又要面面俱到，什么人该请，什么人不该请，都要心中有数，分管本行业的政府领导要请、企业的大小客户要请、企业的潜在客户要请、实力相当的同行要请。外地的客户来了还要安排接送、食宿，晚会结束后还要分发纪念品。邀请客户的邀请函要写清楚晚会举办的时间、地点、内容，对较重要的嘉宾要亲自送去。邀请函最好在晚会举行的前一个星期送到，在晚会举行的前两天，打电话再次提醒和确认嘉宾。

大型晚会的会场尽可能安排在本地的剧场内，舞台后面布景可以用红色字或金色字剪企业的名称和标志，也可以挂晚会主题的横幅，如："热烈庆祝某某公司成立十周年文艺晚会"。

表演节目一定要请专业团体，节目内容一定要精心选择，不同晚会要有不同的风格和品味，在主题上尽量讴歌、颂扬企业。

如晚会完全是企业自己内部举行的庆祝活动，在确定晚会举办的地点、现场的布置、晚会出席人员、晚会的形式、演出的节目、参加演出的演员等项目上就不用那么讲究了。在筹备的过程中，一切以团聚、舒适、增加企业员工感情、热闹为主。

地点上可以租用酒店的宴会厅来做为晚会的现场，既大方、高贵、设施齐全，又可以根据人数的多少调节场面的大小，一般商务酒店都有这样的服务。现场布置可以在厅的正前方划出一块地方为舞台，舞台后面的墙幕上可挂上以晚会主题为内容的横幅，比如："热烈庆祝某某公司元旦晚会"或"某某公司之夜"等等。围绕舞台以下的地方可以摆放宴会圆桌，宴会厅顶部可吊一些彩带和灯笼，烘托气氛。

晚会的形式可以边吃边喝边看节目，一些企业的新年晚会就是这样举行的。对于一些茶话会形式的晚会，桌面上放些茶、瓜子、糖、饮料、水果、花生等食品就可以了。

晚会举行是对筹备工作的最后实施，所有前面做的工作都是为晚会开始那一刻准备的，前期工作做得好不好，晚会上都会得到检验。

晚会开始时间原则上是按预定时间，但如果重要客人晚到，可以稍等一会儿，但最长不超过半小时。晚会开始前，企业应在大门口设接待人员。

为外宾所组织的文艺晚会，必须要事先精心安排好节目。安排节目的基本原则，一是要考虑外宾来访的性质，二是要兼顾双方的相互关系，三是要尊重外宾的风俗习惯，四是要照顾外宾的特殊爱好，五是要宣传本国的传统文化，六是要符合己方的实际能力。一般而言，晚会上演出的节目，应以具有本国特色的音乐、歌曲、戏剧、舞蹈为主。必要之时，可以加演一两个来宾所在国家的知名节目或来宾本人喜爱的节目。为了保证质量，避免问题，应在正式演出前组织专人审看节目。在演出时，还应印制专门的节目单，人手一份。在节目单上，最好对节目的内容略作介绍，以便外宾有所了解。

为了便于外宾欣赏节目，有必要为其选择好观看演出时的座位。如在正规剧院，选择座位时，最好安排在第七排至第九排之间，宾主集中就座，并以其中间的座位为佳，企业领导作陪是必要的礼节。

在一般情况下，为外宾安排的专场文艺晚会，在外宾抵达时，陪同人员应在剧场门口迎候，然后宾主一起进入休息厅，稍事休息与交谈。当演出时间将至，主人陪同外宾步入剧场就座，其他观众起立鼓掌欢迎，文艺演出正式开始。

企业自己内部庆祝性质晚会的顺序：主持人介绍嘉宾、嘉宾致辞、领导致辞、主持人宣布晚会开始、表演节目、宣布晚会结束。开场时，舞台幕布关闭，音乐响起，幕布拉开。如果在酒店宴会厅、本部会议厅或餐厅举行规模较小的晚会，就没必要设置舞台幕布。主持人上台。在开场白之后，宣布晚会开始。这时应响起热烈的掌声。

请嘉宾讲话可以安排三个人为宜，最好是行业领导和公司领导，每位嘉宾讲话的时间不要超过5分钟。晚会主持人的选择也很重要，最好能设一位男士和一位女士，如果晚会比较大型，应设二男二女，中间可以穿插主持。主持人的着装要配合晚会的主题，突出喜庆的氛围，此外，主持人要具有现场反应机敏、应变及时、善于调动现场气氛的能力，使晚会活泼而不失高雅，热烈而不乏秩序井然。

对于节目，要根据晚会的主题内容来安排，在形式上可以以板块形式推出，从中穿插舞蹈、歌、歌伴舞、相声、乐器演奏等表演节目。作为晚会节目导演要严格按照节目计划每个节目的演出时间，演员要认真演出。工作人员要坚守岗位，做好分内工作，尤其是催台、音响、灯光、秩序维持等。观众和舞台上演员要有一个很好的互动，当演员有精彩的表演时，要给予热烈的掌声和喝彩。

摄像录制人员的镜头要多给领导、嘉宾、企业领导人和印有企业名称的横幅、标语、标志。

如不是比较正式的晚会，节目主持人和表演者最好是本企业的员工和同事。可以在晚会筹备初期将演出任务分配下去，每个部门排练一个，这样不仅员工在排练中增加了企业的凝聚力，又对晚会充满了期待。反正自娱自乐，表演水平是其次，只要大家开心就好。相声、小品、哑剧、配乐诗朗诵、唱歌、跳舞，越热闹越好，可以请专业的乐队和一两个专业演员来助兴。有些企业的领导也会放下往日工作中严肃面孔，乘此机会，拉近与员工之间的距离，与员工一起高歌。可以在节目中间穿插一些抽奖和抢凳子、比赛喝啤酒等游戏活动，并为参赛的选手准备丰厚的奖品。还可以请嘉宾表演一两个节目，活跃现场气氛，总之节目越精彩越好。

节目演完之后，现场评出最佳表演奖、最佳台风奖等多个奖项，由嘉宾和公司领导当场颁奖。

成功的晚会应该是高潮迭起，笑语、笑声、掌声不断，大家在轻松而欢快的气氛中度过一个难忘的夜晚。

晚会结束时，主持人邀请嘉宾、领导、演员同时上台，最后，晚会在激动人心的颁奖活动和一片热烈的掌声中宣布结束。

不管晚会成功与否，都应该在晚会结束后做一次详细的总结。杰出的商务管理者总是善于从商务运作的最后总结中积累宝贵经验，前车之鉴，后事之师。

Exhibition meeting 展会

社交活动是放松自己调剂生活的一种方式，也是与社会名流商界人士政府官员联络感情加深友谊的一种手段。社交活动既有政治性的，也有商业性的，还有私人性的。

世界经济向纵深及一体化方向发展的趋势，在为企业带来更多机遇的同时，也带来了更大的竞争和挑战。

越来越多的企业选择展览会作为拓展业务的一个途径。

除了这个原因之外，企业举办展会的第二个原因是市场的需要。当今市场竞争激烈，企业都在努力扩大自身产品的市场分额及范围。企业经常选择在展览会中展示新产品和发布新产品信息，以刺激目标消费者和潜在消费者的消费欲望，达到产品促销的目的，为今后的市场营销铺平道路。消费者则通过展览会直接感受到不同厂家不同产品的性能，了解产品价格，从而选择出适合自己的商品进行购买。

展览会有别于其他营销方式，是唯一充分利用人体所有感官的营销活动，人们通过展览会对产品的认知最全面、最深刻。同时展览会又是中立场所，不属于买卖任何一方私有。从心理学角度看，这种环境易使人产生独立感，从而以积极、平等的态度进行谈判。这种高度竞争而又充分自由的气氛，正是企业在开拓市场时最需要的。

第三个原因是企业营销的需要。一个成功展览活动的举办不仅是商业推广活动，也是企业扩大影响吸引客户促进交易的重要途径。企业在展览会上树立企业形象，寻求代理合作，建立品牌知名度，在同行业间建立横向联系。

第四个原因是企业宣传的需要。展览会是一种非常有效、直接的宣传公关活动，它的宣传效果不同于传统媒体(广播，报纸，电视，杂志)，而且收益价格比高于传统媒体，企业在展览会上可直接面对消费者和竞争对手，通过即时性的宣传与交流，立即获得市场信息和动态，可迅速统计出相关的市场资料，为企业制定以后的宣传目标及方案提供了重要的依据，这些都是传统媒体所不能达到的。

同时，展览会又是一项极为复杂的系统工程，受制因素很多。从制定计划、市场调研、展位选择、展品征集、报关运输、客户邀请、展场布置、广告宣传、组织成交直至展品回运，形成了一个互相影响互相制约的有机整体，任何一个环节的失误，都会直接影响展览活动的效果。

一、展会的目标

从内容上看，展览活动既有专业性的，也有贸易性的，还有综合性的。从形式上看，展览活动有产品展示，交易洽谈、宣传推广、酬宾娱乐等多种形式。

无论什么样的内容与形式，展览会作为一个综合性市场营销手段，它必须与企业的目标特别是市场营销的目标相一致，它起着信息、经验交流平台的作用。通过与来自业内方方面面的参观者以及参展商的交谈，企业可以广泛地获取其他同行的行业信息、经验等，共同商讨对行业发展的观点和看法。

企业展览会是一项讲究目的性、计划性和艺术性的工作。参展企业应根据自身目标与特点，制定几个具体参展目标。

准确并切实可行的参展目标属于参展准备工作中的一个重要环节。参展目标的确定决定了参展的一系列工作的内容，直接影响企业参展效果，是企业参展成功的先决条件。

在制定参展目标时，企业特别要解决下面两个问题：

(1)基于企业目标和市场营销目标的参展目标必须合乎逻辑地推导并予以重视。

(2)企业参展目标的内容、规模、时间和参展目标的组合必须具体、明确。

企业展会的目标有以下几种：

(1)基本目标：了解新市场、寻找新机会、交流经验、了解发展趋势、了解竞争情况、检验自身的竞争力、了解公司所处行业的状况、寻求合作机会、向市场介绍本公司和产品。

(2)交流目标：建立个人关系、增强公司形象、了解客户需要、收集市场信息、加强与新闻媒体的关系、接触新客户、了解客户情况、挖掘现有客户的潜力、训练职员调研及推销技术。

(3)价格目标：试探定价余地、将产品和服务推向市场。

(4)销售目标：扩大销售网、寻找新的代理、测试减少贸易层次的效果。

(5)产品目标：推出新产品、介绍新发明、了解新产品推销的成果、了解市场对产品系列的接受程度、扩大产品系列。

(6)招募新员工。

每个展览活动都有着自己鲜明的主题。因此，展览安排首先必须根据展览预定的目的来决定布展的方法。企业可能会同时抱有几种目的，但在参展之前务必确定主要目标，以便有针对性地制定具体方案，区分工作重点。

二、展会策划

有针对性的筹划是确保展览成为一次成功演示的关键。具体而言，就是明确展览目的，确定展览内容，落实展览途径，策划展览方法，选择展览场地，拟定展览费用预算，办妥相关手续，选好参展产品，组织参展人员，设计活动的运作流程，使现场的接待、讲解、洽谈、签约活动井然有序。

企业的商务展览通常都由商务人员来负责筹划与操作，因此，我们在活动举办前应该制订一份详尽的实施计划，把可能涉及的问题考虑周全并判定对策。

其次，制定的策略要非常实用，构思策划要独特新颖，使一个简单的展览活动成为一次影响非凡的商业推广，这是衡量我们商务人员组织能力和策划能力的一次机会。

在所有的营销方式中，展览可能是环节最多、周期最长的一种方式，而且各个环节互相连接，所有这些工作不可以等到最后时刻再做，不可以忽略某些环节不做。因此要制定周密的长期工作计划安排，经费、人员(筹备人员、展出人员)、工作项目(联络、调研、展品、运输、设计、施工、宣传、公关、膳食行住等)、工作日程等等要统筹考虑安排。

展览策划工作的结果是一整套工作计划，包括：一份人员名单，列明工作和责任范围及联系地址；一份详细的工作方案，按工作内容划分章节，列明各项工作的内容、标准、期限、负责人等细节；一份总工作日程(英文称master plan)和一份详细的工作日程(英文称detailed plan)；一份详细的费用预算。每个有关人员包括领导、具体工作人员和有关部门都应当有一套工作计划。

三、展会工作筹备计划时间表

1. 展览前5个月

(1)从展览的规模、时间、地点、专业程度、目标市场等各方面，综合专家意见，选定全年展览计划；

(2)与展览主办单位或代理公司进行联系取得初步资料；

(3)选定场地(一般首次参加国际大展，较难取得最佳位置)。

2. 展览前4个月

(1)选择专业装饰公司设计展位结构和展区环境；

(2)确定展出计划并选择、准备参展产品；

(3)与国外潜在客户及目前顾客联络；

(4)制作展览宣传册。

3. 展览前3个月

(1)以广告或邮件等进行推广活动；

(2)支付展览场地及其他服务所需的费用；

(3)复查公司参展说明书、宣传单、新闻稿等，必要时落实翻译人选；

(4)安排展览期间讲解员；

(5)向服务承包商及展览组织单位订购广告促销。

4. 展览前2个月

(1)继续追踪产品推广活动；

(2)最后确定参展样品，并准备大量代表本公司产品品质及特色的样品，贴上公司标签，赠送索取样品的客商；

(3)将展位结构设计作最后的决定；

(4)计划访客回应处理程序；

(5)训练参展员工；

(6)排定展览期间的约谈；

(7)安排展览现场或场外的招待会。

5. 展览前四天

(1)将运货文件、展览说明书及宣传单等额外影印本放入公事包；

(2)至目的地。

6. 展览前三天

(1)抵达，饭店登记；

(2)视察展览厅及场地；

(3)咨询运输商，确定所有运送物品的抵达；

(4)指示运输承包商将物品运送至会场；

(5)联络所有现场服务承包商，确定一般准备就绪；

(6)与展览组织代表联络，告知通讯方法；

(7)访问当地顾客。

7. 展览前两天

(1)确定所有物品运送完成；

(2)查看所定设备及所有用品的使用情况及功能；

(3)布置展位；

(4)将所有活动节目作最后的决定。

8. 展览前一天

(1)将摊位架构、设备及用品作最后的检查；

(2)将促销用品发送直接分配中心；

(3)与公司参展员工、翻译员等进行展览前最后通报。

9. 展览期间

(1)尽早到会场；

(2)于展览第一天即将新闻稿送到组委会的宣传中心；

(3)实地观察后尽早预约明年场地；

(4)详细记录每一个到访客户的情况及要求，不要凭事后记忆；

(5)对于没有把握的产品需求，不要当场允诺，及时汇报总部做出合理答复，一旦承诺，必须按质按期完成，以取得客户合作信心；

(6)每日采写简报；

(7)每天将潜在商机及顾客资料送回公司，以便处理及回应。

10. 展览结束

(1)监督摊位拆除；

(2)处理商机；

(3)寄出谢卡。

11. 做好善后工作

做展览活动结束的善后工作，并且撰写总结报告。

四、展会费用预算

做展览费用预算，不仅要站在财务角度，精打细算，不浪费金钱；也要站在经营角度有效地使用金钱，把开支当作投资时，金钱才有活力，工作才具有挑战性，才能导致好效果和高效益。好的预算可以提高工作质量和效益，可以作为评估的重要标准，并可以作为以后展览预算的根据。

展览各项工作都需要费用。费用预算总额应在做展出决定时就确定。在做出展出决定后，就应该尽快做展览的详细预算并与计划工作结合做。根据财力和工作需要安排预算，在执行过程中根据实际情况进行必要的调整，并对开支做必要的控制。没有预算，没有控制，就可能超支，甚至超支严重。预算工作为整体展览工作服务，预算工作的目的是合理、科学地使用各种费用，促进提高展览工作效率和效益。

展览费用一般分为直接费用和间接费用。

1. 直接费用

直接费用是指为筹办展览直接开支的费用，各个展览项目之间会有比较大的差异。展览直接费用由展览项目有关人员负责、管理，属于展览项目工作的一部分。

(1)设计施工类费用，也有人称作展台费用。包括设计、施工、场地租用、展架租用或制作及搭建和拆除、展具制作和租用、电源连接及用电、电气设备租用及安装、供排水设备租用及安装、电话电脑租用及安装、地毯租用、展品布置及设计制作安装、防火器材租用、展台清扫等。这部分费用可能占总预算的35%~70%，一般需要约15%的备用金。

(2)展品运输类费用。包括展品的制作或购买(如果是现有产品，也有资金占用问题)、包装、运输、装卸、仓储、保险等。这部分开支因距离远近、展品多少、单程或往返运输而差异可能很大，可能占总预算的10%~20%。需要留有10%的备用金。

(3)宣传公关类费用。这是一个范围很广的开支类别，包括宣传、新闻、广告、公共关系、交际、联络、编印资料、摄影、摄像等等。这部分开支可能占总预算的10%~30%，由于其伸缩性很大，因此备用额可以多留些，为20%。

(4)行政后勤类费用，也有人称作人员费用。展览间接开支大部分发生在这里。行政后勤的直接开支费用主要有人员的交通、膳食、住宿、长期职工的补贴、人员培训、人员制服、临时雇员的工资等。这部分费用可能占总预算的10%~20%，需要约5%的备用金。

2.间接费用

展览的间接费用是指为筹办展出花费的人力、时间以及从其他预算中开支的费用。比如公关人员的工资、开会、差旅、交通、通讯、文书、展品制作、展品包装、展品所占用的资金等等。从整体经营管理角度看，不论怎么开支都是成本，都涉及到效益。

展览费用有了预算还不够，还必须对预算进行调整，对开支进行控制，总之要对展览费用进行管理。

五、展台

展览会不再是摆摊推销卖货，它不应再孤立地展示个别的产品，而是以产品为载体通过综合的手段展示企业整体实力。展会上除了运用产品本身的介绍和推销手段之外，还要进行广泛的信息传播、交流、广告、公关和咨询等。展台要素的配套使用还应有助于增强工作人员谈话内容的说服力，使顾客的瞬间好感在有限的时空内能够反复得到证实和加强，为展览会后的联系打下基础。

一个出众的展台，它需要展台设计和搭建人员更加具有想像力、创造性和灵活性。充分利用各种可能的要素，例如，展台的形成、材料、音响、光线、色彩和其他装潢用品，不断给观众以新鲜感，刺激其好奇心，使他们对展台产生兴趣，进而产生与展览者谈话的愿望。

展台设计要强调个性，既应充分考虑参观人员便捷，尽可能采用目前国际上流行的开放式展位的设计方式，以便最大限度地满足工作人员和参观人员的活动。同时要在空间上和气氛上方便交谈，如果能使人在此既有“别有洞天”之感，又仿佛宾至如归，那就理想不过了。

展位要精心布置，既留有足够的活动空间，同时又有足够的坐椅，让客户可以座谈。标准展位的高度是2.457米，宽度为3米(3块1米宽的展板相连)，长度为3米(3块1米宽的展板相连)。

展位中应该有三面展板和相应的物品，通常是一个展桌、两到五把椅子、一个废纸篓、一个5安培的电源插座。

如果展位是在一排的第一或最后一个(把头的展位)，通常的做法是企业可以得到两块免费展板，侧面展板也可以(按参展商的要求)打开(即无展板)。企业必须事先提出要求。

展台上挂置企业和产品的宣传材料，可以提前制作，也可到达现场后制作。通常在展馆内或展馆周围可以找到制作这些挂图的公司。

人们都会对周围环境中的不同色彩做出不同的反应。正因为如此，展览商为其展位装饰、宣传目录及小赠品挑选颜色时确实要下点功夫。

展台设计还要考虑到与展览会期间企业计划举办的其他活动配套。如举行各种各样的会议、研讨会、表演或招待会等活动。

企业可以把展览会整个设计组织委托给展览会服务公司或者类似的广告公司，从展台设计到各种配套活动的举办，均由后者负责计划、组织和实施。

六、接待

展会人员要精心挑选，选择责任心强，工作热情高，熟悉业务的工作人员，他们可能会给公司带来意想不到的收获；十分专业，平易近人，彬彬有礼是参加展览接待人员的专业礼仪式标准。

女士化妆应该适可而止，不化妆或化浓妆都会给参观商带来不好印象。

懒洋洋地靠在墙上或歪扭地到处坐都会让人感到您很疲倦很烦闷，让参观商觉得他们走进展位到像是逼着展位工作人员接待他们似的。因此展位工作人员应随时保持精力充沛，热情高涨。

微笑及外向型的身体语言都可以传达友好和易于接近的信息。当然，微笑要真诚，强挤的笑容会弄巧成拙。

简简单单的一句“请进来看看我们的新产品吧。”足够让客人感受到足够的重视，并把他邀请进展位。

您的举止是否显示足够的专业性决定您是否能在片言只语之间就能取得来访者的尊重和敬佩，能够获得他们对您的敬佩会令以后的生意来往受益匪浅。

在展览会上不要看报纸、杂志、打电话或在展台上吃东西，这会显得同展览会的环境和气氛很不融洽，给人有邋蹋、粗俗和漠不关心的感觉。

积极对待每一位参观者。任何走近展位并想与您交流的参观者都是潜在顾客，怠慢一位潜在顾客实际上就意味着失去一块市场，哪怕怠慢几秒钟也不行。更不能以貌取人，因为很多顾客穿着随便，如牛仔裤、运动衫、便裤等。所以，不要因为顾客的穿着就冷淡别人，谁都不喜欢被这样对待。如果有人走过来时您正在接待别的客人，不妨先打个招呼或让他加入你们的交谈。无论参观者提什么样的问题，您都要耐心解答，千万不能表现出不耐烦。

尽管您想向路过的参观者打招呼，但不要站在挡路或遮视线的地方，要靠边站在过道旁。

如果您与两个或更多的参展伙伴一起谈论，这是绝对要注意的。在参观者眼中，你们这样"凑堆"就象街头的小团伙，他们会尽量避开，因为走近一群陌生人总感到不自在。您应该在展位上创造一个温馨、开放、吸引人的气氛。

善用潜在顾客的名字。人们都喜欢别人能喊出自己的名字。您要努力记住潜在顾客的名字，在谈话中不时提到，会让他感到自己很重要。大胆些，直接看着参观者的胸牌或名片，大声念出某某先生，遇到难认的名字就问。如果是个极不寻常的名字，也许就是你同潜在顾客建立联系的好契机。

人们都会对周围环境中的不同色彩做出不同的反应。正因为如此，展览商为其展位装饰、宣传目录及小赠品挑选颜色时确实要下点功夫。

主动与客商握手亦反映出展位职员充满信心，有助于宣传其公司亲善的形象。

参展企业可以在展位放置自己制作的宣传材料。这些材料一定要事先提前设计和精心制作。在展位上也可以放置自己的名片，或放置企业制作的产品或企业形象调查表。我们通常为企业提供一本来宾登记本，帮助企业登记前来商谈和询问产品信息的来宾和客户，也不失为一种可行的办法。

事前应考虑到可能的工作量，在展位上布置足够工作人员和放置足够的文字资料，以便于参观人员询问情况和索取材料。

企业的老总或负责销售的经理在场，不但有助于提高公司的形象，还可以提高现场工作人员的积极性。

七、宣传

展览会的主要目的之一就是要宣传自己的企业和产品，为将来的销售工作打下基础。各种新闻媒体也许会到您的展位找新闻，这也是参展商求之不得的事情。为此，一定要安排专人作为您的企业同媒体的联系人，并事先似定好宣传提纲，这样就可确保对自己企业与产品的宣传口径一致。

为了最大限度地取得广告宣传的效果，企业有必要提前策划广告事宜，选择广告发布媒体或发布方式。

企业可以在展馆内选择一个会场举办新闻发布会。通常这种方式比较少用，现场作新闻发布会需提前考虑参会人员，临时发通知往往效果不好。另外，因为在展馆内举办发布会要事先征得主办单位的同意，还要看是否有适合举办新闻发布会的场地，如果主办单位有活动与之冲突，可能就无法举办。

企业可以根据自身的情况，选择一家或多家专业媒体发布广告和消息，这种方式针对性较强，广告发布范围广，一般效果不错。发布广告的费用通常与媒体的发行量有关，发行量大的媒体收费较高，发行量小的媒体收费较低。

花心思的参展商制作一些小册子，介绍展会当地的交通、旅游、食宿、风俗等情况，免费派发给展会参观者。由于相当一部分参观者远道而来参加展会，参展之余确实想在展会当地和周围四处走走，这些小册子正好能帮上大忙，所以十分受欢迎，这也间接地让参观者对印制和派发这些小册子的公司产生好感。

据调查，参观商参观那些曾经在展前寄发过邀请函的参展公司比参观其他公司的展位机会大4倍，可见展前做好宣传十分有效。最常用的办法是准备一些可以一分为二的礼品，把其中之一在展前先随邀请函寄给您想邀请的参观买家，让他们必须到您的展位上才能凑成完整的一份礼品。事实证明这种办法确实能有效地提高参展商对某个展位的访问率。

成功举办展会的窍门：

指定一人负责全部直接开支，明确费用批准和使用的权限和范围，交代清楚展出目标和预算额，并向全体筹备人员说明；不轻易改变授权，不轻易干涉被授权人的决定；

(1)地毯。地毯很贵，若自己购买，反复使用，麻烦很多。不值得费太多精力。有一些展览会不铺地毯，但是如果展出者觉得铺了效果好，那就购买最便宜的地毯，展览结束后就丢弃。

(2)电话。展出电话很有用，特别是可以作为交际手段让潜在客户使用。因为展场公用电话数量常常不足，打电话可能困难，而且有电话展出者自己联络也方便得多，可以提高工作效率，最终有助于展览效益。

(3)办公文具。通常很贵，因此很多人用自己的。

(4)展台清扫。一般包括在场地租金内。如果未包括，清扫费用也不会太高。但是可以自己动手，最好晚上闭幕后做，若使用清洁工，一定要明确是否清洁展品。

(5)展品运输。一些展出者自己运输展品。但是若无条件，或展品多最好通过运输公司安排。展品运输时间要计算好，太早太迟都将导致额外开支。若无把握，宁可安排早些，多花钱总比到开幕展品还未到要好。

(6)展台人员膳、宿、行、补贴。尽早与组织者联系，了解有无可能通过展览会安排有折扣的旅馆。展览会期间，展出者和参观者很多，住房会紧张，房费、餐费都会上涨。早预定好宾馆，以防届时租不到合适宾馆。

(7)保险。展出者都必须办理保险。在有些地方，公司只需办理一下手续，将正常经营范围内的保险扩大、延伸到展览上，包括展览人员、展品等方面，而不需要另外支付保险费。

(8)招待。习惯上展台尤其是大展台要给客户尤其是坐下洽谈的客户提供饮料，包括软饮料、茶、咖啡，甚至酒和正餐。为此，要视条件为展台配备冰箱、茶具、咖啡具等设备。离公司近，可以使用公司现有的设备，如果离公司远，可以租用。

(9)信息收集。从相关的专业杂志、报刊和网站、展会现场填写的观众表或参观人员表，寻找商机。

(10)避免提前撤展。尽量避免提前撤展的问题。这样既违反了主办单位的有关规定，也是对参观人员的一种不尊重。别人大老远来看你，找你谈生意，可是你却提前走了，这样不仅对企业的形象、信誉造成一定的影响，也影响整个展会的秩序与档次。

(11)物品保管。几乎每个展会展位都有丢失物品的现象，可以说参展商展位无人值守是一个重要原因。一定要加强对展位的看护和管理，尤其是在展览期间展位不能无人看守，即使是在中餐时间，也要有人轮流值守。

八、推介

在商业活动中，商务推介会是一种重要的交流媒介。对商业人士来说可以在很短的时间内获得大量的商业信息。对商务推介活动的主办者来说，商务推介会实质上就是在正确的时间里，面对正确的听众，经正确的形式和内容，表达正确的思想。

一场高效、完整的商务推介会由多个方面组成，从要推介的项目、商品到介绍项目、商品的报告；从报告的介绍形式到报告的介绍者；从推介活动的地点到推介活动的成本都是主办者要考虑的因素。一次完整的商务推介会经过以下几个程序：

1. 创作报告

项目、商品报告是商务推介会中至关重要的一部分，一份高质量的报告对推介会的成功举办有积极的影响。一份报告首先要有明确的宗旨或目标。你的报告是介绍信息、传授知识、销售商品，还是激励或说服观众呢，事实上，一个报告可能为了不止一个目的。衡量报告的成功与否就是看这些确定的目标是否达到。

报告的编写提纲应该按逻辑顺序来完成，报告中的信息应该按类似书面报告的方式有效的表达。报告的内容由引言、主体、结论三大部分组成，引言是用来设定报告的进程和基调，并吸引听众的注意力；主体是整个报告的“肉”；而结论部分可以扼要地重述或概括你的主要观念，结束语的选择应力求给听众留下一个持久的印象。

在创作推介报告内容提要之前，报告者可以利用电脑中的多媒体来决定如何最佳地在报告中分配信息。报告内容的表达方式可以有多样，如文字、颜色、数字、图表、美术图案或者照片。

视觉材料的色调对报告的成功与否也会起到很大的作用，严肃的、活泼的、高贵的、轻松的、幽默的、保守的、柔和的，色调的效果能生成你所希望的与听众分享信息的内容就是最佳色调。

创造性的图表和图形是表现信息和概念的好方法。图形和图表的类型有许多种，如位置图形、程序图形、数据图形、扇形图、条状图、线段图、区域图、散点图等等。

根据调查，听众对一份推介报告只愿意记住四个信息：(1)新发现的；(2)被强调的；(3)相关的；(4)以创造性的方式展示出来的。

2. 报告媒体的选择

报告使用的媒体能够帮助报告人更好地展示推介报告的内容。现在已经有许多种报告媒体，如模型、分发材料、招贴画和活页图、记录本、投影仪、幻灯片以及电脑屏幕显示等等。推介报告的目的还和以前一样，但在媒体技术的支持下，对报告者来说，创作报告和演讲过程变得越来越完美，而且越来越简单。这么多种的媒体，使用那一种好呢？这就要清楚各种媒体优缺点。

模型的优点是可以让听众观看到实物放大或缩小的样子，造成一种亲临其境的感觉，而且模型的视觉感比幻灯片以及电脑制作更方便。缺点是模型的制作成本比较高。

分发材料的优点是听众不用做大量的记录，而且推介内容的艺术照片通过文字处理和桌面排版也可更详细的展示给听众看。缺点是听众在报告的过程中，可能会过分专注书面材料而没有集中精力听演讲者所说的是什么，甚至认为有了材料就没必要听推介会的内容。

招贴画和活页画的优点是报告者或听众只用一支笔就可以利用活页图记下关键之处，对于迟到的听众随时可以知道报告的顺序和内容。缺点是这种媒体只适用于小规模的推介场合，如十几个人，活页或招贴画书写或打印效的好坏也会影响听众的注意力。

投影机的优点不仅是在整个报告中，演讲者可以一直面对听众，就能使用眼神交流的方法和听众沟通，而且它可以在报告之前或是报告中迅速做出变化，如删除内容或调整顺序。缺点是不适用在大的会议室或报告厅，因为太远的听众无法看清屏幕上的字。其次，报告人从投影仪上取材料下来，不仅浪费时间而且会分散听众注意力。

幻灯片是一种比较成熟的报告媒体，它的优点是颜色效果非常鲜明和清晰、体积小、价格便宜，操作者可以使用遥控更替幻灯片，听众可以迅速连续看到大量的画面。缺点是使用的环境必须很暗，报告者与听众不能彼此看清和交流眼神。其次报告者不能根据听众的要求或在时间不够的条件下重新将幻灯片排序或者删除。

电脑技术投影，报告者应用电脑中的一种特殊的插片以及与之相连的录像机，就可以把电脑制作的显示材料传到电视录像机上。这种媒体的优点是可以更好地显示全彩色的效果；报告者可以在几秒之内选用不同的视觉材料；及时修改内容；及时反映新信息或听众的意见。缺点是成本太高，它需要硬件、软件和外围设备等开支。

3. 布置会场

推介会的地点应该选择在一个对大多数人来说都是交通便利的地方，人们不仅愿意去，而且去时很方便，这一点很重要。找好了地点，确定了日期等推介会举办的其他准备工作，就可以去布置现场了，推介会的现场布置包括以下几个方面：

一是讲桌。一般在礼堂或其他室内做报告，通常都会有一张讲桌，它可以是一个木箱子，也可以是一个控制平台，里面装置了众多控制键，如控制灯光、屏幕、投影仪等，它是做报告的辅助设备。

二是麦克风。麦克风可以放在讲桌上，也可以单独架在支架上，在使用前要对麦克风加以测试，调试到最佳音量。

三是投影屏幕。投影屏幕的尺寸应该是从相当于从屏幕到最后一排座位的六倍距离；屏幕的高度应该是从屏幕到第一排听众席距离的两倍；屏幕的类型可以是一面白墙或浅色的墙，也可用高材质的消光屏幕、玻珠屏幕或者珠光屏幕；屏幕放置的位置可以放在报告厅内，也可以放在听众看不到的控制室内。

四是听众坐席。听众坐席安排要保证发言者讲话时屏幕能被所有观众和听众看到或听到。一般来说在酒店或礼堂中的座椅是排成行，中间和两边留有过道；其他的还有桌子环形、星形、U形、混合形等放置方法。无论采用那种方法，都要和环境的大小相结合。

五是照明。照明是一个重要的因素，照明可分为背景照明、任务照明、强调照明。最佳的照明是在报告人讲话时有足够的光线来照亮整个房间，而当你利用媒体的时候，你又能够对光线进行调整。

六是空气。室内的空气如不合适，可以使听众感到烦恼和不满。根据测试最佳的温度是摄氏20℃～28℃，最佳的湿度是40%～60%之间。

七是安全性。多数报告厅及其设施都有明文规定，声明该室能够容纳的最多人数，或者规定室内允许的布置及贴有紧急疏散的程序。

4.主持推介会

一场高效的商务推介会，报告材料做得再精彩，在报告人面前都只是辅助材料，因此推介会的报告人才是最重要的。一个优秀的商务推介报告人，不仅要有优秀的组织能力和口头表达能力，还要有较强综合素质。

作为一个报告人，你必须想着你所讲的课题，并尽力追求你的目标。演讲的目的就是为了交流，对你而言，对自身角色的自信更为重要。因为某种程度上，你要表达的激励或劝说听众的信息是由你的气质是否富有热情的感染力，是否能让听众的思路跟随你来决定的。

作为一个报告人，听众首先见到你本人，然后才会听到你的声音，因此你留给大家的整体印象是比较重要的。不管是在那一类型的人士面前，一个标准的推介报告人的形象应该是仪表堂堂，干净、整洁是第一要素，如果没有把握的情况下，保守地穿一些商业人士的标准装是最安全的。千万不要随便穿一件什么衣服来做报告。

做报告时，报告人是通过声音和视觉材料向听众传达推介信息的，因此声音是激发和维持听众兴趣的介质。报告人说话发音的清晰度和表达能力表现为词语发音准确、语句完整等方面。其次音调和说话的节奏、音量也很重要，说话太快、音量太大都会使听众感到不安。说话的悠扬顿挫要根据讲述的内容来随时改变，如你想要强调某个重点，可以提高你的音量或是暂停一下，让听众有时间去思考。

利用身体的语言也是增加报告效果的方法之一。报告人讲话时，应该两腿笔直有力站立、双肩稍向后，这种姿势最能够体现自信和自尊。手势和举止要自然，避免心理紧张而抓紧记录卡、铅笔等其他物品。报告者应位于屏幕右边，专家认为这是让听众感到最自然的地方，因为这样符合人们阅读时从左到右的习惯。

和观众目光接触是报告者和听众交流沟通的手段。报告者和听众的眼神交流不仅能感到热情的鼓舞，也让听众更加注意你讲述的内容。

Visit 参观

参观是商务活动的一种，从内容上看，参观活动既有专业性的，也有贸易性的，还有综合性的。从形式上看，参观活动有组团参观、个人参观等形式。从方式上看有主动要求参观和被邀请参观等形式。

无论什么样的内容与形式，商务参观活动都有自己目的，都是为了了解别人的情况而主动去的，比如：参观会参观、国外参观考察；商务接触过程中，对方为了达到合作的目的而邀请你去对方公司或工厂参观考察。如在双方采购流程的谈判过程中，请客户到公司参观考察。

一次好的参观活动，对参观者来说可以跟踪和把握行业的发展趋势，可以看到最新的产品，学习最新的技术，可以开发最新的商机，通过现场观看新产品的生产和合作新技术的实施应用，洞察今后的发展趋势，开发新的市场。还可以和对方建立联系，建立互信关系，挖掘需求，了解信息，对被参观者来说，根据不同对象、不同需求确定不同的参观项目，尽心尽力地策划组织好每次参观活动，让客人高兴而来，满意而归；让参观者通过参观，对企业的全貌有一个初步的了解，对企业的产品有一个较深的认识，从而达到宣传企业、宣传企业产品的目的。其次，参观考察是强有力的能够解决多种问题的销售机会。把决策层的客户请到公司内部，销售人员就会有有很多机会来进行销售，通过参观考察，说服客户，效果超过展会和技术交流。公司专门安排的环境也非常适合向客户作全面介绍，客户可以亲眼看到公司的全面情况。

参观活动的组织者可以制订某些非常实用的策略，构思某些独特新颖的策划，使一个简单的参观活动成为一次影响非凡的商业推广，这是衡量我们商务人员组织能力和策划能力的一次机会。

将上述计划与预算呈报上司审批，并且参与整个活动过程，在活动现场直接处理各类问题，确保参观活动顺利而且成功的举办。

最后，做好参观活动结束的善后工作，并且亲自撰写总结报告提交给上司。

有针对性的筹划是确保参观成为一次成功演示的关键。企业的商务参观通常都由商务人员来负责筹划与操作，因此，我们在活动举办前应该十分清晰详尽地制订一份参观计划，把所有应该考虑的，可能涉及的问题一网打尽，给出十分明确清楚而且卓有成效的答案。

如参观内容、参观途径、参观方法、办妥相关手续以及参观流程、洽谈活动、参观活动所需要的费用预算。参观活动的准备和计划虽然简单，但事实证明是行之有效、事半功倍的办法。只要注意到这些细节问题，便可达到预期的效果。

根据参观的目的列出你准备参观的厂商的清单，并将他们分成两个部分，一个是“必须参观”的，另一个是“要参观”的。

确定你参观整个参观会所花费的时间，甚至停留每处所要花费的时间，为浏览、琐事和排队留出时间。

明确你需要从参展商那里了解的信息，区别各个卖主的不同之处，然后准备好到时提问的问题。

设计一个产品、服务信息收集表，以便准确地比较不同参展商之间的异同。

预约想要约见的参展商。

如你要参观展览会，要尽快取得参展商分布图，设定参观路线。

携带足够的名片，这样使你省去填表的麻烦。

穿上舒适的鞋子和衣物。在展馆参观是很疲劳的。垫上鞋垫走路可以减轻足部的疲劳，令脚舒服些。

在准备行李的时候，要预留空位，方便回程时有足够的空间容纳参展商的资料。

带上一个轻便的旅行袋，塑料袋通常都是既不美观又不舒服的，甚至会割伤手。

提前预约机票和酒店，以便取得折扣优惠。

尽量选择靠近展会的酒店，这样可以节省往返时间和方便休息。

计划好准备参加的研讨会或参观的产品陈列室。事先在接待处做好登记并提前30分钟到达会场，避免排长队浪费时间。

事先做好登记并提前30分钟到场，避免排长队。

开辟了专供参观者走的通道，跟生产操作间隔离开，但中间全部是透明的玻璃，参观者可以清清楚楚地看到每一个产品的制作过程。

场区内光洁的地面，整洁的环境和有序的生产组织更是使人赏心悦目，参观者不要随地吐痰、扔碎屑和烟蒂。

要利用这个机会进行现场观摩，看看一个优秀的企业是如何进行管理的，看看一个优秀企业的员工是怎样工作的。

尊重讲解员，讲解员在讲解时，要仔细聆听，对于不清楚的地方，可向讲解员询问，如有不同意见，不要当众反驳，参观结束之后，可向对方沟通。

有些企业编制一些宣传资料，提供给参观者看，可以从上面了解企业的情况。比如：企业规模、人员、发展方向、组织架构、工作流程、企业文化、产品介绍等。

最失败的参观是走马观花，对所看过的东西，只剩下一个模糊的概念。俗话说："外行看热闹、内行看见门道"，有些东西光看表面是看不出什么的，只有深入了解之后，才能明白事物内在的东西。比如说：汉堡包必须在烤好后10分钟内送到顾客手中，看似很容易做到的，但怎么做、怎么管，这才是关键。

对方一些好的管理制度和运行模式，不能照搬，要看自己适不适用，因为任何一套有效的机制都需要适合这种机制生长的土壤。

参观会中最大好处是时间短、效率高，可以在短短的几天内访谈数百家企业，进行筛选、比较，从中找出自己想要的合作对象、适合自己的产品和技术，也可以寻找到解决问题的方案，以及投资、合资的合作伙伴，此其一；其二是花钱少，只花一次的差旅费，走访上百家企业，了解到数百个乃至上千个产品的信息，节省的钱是可以计算得出来的。

要在展会网站了解展会具体信息并联系展会中心索取门票或邀请。展会举行时也直接到展会入口处注册领取观众登记表，认真填写邀请表中参观者信息部分，以便在下次展会时能及时收到通知，用填写好观众登记表在注册处换取参展商参观证。

在展会入口处或发放大会指南上查看展图或在展会入口处发放的大会指南上查看企业技术讲座日程。

根据展位图到组委会办公室咨询问题或购买会刊，参加参观会的技术讲座。

直接告诉你的行程紧张，不希望浪费时间闲聊，希望可以单刀直入正题。

寻找建立商业网络的机会。与业界领袖交谈；尽量获得参展商的邀请到其下榻酒店；在产品陈列室里向周围的人介绍自己；派发并收集名片。

避开太拥挤的摊位，应在展会结束前，参观人数不多的时候再折回拜访。

带上笔和便条随时记下重要信息，甚至可用小型录音机做记录。

工作几小时就需休息一下，恢复精神，吸收新鲜空气。喝一些水(不要喝汽水和啤酒)，防止虚脱。

每一站都做好行程记录，每晚总结一下。

想办法取得参展商不想回答之问题的答案。

避免与不相关的厂商进行洽谈。

提前30分钟离场，避免等车的麻烦。

对所收集的名片进行整理、归类，并作进一步联系。

跟进在展会上要求邮寄的印刷品和样品。

Investi-gate 考察

商务考察本身是种预谋，商务人员的工作就是通过商务考察充分了解对方，为之后的商务决策提供直观的依据。

一、确定项目

不是所有项目都有商业价值，也不是所有的商务项目都必须劳师动众的进行考察，在实际工作中，掌握这两个尺度也是很重要，同样的时间成本和人力成本可以创造更大的价值。取舍当然要再三斟酌。

一般来讲，一个项目是否有必要考察取决于三个方面，一是规模较大，二是风险较大，三是把握不大，至于那些凭经验与直觉就能定夺的项目，或者无关紧要的项目，只需做些必要的市场调研看其可行性，完全没必要到对方处一一探看清楚。

考察有两种起因，一是双方通过实质性谈判，就某个合作项目达成共识，有必要双方互相摸底，察看虚实，这是目的性非常明确，对象也已经确定的考察。二是企业本身要投资某个项目，但缺乏经验，或是希望寻找恰当的合作伙伴，于是就在这一行业中寻找合适对象，这种寻找本身也是考察，通过考察来选择合作者，在这过程中也能顺便了解更多的情况，掌握更多的第一手资料，使自己对项目有清晰的了解。

商务人员的职责是根据项目的特点，就考察项目的选择与确定，向公司提出书面的建议。依据要合理，理由要充分，因为任何一个考察项目都意味着成本和影响，无谓地折腾会让公司怀疑我们的分析研判能力，偶然的判断失误是缺乏经验，经常如此就是我们的智商有问题。

二、落实对象

这是只有意图没有决定的选择，也就是上述考察起因第二种的原因，选择考察对象需要考虑三点，一是在相关行业中寻找领先者和成功者，二是对方有参考和借鉴价值，三是对方能够有利于项目实施。

所谓落实，远非选择就能概括，有合适对象未必就能让我们如愿以偿，如果无利可图，对方绝对不可能打开大门欢迎我们一探究竟。商业竞争的残酷性造成了同行的水火不相容，这是情有可原的，但我们的任务是，设法说服目标对象接受考察，且无所保留地帮助我们，而我们呈报给公司的考察建议中，考察对象应该是确实经过我们努力获得确认的，否则对公司来讲，没有具体落实的建议毫无价值可言。

三、明确方式

方式对于结果至关重要，使用合适的方式必然会有合适的结果，同样是商务考察，上门取经显得谦虚，共同探讨具有学术气息，交流经验有些平等，实地考察带点商业味道，调查研究多了些强迫。

重要的是，采用对方能够乐享其成的方式，并且把我们的真正动机告诉对方，让对方替我们出主意，因为对方的经验也是我们考察的目的之一。

对于多点考虑，明显地可以做一番比较与评估，除非是在做深入研究，否则一般只需相同的取一个点做个案分析。外出考察成本较高，重复劳动势必会使公司不堪重负，且也无此必要。

在我们的建议中务必将自己所认为合适的考察方式提供给公司考虑。依据什么，理由何在，可能会是怎样，清清楚楚加以点明。

四、制订计划

简单的建议就是建议而已，只要形成文字，公司主管就有时间回味与思考，但稍微重要一些的商务考察，涉及的层面较多，程序上有些复杂，要求与解释性东西相应也多，这时候就非得制订一份完整的商务考察计划来策划与统筹整项行动。

考察计划的内容包括：

考察的主题；考察的目的；

考察的时间，考察的地点；

考察的对象；考察的内容；

考察的人员；考察的程序；

考察的安排；考察的重点；

考察的费用；考察的管理；

考察的汇报；考察的总结。

我们所要做的，就是将自己深思熟虑的结果对号入座填写，使它成为一份程序性的商务文件。

五、安排程序

事物的发展过程有始有终，为了最终达到目的，之前为此所做的努力都是一种必然，把整个过程的环节，按照顺序的延续，一一确认并配以相应的操作标准，这就是程序的由来。

程序的作用是让所有相关的人员都能按既定的标准逐步实施，统一与规范人们的行为。

仔细说起来，其实考察程序并无讲究，都是人们日常习惯了的约定俗成的规矩，譬如先做什么，再做什么，然后再做什么，最后做什么，了无新意。

但是，我所强调的安排，重点在于如何节省成本，提高考察的效率，这也正是我们作为商务人员需要为公司考虑的事。考察的目的只有一个，那就是了解真实的情况来为决策提供依据，而用最直接最有效也最让人能够接受的方法来达到这个目的，则是我们安排考察程序的唯一要求。

六、分配任务

这是一个比较技术性的问题，因为通常做商务考察时会有多人同行，但人的记忆力毕竟有限，尤其是对自己不太熟悉的东西，如果当考察人员都把注意力集中在那些明显重要的环节及内容上，那么势必会忽略其他一些必须了解的细节，造成信息的残缺。

因此，组织合适的人选，分配恰当的任务，让有关人员事先有个明确的分工，各有侧重地进行考察，回来后通过整合勾勒出一个完整的全貌，这对考察的最终结果是极其重要的。

分配考察任务同时意味着专人负责的有效性，很多考察为何最终不甚了了，关键就是每个人对自己的任务不清楚，以其昏昏，欲其昭昭，怎么可能？

把任务具体分解落实到人，每个人的压力都会大大减少，而成效却非常明显，公司也会认为我们很有组织能力，这样三全其美的事，何乐而不为？

七、落实内容

首先确定考察的具体内容。

然后确定内容的存在范围。

再是确定内容的最终位置。

接着和考察对象约定考察的具体内容和具体时间及方式。

再指定专人分头负责各项具体的考察内容。

最后进行考察。

所谓落实，就是让每一项具体得不能再具体的内容落实到具体的考察者身上，由其负责完成。

八、应变意外

无论事先计划得如何周详，无论考察时做得多么小心翼翼，考察过程中发生意外都是可能的。

既然是意外，当然是事先所料不及的，作为商务人员来讲，事先尽可能考虑周到是必要的，但意外发生的应变同样重要，这不仅是考验我们意志，也是锻炼我们的紧急处理能力。平时我们尽可以胡思乱想，这不是吓唬自己，而是一种锻炼，我们脑子里曾经想到过最坏的情况，如果一旦真的突然发生，我们的大脑皮层中就会划过一个信号：噢，这个意外我曾经想到过，现在无非是再现而已，我知道该怎么应付。这样一想，我们就不会因为没有心理准备而慌张失态。

商务考察过程中发生的意外各种各样，但无外乎就是严重影响考察的初衷或愿望而已，我们要相信，没什么大不了的麻烦，只要有我们在，意外都能够得到妥善的处理，即使我们顶不住，还有公司呢！只要自己不慌不忙，没有任何事物可影响到我们的决断。

九、总结结果

商务考察的最终目的是得到一个结论：可行与否。公司的决策，根本性影响在于总结，总结必须非常细致认真和非常的专业，任何疏忽或失误都是不能原谅的。

Rites 仪式

举办仪式是企业商务活动中的一个部分，向所有商务活动一样，它带有一定的目的，为了达到目的，它必须按照一定的程序和方式进行。

商务交往之中，商务伙伴间决定合作或已经合作的成功，是值得有关各方庆幸与庆贺的一桩大事。实事求是地说，在激烈的竞争环境之中、泾渭分明的利益关系之下以及变幻叵测的商界风云之内，商务伙伴之间的合作的确来之不易，因此，它备受有关各方的高度重视，它是商务往来中商务伙伴们彼此之间合作的一种常见的活动形式。

仪式根据目的不同可以分为许多种，比较常见的有双方就某项目达成合作意向的签约仪式；施工单位依照合同将已经建设、安装完成的工程项目或大型设备，经验收合格后正式移交给使用单位时，所专门举行的庆祝交接典礼仪式；施工单位就某项目或工程动工的典礼仪式等。

举行仪式的重要意义在于，它既是商务伙伴们对于所进行过的成功合作的庆贺，是对给予过自己关怀、支持、帮助和理解的社会各界的答谢，又是合作双方巧妙地利用时机，为双方各自提高知名度和美誉度而进行的一种公共宣传活动。

仪式的礼仪，一般是指在举行仪式时所须遵守的有关规范。通常，它具体包括仪式的准备、仪式的程序、仪式的参加等三个方面的主要内容。

对于一个企业来说，举办商务仪式是一项涉及全局和系统性的工程。既然是一项系统性的工程，举办仪式必然会与企业内的各个部门、各个方面发生联系，相互影响，会牵动各个部门的工作。为了使系统内的各部门同心协力，共同推动这项工作，则必须对整个系统加以协调、策划和统筹。

从本质意义上来说，仪式工作是一项时间跨度大、涉及部门广、牵扯环节多的工作。对于企业而言，是牵一发而动全身的系统工程。要使这一复杂的工程运行有序，达到预期的目标，首先就需要对仪式工作加以策划。只有建立在经过周密、系统而科学策划基础上的仪式，才称得上是成功的仪式。如果事先没有策划，到了跟前才临时抱佛脚，见什么就抓什么，这就会使仪式工作变得十分被动，也无法使仪式工作获得理想的效果。与策划相联系的一环就是统筹，如果说，对仪式加以策划是为了获得一个满意的效果，那么，对仪式加以统筹则是为了使仪式获得更圆满的效果。从严格意义上说，一个商务仪式的成功举办并不是过程的终结，只有当合作双方或多方均实现了各自的利益、得到了合理的回报时，仪式才算有了一个圆满的结果。因此，要完成一次严格意义上的仪式活动，需要与之相关的其他部门协调配合，互相支持。在实际工作中，由于各部门专业化分工的不同，各部门往往会因强调履行自己的工作职责而在仪式过程中各行其是。要将相对独立的各部门工作统一协调起来，使之围绕仪式这一共同目标同心协力，必须将仪式工作统筹起来。只有做好了仪式的统筹工作，才能使各部门工作步调一致，全局一盘棋。

仪式成功的大小取决于多种因素，其中，策划是一个至关重要的影响因素。如果在策划上舍得下较大的功夫，制定了较为周密而详尽的仪式计划和策略，就能在仪式活动中避免盲目性和随意性，收到事半功倍的效果，在策划上下的功夫越大，仪式的效果就越好，在策划上舍不得下功夫，仪式的效果就无法保证。

第一步：确定目标

确立目标是仪式策划过程的第一步。只有目标确立了，策划工作才能做到有的放矢。确定目标包括三个方面：第一，要达到的目标是什么；第二，围绕目标进行随后的一切工作；第三，目标是否得到了实现。比如，要策划一次签约仪式。在策划过程中，首先得确定这次签约仪式目标是什么?我们要达到一个什么目的?通过签约仪式，确定双方合作关系，对双方企业和合作项目的新闻价值和影响力进行宣传。目标确立之后，随后要围绕目标制定各类方案，最后检查目标是否得到了实现。

仪式策划筹备时间安排，要根据紧凑、连续的原则进行，并制订详细的计划安排表，既要严格控制会议时间，力求高效，又必须使仪式时间安排合理，让组织者有充足时间筹备，达到预期目的。

第二步：制订仪式方案

制订方案是仪式策划的一个重要程序，因为方案的优劣直接影响仪式策划后几个程序的进行，直接关系到仪式效果的大小。因此，必须极为重视仪式方案的制订这个环节。

仪式方案的制订要考虑两个因素：一是方案的可行性，二是方案的可选择性。制定仪式方案要切合实际，制订的目标要能够实现，或者说经过努力能够实现。不能不顾实际和可能凭空拍脑袋，不切实际，制订无法实现的方案。所谓方案的可选择性，就是指要同时制订各类方案，以利于决策人物能比较选择其中最优的方案。为什么要同时提出各类仪式方案?这是因为方案的提出与实施之间有一个时间差，在这个时间差里，可能会由于政策、市场等因素的变化而使整个仪式环境发生改变，从而使原先制订的仪式方案无法实施。如果我们同时制订几类仪式方案，当一个方案不可行时可以实施另一个方案，这样就能化被动为主动。

各类仪式方案提出来了，比较选择其中最合适、最理想的方案也就成为仪式策划中一个带有决策意义的重要环节。如果方案选择得好，继而进行的仪式工作就有可能取得好的成绩；如果方案选择不当，就会影响效果。

那么，如何比较选择各类仪式方案呢？

第一，要考虑仪式方案是否与我们仪式工作的目标相一致。

第二，要选择成功率较高的一种方案。成功率的大小与方案的科学性和创造性有关，也与对方的情况等因素有关，要选择对双方有良好合作意向的方案。

第三，要选择成本较小，而效果又相对较好的一种方案。对于所需的总费用有一个大致的估算，并可有计划地分配会议的各项费用，防止超支和浪费。仪式的费用通常包括场地租金、设计费用、工作人员费用、联络及交际费用、差旅费、住宿费、宣传费用、器材租金、运输和保险费用等，要根据会议所要达到的效果来考虑费用标准。

第三步：组织实施

1. 人员

筹划方案形成并取得主管领导批准后，下一步工作是尽快形成强有力的仪式工作班子，以便形成具体细致的工作方案，分工协作予以实施。

工作小组的职责，主要是为仪式提供服务，负责策划、制订和落实方案，起到上传下达的枢纽作用。包括确定仪式时间、地点、中心内容、人员，联络合作单位，邀请客商和与会宾客及相关机构，组织和编制资料、仪式项目资料，宣传签约项目、会场布置、会议主持、来宾主持、新闻发布等多项工作。如合作单位不在同一个城市，举办方还要安排对方的行程、食宿。

工作小组的组建，应由主管、带队领导负责统筹安排，并以有相关经验的人员负责常务工作，如果合作方是外商，还要配置现场翻译，通过详细分工，明确职责范围和工作标准，保证各成员富有成效地开展工作。

仪式主持人，作为灵魂人物，必须在仪式过程中，起到“起”“承”“转”“合”的作用，因而必须对仪式业务有足够的了解，具有较强的语言表达能力、思辨能力、组织驾驭能力以及良好的修养和礼仪知识，故通常应由公关部门负责人或骨干，或由公关部门素质较高的专门人员担任。在选择接待人员时，要求仪表端庄，善于交际，并应根据所在地的具体情况对外语的语种、熟练程度提出一定的要求，同时需加强公关接待和礼仪方面及对种种可能发生的突发性事件的处理程序和准则等的训练。

2. 广泛宣传、推广

为使仪式达到最佳效果，取得圆满成功，应针对传播媒体做广泛宣传和推广。

传媒是信息传播速度最快、覆盖面最广的工具，通过传媒(报纸、杂志、广播、电视等等)进行仪式宣传，可以最快最广泛地提高知名度。

在传播媒体的选择上要考虑到仪式面对的对象主要是当地政要、工商企业界人士、新闻界人士，层次较高，仪式较为专业化，同时又具有较强的时效性，故选择对当地工商实业界有影响力的报纸作为传播媒体较为理想。同时，可在仪式举办的前几天，在当地收听及收视率较高的电台、电视台进行广告宣传，加强轰动效应。

仪式宣传稿要通过选定的传播媒体发稿，通常以举行仪式日期前两星期左右为宜，以便与会者从容做好日程安排及材料的准备。同时在会议召开前一天，在报刊登载本次活动的专访新闻，加强宣传效果。

会议宣传稿的内容，除对仪式作简略介绍外，一般还应在相关范围内发出会议邀请并附回执，说明联系电话、联系人等。

3. 有目的、有选择性地发出邀请函

为保证重点，表达诚意，达到既定目标，还应有目的、有选择地向有关单位或个人发出邀请函。向当地政要、民间知名人士发出邀请函。向当地工商实业界领袖、各商会组织负责人士发出邀请函。向当地有关企业负责人或投资筹划人发出邀请函。向当地有影响力的报刊、电台、电视台记者发出邀请函。

来宾的邀请，一般应由仪式的东道主负责。在具体拟定来宾名单时，亦应主动征求自己的合作伙伴的意见。合作单位对于主办方所草拟的名单不宜过于挑剔，不过可对此酌情提出自己一些合理的建议。

在一般情况下，参加仪式的人数自然越多越好。如果参加者太少，难免会使仪式显得冷冷清清。但是，在宏观上确定参加者的总人数时，必须兼顾场地条件与接待能力，切忌贪多勿得。

从原则上来讲，仪式的出席人员应当包括：主办方的有关人员，合作方的有关人员、上级主管部门的有关人员，当地政府的有关人员，行业组织、社会团体的有关人员，各界知名人士、新闻界人士以及协作单位的有关人员，等等。

在上述人员中，除合作双方的有关人员之外，对于其他所有的人员，均应提前送达或寄达正式的书面邀请，以示对对方的尊重之意。

邀请上级主管部门、当地政府、行业组织的有关人员时，虽不必勉强对方，但却必须努力争取，并表现得心诚意切。因为利用举行仪式这一良机，使合作双方与上级主管部门、当地政府、行业组织进行多方接触，不仅可以宣传自己的工作成绩，而且也有助于有关各方之间进一步地实现相互理解和相互沟通。

在举行仪式时，东道主既要争取多邀请新闻界的人士参加，又要为其尽可能地提供一切便利。对于不邀而至的新闻界人士，亦应尽量来者不拒。至于邀请海外的媒体人员参加交接仪式的问题，则必须认真遵守有关的外事规则与外事纪律，事先履行必要的报批手续。

发出邀请函，必要时可随函附上宣传介绍材料和仪式项目简介。

对于来宾一方而言，在应邀出席交接仪式时，主要应当重视如下四个方面的问题：

其一，应当致以祝贺。接到正式邀请后，被邀请者即应尽早以单位或个人的名义发出贺电或贺信，向东道主表示热烈祝贺。有时，被邀请者在出席交接仪式时，将贺电或贺信面交东道主，也是可行的。

其二，应当略备贺礼。为表示祝贺之意，可向东道主一方赠送一些贺礼，如花篮、牌匾等等。时下，以赠送花篮最为流行。它一般需要在花店订制，用各色鲜花插饰而成，并且应在其两侧悬挂特制的红色缎带，右书“恭贺某某交接仪式隆重举行”，左书本单位的画龙点睛式全称。它可由花店代为先其送达，亦可由来宾在抵达现场时面交主人。

其三，提前预备一份书面贺辞，供被邀请代表来宾发言时之用。其内容应当简明扼要，主要是为了向东道主一方道喜祝贺。

其四，应当准点到场。若无特殊原因，接到邀请后，届时正点抵达，为主人捧场。若不能出席，则应尽早通知东道主，以防在仪式举行时来宾甚少，使主人因“门前冷落”而难堪。

4.准备仪式资料

会议资料按其内容可分为五大项：

(1)体现仪式内容的主要文件，包括双方领导的重要发言，仪式项目目录，统计资料，新闻发布稿等。

(2)为仪式服务的辅助材料，包括开幕词、闭幕词，有关方面贺电稿，已合作的企业的经验交流资料等。

(3)与仪式工作相关的附件资料，包括仪式表，仪式工作小组名单，主席台人员名单、签约项目顺序、各方签约人、需签署的合同、协议及有关文件。宾客名单，宾客席座位安排名单，仪式接待安排，会场布置方案，入场凭证，仪式须知等。

(4)仪式资料主要包括仪式项目资料和仪式宣传资料，仪式项目资料是双方合作项目的介绍。如有条件，可配备宣传册子、幻灯片、投影片、录像带、光碟、手提电脑，将有关资料储存，供随时查阅。

(5)选择商务组织联系、合作

与礼仪咨询顾问公司等组织合作，因为对方能给商务仪式以专业的意见，并能提供实施。

准备仪式所需的专业物品。如花篮、气球等。

5. 与当地新闻界联系

新闻界的源源不断的信息经过处理迅速输送给社会成员，在日积月累中形成了公众对它的依赖性，成为影响社会舆论的权威性机构。在仪式召开之前，应加强与当地新闻界的联系，充分利用新闻界来大力宣传企业的建设成就，提高知名度和影响力，引起公众对仪式的热心关注。

由于仪式内容较为专业化，为配合记者新闻稿的撰写，应在寄发会议邀请函的同时，附上宣传资料及仪式内容简介、背景材料、图片等，并应准备好会议当天派发的新闻发布稿等。

6. 布置会场，准备视听设备

举行仪式的现场，亦称仪式的会场。在对其进行选择时，通常应视仪式的目的、重要程度、全体出席者的具体人数、仪式的具体程序与内容，以及是否要求对其进行保密等几个方面的因素而定。

根据举行仪式的地点，仪式举行一般分为室内和室外两种场合。根据常规，一般交接仪式和动工仪式都会选择在室外举行。签约仪式大多会选择在室内。不管是选择哪一种仪式，会场都要合适适中，地点最好选择在金融、工商界活动较为集中、交通便利、停车方便的地域为宜。当然交接仪式、动工剪彩仪式地点的选择就受条件的限制了，那么主办方就要考虑人员接送的问题。仪式会场的座位通常以略多于到会人数为好。如果会场太小，人员拥挤，影响会场秩序；会场过大，则显得稀稀拉拉，冲淡气氛，两者都会影响效果。

交接仪式的举行地点安排在已经建设、安装完成并已验收合格的工程项目或大型设备所在地的现场。有时，亦可将其酌情安排在东道主本部的会议厅，或者由合作双方共同认可的其他场所。

交接仪式安排在已建设、安装完成并已验收合格的工程项目或大型设备所在地的现场举行，最大的长处是可使全体出席仪式的人员身临其境，获得对被交付使用的工程项目或大型设备的直观而形象的了解，掌握较为充分的第一手资料。倘若在交接仪式举行之后安排来宾进行参观，则更为方便可行。不过，若是在现场举行交接仪式，往往进行准备的工作量较大。另外，由于将被交付的工程项目或大型设备归接收单位所有，故此东道主事先要征得对方的首肯，事后还需取得对方的配合。

如果将被交付的工程项目或大型设备的现场条件欠佳，或是出于东道主单位的本部不在当地以及将要出席仪式的人员较多等其他原因，经施工、安装单位提议，并经接收单位同意之后，交接仪式亦可在其他场所举行。诸如宾馆的多功能厅、外单位出租的礼堂或大厅等处，都可用来举行交接仪式。在其他场所举行交接仪式，尽管开支较高，但可省去大量的安排、布置工作，而且还可以提升仪式的档次。

举行项目签约仪式最好能安排在东道主本部的会议厅举行，可免除大量的接待工作，会场的布置也十分便利。

工作小组应在商务礼仪式合作机构的大力协助下，组织好仪式会场的布置工作，包括展牌的布置、主席台、宾客席、接待处，如是工程动工典礼仪式，要准备奠基用的碑以及绑了红绸缎的铁锹。对于一些大型工程项目，可以用多部系上红绸缎的工程施工车在工地围成大圈或排成一行，中间搭个主席台。

临时搭建的主席台应在其上铺设一块红地毯。至少，也要预备足量的桌椅。在主席台上方，应悬挂一条红色巨型横幅，上书交接仪式的具体名称，如“某某工程交接仪式”，或“热烈庆祝某某工程正式交付使用”或是“热烈庆祝某某工程动工”。

在仪式上，有不少需要使用的物品，应由东道主一方提前进行准备。首先，必不可少的是交接仪式中作为交接象征之物的有关物品。它们主要有：验收文件、一览表、钥匙等等。验收文件，此处是指已经公证的由交接双方正式签署的接收证明性文件。一览表，是指交付给接收单位的全部物资、设备或其他物品的名称、数量明细表。钥匙，则是指用来开启被交接的建筑物或机械设备的钥匙。在一般情况下，因其具有象征性意味，故预备一把即可。签约仪式要准备签订的合同正本和副本、文书、签约席的布置，横幅、照明、签字用的笔、印章用的油印、签约后用来庆祝的香槟、酒杯等等，如是和外商合作，还需要准备放在签约桌上的双方国家的国旗。空调、录音辅助器材、视听设备、电话、传真机等设施的设置和测试。对附设酒会的场合，还需做好饮品、点心的准备、订购工作。会场接待处的两旁，应预留宾客送来花篮的摆放空间。

不管是室内还是室外举行仪式，在现场四周，尤其是在正门入口之处、干道两侧、交接物四周，可酌情悬挂一定数量的彩带、彩旗、彩球，并放置一些色泽艳丽、花朵硕大的盆花，用以美化环境。

若来宾所赠送的祝贺性花篮较多，可依照约定俗成的顺序，如“先来后到”“不排名次”等等，将其呈一列摆放在主席台正前方，或是分成两行摆放在现场入口处门外的两侧。在此两处同时摆放，也是可以的。但若是来宾所赠的花篮甚少，则不必将其公开陈列在外。

室外举行的典礼或剪彩仪式，参考当日的天气，最好避开下雨，其次如果天气很热，要准备一些矿泉水和遮阳伞。仪式不要拖太长时间。

在方案筹备的过程中，有关人员最好能经常沟通工作的进展，这样做可以避免工作的盲目性，使大家做到心中有数，有利于在工作中互相支持，加强协调。

7. 仪式的举行

在仪式的举行前一天内，参加仪式的人员最好开个碰头会，对准备工作做最后的检查，明确下一天的工作任务。工作人员的工作重心从筹办仪式转变为组织和落实仪式的各个环节，配合双方主要发言人和主持人把会议举办成功，达到预定效果。为此，应注意如下事项：如主持人和主要发言人是否能充分发挥组织和主导的作用，突出重点，促进交流，活跃气氛。仪式上宣布的所有信息是否准确无误。工作人员会场服务工作的工作职责、个体形象。会议的各项程序安排是否妥当，总之各项程序要紧凑，时间不宜过长，仪式最好安排在上午8～11时，下午2:30～5时。在正常情况下，每一次交接仪式从头至尾所用的时间，大体上不应当超过一个半小时。为了做到这一点，就要求交接仪式在具体程序上讲究少而精。其次，要拟好交接仪式的程序。交接仪式的程序，具体是交接仪式进行的各个步骤。不同内容的交接仪式，其具体程序往往各有不同。主办单位在拟定交接仪式的具体程序时，必须注意两个方面的重要问题。其一，必须在大的方面参照惯例执行，尽量不要标新立异，另搞一套。其二，必须实事求是、量力而行，在具体的细节方面不必事事贪大求全。一般说来，仪式的程序是在各类仪式方案中经过了严格筛选和充分论证的，是可行和可靠的方案。因此，实施过程中要遵守原方案中制订的程序、原则和操作办法，不得随意变更，在万不得已的情况下才改变会议的有关事项。从总体上来讲，几乎所有交接仪式都少不了下述几项基本程序：

(1)接待

接待人员在会场入口处设置签到处，请与会来宾在签到本上签名，留下名片，佩戴胸卡，热情解答来宾询问，引领来宾进入会场就座。对邀请到会的重要客人，应有专人引导、陪同。参加交接仪式的人员，不仅应当是“精兵强将”“有功之臣”，而且应当使之能够代表本单位的形象。全体人员都应当自觉地树立起主人翁意识。一旦来宾提出问题或需要帮助时，都要鼎力相助。不允许一问三不知、借故推脱、拒绝帮忙，甚至胡言乱语、大说风凉话。即使自己力不能及，也要向对方说明原因，并且及时向有关方面进行反映。

为此，必须要求他们妆容规范、服饰得体、举止有方。被邀请者在参加仪式时，还须郑重其事地与东道主一方的主要负责人一一握手，再次口头道贺。送花篮的可在现场面交主人。

(2)发放资料

接待人员将会议议程表、仪式项目资料、仪式宣传资料等有礼貌地发给来宾，对与会的新闻界记者，还要加上会议新闻统稿、图片、背景材料等。

(3)安排座位

除大会发言人、贵宾、主持人、译员安排在主席台就座外，其他来宾按预设方案安排在宾客席入座，签约代表的就座应利于签约仪式之进行，新闻记者的就座应利于采访、提问、摄影、录像工作的进行。

(4)主持

主持人应充分发挥其“起”“承”“转”“台”的作用，使仪式开得既紧凑又活跃。

交接仪式程序：

(1)宣布仪式开始。此刻，全体与会者应当进行较长时间的鼓掌，以热烈的掌声来表达对于东道主的祝贺之意。在此之前，主持人应邀请有关各方人士在主席台上就座，并以适当的方式暗示全体人员保持安静。

(2)奏国歌。奏国歌并演奏东道主单位的标志性歌曲。此前，全体与会者必须肃立。该项程序，有时亦可略去。不过若能安排这一程序，往往会使交接仪式显得更为庄严而隆重。

(3)介绍与会的贵宾。对来自各方各面的贵宾能在繁忙中参加仪式表示感谢。

(4)简单介绍仪式召开的背景、意图。

(5)各方代表发言。按惯例，在交接仪式上，须由有关各方的代表进行发言。他们依次应为：施工、安装单位的代表，接收单位的代表，来宾的代表，等等。这些发言，一般均为礼节性的，并以喜气洋洋为主要特征。它们通常宜短忌长，只需要点到为止的寥寥数语即可。原则上来讲，每个人的此类发言应以三分钟为限。主持人做好各个发言人发言的承接工作。

(6)主持交接或动工剪彩仪式。

交接仪式具体做法，主要是由施工、安装单位的代表，将有关工程项目、大型设备的验收文件、一览表或者钥匙等等象征性物品，正式递交给接收单位的代表。假如条件允许，在该项程序进行的过程之中，可在现场演奏或播放节奏欢快的喜庆性歌曲。在有些情况下，为了进一步营造出一种热烈而隆重的气氛，这一程序亦可由上级主管部门或地方政府的负责人为工程项目、大型设备的启用而剪彩所取代。

工作人员应做好组织工作，包括交接文件的准备、剪彩人的出场位置安排、摄影、录像等。

(7)宣告交接仪式或动工剪彩正式结束。随后安排全体来宾进行参观或观看文娱表演。此时此刻，全体与会者应再次进行较长时间的热烈鼓掌。

如果方便的话，正式仪式一旦结束，东道主与接收单位即应邀请各方来宾一道参观有关的工程项目或大型设备。东道主一方应为此专门安排好富有经验的陪同、解说人员，使各方来宾通过现场参观，可以进一步地深化对有关的工程项目或大型设备的认识。

8. 签约仪式程序

第一，引导双方有关人员各就各位，签字代表就座，其他见证人员分主宾各方，以签字桌中线为界，分列站在签字代表身后约两米处，职位最高者站在中间，主宾站在主人右侧，然后依职位高低顺序外延，一排站不下，可分为两排或若干排，顺序始终是职位高者排在前排的中间。

如果签字仪式在双方之外的其他地方举行，无法界定主宾，则双方协商确定，谦让一番后弱势一方为主宾。

签字代表和见证人员就位后，助签人员分别站在各自签字代表的外侧，准确的说是后30度1米距离。姿势为双脚并拢直立，两手垂放在身体前面。

助签人员一般由各方的秘书担任，也可由礼仪小姐担任，其作用是协助翻揭协议文本，指明签字处，使用吸水板吸干墨水，交换文本，保管文本。

第二，司仪宣布签字仪式开始。

第三，助签人员跨前一步将文本翻揭至签字盖章处，然后后撤一步复位。

第四，一方签字代表趋身伏案，执笔在文本上己方签名处签名盖章，然后靠回椅背。

第五，助签人员跨前一步，用吸水板在签名盖章处轻轻一按，然后双手将文本盖上，使文本正面朝上，再拿起来捧在胸前，后撤一步，再转身向对方助签人员走去，互相交换文本，再转身走回原来站立位置。随后再跨前一步，将换过来的文本放在桌上签字代表面前，将文本翻揭至签字处，然后撤一步复位。

第六，另一方签字代表趋身伏案，执笔在文本上己方签名处签名盖章，然后靠回椅背。

第七，助签人员跨前一步，用吸水板在签名盖章处轻轻一按，然后双手将文本盖上，使文本正面朝上。再后撤一步至签字代表身后，帮助其拉椅子。

第八，签字代表站起身，助签人员朝后撤椅子，距离为一步。签字代表双手拿起文本，转向对方，跨前半步，互相交换文本，然后左手执文本，右手与对方相握。

第九，签字代表将文本交给助签人员保管，助签人员应交叉双臂，将文本夹护在自己胸前。

第十，双方见证人员互相握手或拥抱或鼓掌，共同庆贺签字仪式圆满成功。如是重要性的协议签字，应事先安排香槟酒，斟满酒杯后由司仪宣布双方共同举杯祝贺。

第十一，秘书收好文本，陪同上司送别客人或告辞。

第十二，仪式结束。

会务人员应做好录音、摄影、摄像等采访活动的辅助配合工作。

如果根据会议筹备计划安排了配套活动，如记者采访、酒会、点心餐会等，可有助于宾主之间的进一步交流和洽谈。这里最重要是安排记者采访，通过我方主要发言人回答记者所提出的各种问题，实现了双向信息交流，也满足了记者撰写新闻稿的需要。

之所以不厌其烦地强调签字仪式的每一个步骤和细节，实在是因为签字仪式的郑重其事会对整个协议的执行有着相当积极的影响。我们对此所表现出的认真谨慎，必然会使对方对我们企业充满信心。

The business entertains the standard

Chapter 8

第八章

商务宴请标准

宴　请
席　座
餐　具
菜　单
接　待
中　餐
西　餐

Entertain
宴请

一、宴请形式

根据宴请内容进行选择，礼节性的宴请采用宴会形式比较合适，庆祝性、纪念性、娱乐性的则以冷餐会或酒会形式更有气氛，商量要事的则以工作餐形式最为恰当。

不同的宴请形式有各自不同的做法。

1. 工作餐

以谈论工作为目的，边吃边谈，一日三餐都可以以这种非正式宴请方式举行。

2. 午宴

较多用于日常应酬，通常在十二时至下午二时举行，场地和程序，规格都比较郑重其事。

3. 茶会

通常在下午四时以后进行，以茶和咖啡为主，另有果汁点心等，适宜庆祝生日或节日等，是欧美国家比较流行的宴请聚会方式，由于规模不大，总是由女主人主持操办，用在商务活动中，茶会显得温馨高雅，富有家庭气氛。

4. 冷餐会、自助餐

不拘形式，不排座次，宾客可自由活动取食进餐，气氛融洽，便于更多的沟通与交流，适用于商务庆典。

5. 酒会

一般在下午四时至八时举行，备有各种酒类和小食品，邀请方式应用请柬，请柬上注明几时至几时。酒会又称为鸡尾酒会，指各种调制酒品种繁多，比较有情趣。酒会的特点是不设座席，主客可随意走动，不受拘束，到场和退席均可随意。

6. 野餐

在室外举行，主要采用烧烤食品方式，轻松活泼很有乐趣，适合团队休闲娱乐及商务性度假。

7. 晚宴

晚宴是所有宴请形式中最为隆重和正规的形式，通常作为重要的商务社交活动，讲究排场和程序，时间一般在下午六时至九时举行，安排在正式场合并且邀请主客双方的夫妇共同参加。

8. 早茶

早茶是中国人商务应酬的一种简单随和的方式，在中国南方地区，很多生意上的事往往就是在酒楼茶肆中谈妥的，因为随意，交谈时没有什么压力，沟通也容易得多。

9. 宵夜

在中国称之为吃夜宵，形式比早茶更随便，主要用于联络感情，但在欧美国家，宵夜是非常正式的活动，主要安排在音乐会后举行，有丰盛佳肴，与晚宴不相上下，西装革履，衣香鬓影，非常隆重。

二、宴请要求

按国际惯例选择宴请时间时要注意不选在重大的节假日或对方有重要活动或禁忌的时间，如对信仰基督教的人士不要选在13号，更不要选择在星期五的13号，因为这个日子是基督被犹大出卖的日子。

确定时间最好事先能征询客人的意见，千万不要按传统习惯，认为自己确定了宴请时间后再通知客人才显得真诚礼貌，对习惯国际惯例的人士来说，这是非常失礼的。

三、宴请方式

凡是正式宴请，都应该发送请柬或请帖，这既是礼节，也是对被邀请者起提醒与备忘的作用。请柬应注明邀请人姓名、被邀请人姓名、尊贵的称呼、宴请的方式及时间地点、着装要求或提示等。

请柬应提前一至二周发出，以便被邀请人及早安排时间。需要安排座次的宴请必须在请柬上注明要求被邀请人答复能否出席，正式宴会则在请柬上注明席次号。

非正式宴请只需口头打个招呼，在得到对方明确首肯后进行。

四、宴请程序

非正式宴请可无需讲什么程序，只要双方能彼此呼应就行。

正式宴请分为迎宾、就座、致辞、敬酒、用餐、送别。

视宴请规格和来宾的重要性，如属社交宴请，主人应在门口迎接客人，如属商务宴请，上司一般在宴会厅内与客人寒暄，助手则站在门口迎候和招呼客人。商务人员在这种重要场合，应恰如其分地行使自己的职责，既不喧宾夺主，又能面面俱到。

迎接到客人后，相互握手互致问候，并将客人引至休息厅或直接引领到宴会厅。休息厅内应有招待员照顾客人，或由其他接待人员陪同聊天，待主宾到达后，再一齐进入宴会厅。

进入宴会厅后，主人及主宾先在主桌入座，全体人员方可陆续入座。也可等主桌以外的客人都已坐定，主桌人员最后入座。

宴会开始应有仪式，通常由主人当众宣布宴会开始，并介绍主宾。主持宴会时应笑容可掬，端庄大方，要对每位客人都彬彬有礼，留心记住对方的姓名，不论相识与否一律一视同仁，不让任何人受到冷落，还要对现场全局有效把握，头脑冷静地留神关注细节问题，自始至终调节好场上气氛，让所有人都心满意足。

非正式宴请通常由主客双方代表以敬酒辞方式简单说几句即开始就餐，正式宴会则会由主客双方重要人物发表讲话。

按照国际惯例，正式讲话安排在热菜之后甜食之前进行，也就是说，主人在开宴时简单几句致辞后，大家先彼此敬酒与用餐，酒过三巡后，再安排正式讲话。主人先讲，主宾后讲，也可安排即席发言。

The seat sits
席　座

一、中餐安排

在商务交际场合，除自助餐、茶会及酒会外，主人必须安排客人的席次，不能以随便坐的方式，引起主客及其他客人的不满。中餐一般都是按职务和身份高低来排列席位，职位或地位高者为尊，高者坐上席，依职位高低，即官阶高低定位，不能逾越。

如果有夫人，女士以夫为贵，其排名的秩序，与其丈夫相同。即在众多宾客中，男主宾排第一位，其夫人排第二位。但有时通常将女士排在一起，即主宾坐在男主人右上方，其夫人坐在女主人右上方。如邀请对象是女宾，因她是位司长，而她的先生官位不显，譬如是某大公司的董事长，则必须排在后面，夫不见得与妻同贵。

如果主宾身份高于主人时，为表示对主宾的尊重，应请主宾坐在主人的位子上，而主人则坐在主宾的位子上，第二主人则坐在主宾左侧或按常规就位。

如果主宾携夫人，席次亦以右为尊，左为卑，但主人的夫人因故不能出席时，可请与主人有联系且身份相当的女士作第二主人，如果没有合适的女士出席，那么应把主宾夫妇安排在主人的左右两侧。

与宴宾客有政府官员、社会团体领袖及社会贤达参加的场合，则依政府官员、社会团体领袖、社会贤达为序。

座位的末座，不能安排女宾。

中式宴会的桌次排列比较讲究。

主桌设置有两种方式，一种是长方形横摆桌，主客均面向众席而坐。一种是大圆桌，主客围桌而坐。主桌的座位应摆放席卡签名。宴会如果设在酒店或礼堂，圆桌两桌，或两桌以上时，则必须定其大小。其定位的原则，以背对饭厅或礼堂为正位，以右旁为大，左旁为小，如场地排有三桌，则以中间为大，右旁次之，左旁为小。

按照惯例，主席台前正中央的桌子为主桌。

如果桌数较多，应将餐桌排列序号放在餐桌上。

客人区分座次有一个最简单的方法：你可以从餐巾的折放上，看出哪个是主位，哪个是客位。一般主宾位的餐巾纸的桌花和其他人的是不太一样的。如果你不了解情况，也可以问一下餐厅的服务员，哪个位置是主位。如果餐巾纸是折好放在你面前的，没有桌花的话，应该是以门为基点，靠里面的位置为主位。

二、西餐安排

西餐的位置排列与中餐有相当大的区别，中餐多使用圆桌，而西餐一般都使用长桌。

举行正式宴会时，西餐的坐席排列按国际惯例：桌次的高低依距离主桌位置的远近而右高左低，桌次多时应摆上桌次牌。同一桌上席位高低和距离主人座位的远近而定，右高左低，男女交叉安排。

非正式宴请时，一般以女主人的座位为准，主宾坐在女主人右首，主宾夫人坐在男主人右首。

两桌以上的西式宴会，各桌均应安排主人，其位置应与主桌主人的位置相同，其宾客也依主桌的席位排列方法就座。如果人数较少，如两位男士陪同一位女士进餐，女士应坐在两位男士的中间。如两位同性进餐，那么靠墙的位置应让给其中的年长者。

西餐还有个规矩，即是：每个人入座或离座，均应从座椅的左侧进出。

Cutlery
餐　具

中餐餐具主要有杯、盘、碗、碟、筷。普通西餐的上菜顺序是：面包、冷盘、汤、各类菜肴、甜点、水果、咖啡或红茶。一般说来，按照西餐的规则，吃什么菜用什么餐具、喝什么酒用什么酒杯，这是必须配套对位的，否则就叫乱套。

一、中餐餐具

中餐以使用筷子为主，因为食物大多数已经经过切分，便于食用，小勺只有在少数的情况下使用。盛放食物的器皿通常也分门别类，菜肴一般是盛在盘中，米、汤、粥一类的食物一般是盛在碗中，还有吃碟会放在每个人的面前。受中餐的进餐习惯的影响，餐桌上一些小餐具也比较多，调味碟、胡椒罐、辣子罐、酱醋壶，都是常见的。

正式宴会，水杯放在碗碟左上方，酒杯放在右上方。

筷子搁放在瓷器或银器制成的筷架上。汤匙放在骨碟上。

公用的筷子和汤匙放在专用的器具上。

牙签瓶和烟灰缸放在桌面最下的位置。

二、西餐餐具

西餐的餐具相对于中餐餐具而言分类更细致些，有处理不同食物的刀叉，以及品尝不同食物所用的长勺，一个比较正式的晚餐，可能会用到四种搭配好的刀叉。西餐中盛放食物的用具一般多是盘子，但不同的食物，盘子也略有不同，深一些的盘子是用来盛汤的，浅盘则是用来盛放汤汁较少的菜肴或主食的。由于西餐在进餐中通常会分成几部分来进行，那么所用的餐具也大不相同，洋葱汤有专门的带耳的大小碗盛放，沙拉也有专门的碗或盘盛放，还有烤肉盘、蛋杯、甜食杯、甜食碟、面包碟、田螺碟……尽管中西有别，但共同的用具就是百用不厌的盘子。

西餐餐具开餐前已在桌上摆好。每人面前是食盘或汤盘，左边放叉，右边放刀，刀叉数目与菜的道数相当，使用顺序按上菜顺序。

食盘上方放匙，用小匙吃冷饮，大匙喝汤。

食盘上方摆放酒杯，从左到右，由小到大，排成一排。

汤匙放在左侧上方，其左面是面包碟，右面是黄油碟（碟内有专用小刀）。

餐巾放在汤盘上或插在水杯里。

Menu
菜　单

宴请讲究吉祥喜庆，菜单的安排上也要突出这个特点。

一是菜式选择，各大菜系特色不同，应根据客人的口味，结合本地的特色来搭配。

二是菜色选择，鸡鸭鱼肉蛋蔬果，各款各色不重复，力求菜肴丰富多彩，搭配得当。

三是菜名选择，讨口彩及好意头名称当然比直截了当称呼更文雅，但有时候也得注意，太牵强附会的取名以及过分追求中听，难免会让客人对着菜单不知所措，完全弄不懂这究竟是些什么样的菜。

要注意到菜谱和所上菜的配料是否适宜。比如在宴请西方人士时不要食用各种宠物和珍稀动物，菜谱上当然也不要用这种动物命名的菜。对于大多数希望了解中国饮食文化的外宾来说，品尝各地的土产品和独特风味比什么高档菜肴都更有吸引力。除了菜，还有饮料的问题，一般说，要尽量用酒精含量较低的酒，而像茅台这样的烈酒只有在比较特殊的场合才使用。对伊斯兰教徒来说，甚至不能用含有任何酒精的饮料。当宴会的一切都准备好后，应该为每一位客人发一份印制或打印菜单（能有中外文对照最好）以方便客人。

Receive
接　待

按国际惯例，正式宴请时有以下几个程序：迎接、小憩、开宴、致辞、宴会、休息、最后是告辞。

一些大型正式的宴请活动，除主人外，还有少数其他主要人员陪同主人在宴会厅门口等待客人的到来。等候客人也要讲礼仪，男士的胡须要刮净，鼻毛应剪短；双手清洁、指甲应剪短。服装要清洁、整齐，特别要注意衣领和袖口的干净；皮鞋擦亮；男士穿西装时，应佩带领带，着中山装时，要扣好领扣、领钩，穿长袖衬衣要将下摆塞在裤内，袖口不要松开或卷起，不得穿短裤、汗衫、赤脚穿凉鞋出入公众场合；女子夏天着裙时，袜子口不能露在衣裙之外。等候客人时，应举止落落大方，端庄稳重，表情自然诚恳，蔼然可亲。

客人来到时应主动迎上去表示欢迎之情，初次见面的还应主动作自我介绍，并引领客人至接待处，安置好客人后，奉上茶水或饮料。带领客人到达目的地，应该有正确的引导方法和引导姿势。在走廊的引导方法。接待人员在客人二三步之前，配合步调，让客人走在内侧。当引导客人上楼时，应该让客人走在前面，接待人员走在后面，若是下楼时，应该由接待人员走在前面，客人在后面，上下楼梯时，接待人员应该注意客人的安全。引导客人乘坐电梯时，接待人员先进入电梯，等客人进入后关闭电梯门，到达时，接待人员按“开”的钮，让客人先走出电梯。当客人走入休息厅时，用手指示，请客人坐下，看到客人坐下后，才能行点头礼后离开。

对于客人，应按约定时间到达。过早抵达，会使主人因准备未毕而难堪；迟迟不到，则让主人和其他客人等候过久而失礼。因故迟到，要向主人和其他客人表示歉意，万一因故不能应邀赴约，要有礼貌地尽早通知主人，并以适当方式表示歉意，失约是很失礼的行为。

宴会酒店一般有为客人准备好存放衣帽的架子和地方，客人来后，要有服务人员为客人脱掉外套和帽子，把它们放到衣架上，主人则与来宾一一行礼握手。必要时还要有陪同人员唱名，主人最好在见到客人时重复这些名字以示尊重和礼貌。值得强调的是，在正式宴会中的各个场合里的服务员一般是由男士来担当的，礼仪小姐要慎用。

客人刚到需要稍事休息，这段时间也可等待其他还没有到来的客人。小憩可以在休息厅，也可以在客厅，总之不要让客人看着服务人员准备饭菜。这时可以准备点茶水和擦洗手的干湿纸巾，或者告诉客人卫生间的位置。

等预定时间一到而主要客人也已到齐时就可以开宴了。开宴时最需要注意客人的落座。如果事先已经安放了座位卡，也需引座，顺序是男主人引领女主宾第一个入座，女主人引领男主宾最后一个入席，服务人员为其他客人引座如果没有安放座位卡则需要有秩序地引领客人们入席，先主后次，一批一批地领到座位。

如果主宾双方需要在席上讲话表达某种意愿，入席以后就可以开始发表讲话了。讲话最好简短一些，并注意气氛的轻松幽默和礼貌客气，富于热情则更好。在主宾双方讲话时，无论我们是否喜欢听，都必须耐心安静地等他们讲完，等主人宣布开始之后再用餐，一般是以祝酒的方式宣布开宴。有时讲话也会安排在其他时间，如热菜之后，甜食之前，大家这时应停止进餐，放下餐具，停止与邻座的谈话而注意听主宾双方的讲话。一旦主宾双方相互祝酒时，所有客人应举杯向主人示意，然后再在餐桌上相互交叉碰杯。

Chinese food 中餐

中餐招待商业客户，首先应根据对方的习俗选择适当的宴请日期。

宴请欧洲国家或加拿大、美国客户时，应避开每月的13日，尤其是13日与星期五是同一天的。另外，还应避免使用13号房间，就餐人数也应避开13人。

宴请穆斯林客人则应避免伊斯兰教历九月，因为这是斋月。如果必须在斋月期间宴请穆斯林客人，也宜在日落后进行。中餐宴请，应充分考虑到客户的饮食结构和饮食特点。

德国人忌食核桃，美国人忌食动物内脏，匈牙利人不吃形状奇异的食物，如海参和带壳的虾、蟹等。

中餐宴请不能不顾客户情况反复劝菜和劝酒。

一般来说，欧美人崇尚独立，讲究个性，反复劝菜和劝酒会被误认为是一种强迫，热情好客反而引起反感，未免得不偿失。

上菜的一般顺序是：冷盘、热炒、羹、汤、饭面、甜菜、甜点、水果。

如有两桌或两桌以上的宴席，上菜要看主桌，但上菜的数量和时间应大体一致，不可有厚此薄彼之嫌。

一般情况下，上一道新菜就要把旧菜撤下去。但遇到特殊情况，如有的客人还想吃这道菜，或者主人喜欢桌上丰盛些，彼此选择余地多一些，则应将旧菜推向副主位一边，把新上的菜摆在桌中或主宾处。总之，每撤去一道旧菜前都须事先经主人同意。

如果上鸡、鸭、鹅、鱼、全猪、全羊等有头有尾的菜或椭圆形菜盘，那么这种大菜应该将头的一边或椭圆形菜盘纵向的一边朝向正主位，以示尊敬。

如所上菜配有佐料，一定要配齐上，或是先上佐料后上菜。

在宴席上，上鸡、龙虾、水果时，有时送上一小水盂(铜盆、瓷碗或水晶玻璃缸)，水上漂有玫瑰花瓣或柠檬片，供洗手用。

全部菜肴按顺序上齐后，服务人员应告诉主人，然后换上小碗送饭。客人用餐完毕，送上热茶，放在每位就餐者的右手边，随即撤去餐具，只留下茶杯，然后上甜点，最后上水果。

中餐上菜的方式大致有以下三种：

(1)把大盘菜端上，由各人自取。

(2)服务人员托着菜盘逐一往每个人的食盘中分让。

(3)先将菜放在桌上亮相，然后收起来拿到旁边的料理桌上进行分菜，最后按主宾顺序，由主宾起从右往左依次摆放在就餐者面前。

给其他人夹菜的时候，要特别注意用公筷。

作为主办方的话，要特别注意其他人的习惯，有可能对方不胜酒力，或者说这个菜他人并不是很喜欢吃，那么在让菜的时候，应该尽量地为他人着想，尊重他人的习惯。

作为客人在参加宴会时也要注意一些细节礼仪。在主人和主宾致辞、祝酒时，应暂停进餐，停止交谈，注意倾听，也不要借此机会抽烟。主人和主宾讲完话与贵宾席人员碰杯后，往往到其他各桌敬酒，遇此情况应起立举杯。碰杯时，要目视对方致意。

宴会上相互敬酒表示友好，活跃气愤，但切记喝酒过量。喝酒过量容易失言，甚至失态，因此必须控制在本人酒量的三分之一以内。

如在喝汤的时候，声音要尽量小，不要影响他人。取菜时，不要盛得过多。盘中食物吃完后，如不够，可以再取。如由招待员分菜，如果本人不能吃或不爱吃的菜肴，当招待员上菜或主人夹菜时，不要拒绝，可取少量放在盘内，并表示“谢谢，够了。”对不合口味的菜，勿显露出难堪的表情。吃东西要文雅，闭嘴咀嚼，喝汤不要啜，吃东西不要发出声音。如汤、菜太热，可稍待凉后再吃，切勿用嘴吹。嘴内的鱼刺、骨头不要直接外吐，用餐巾掩嘴，用手(吃中餐可用筷子)取出，或轻轻吐在叉上，放在菜盘内。吃剩的菜，用过的餐具牙签，都应放在盘内，勿置桌上。嘴内有食物时，切勿说话。剔牙时，用手或餐巾遮口等。

A western meal 西餐

西餐一般以刀叉为餐具，以面包为主食，多以长形桌为台形。西餐的主要特点是主料突出、形色美观、口味鲜美、营养丰富、供应方便等。西餐进餐顺序是，先冷菜、汤，同时吃面包，主要有鱼、蛋、肉或鸡、蔬菜和色拉，最后是甜点、咖啡和水果。

一、西餐菜肴

1. 黄油、奶油、果酱

这道菜一般在宴会前五分钟摆上。用餐时，先将面包撕成小块，然后用黄油刀把黄油抹在面包上食用。规矩是吃一块抹一块，不能将整块面包都涂上黄油，或是先切好几块面包，分别涂上黄油，然后一块一块吃。

2. 冷盘

西餐中冷盘又叫小吃。食用时得用中刀叉。与冷盘一起上的是烈性酒，就餐者用利口杯饮用。

3. 汤

西餐的规矩是上热菜前先上汤，以刺激胃分泌消化液，为进食热菜做准备。喝汤时上舍利酒，用舍利酒杯饮用。

喝汤时不能发出声响，也不能盛汤过满，使汤滴在汤盘外。

如果汤太热，不能对着盛热汤的汤匙或汤碗猛吹，只可以用汤匙轻轻翻搅加快其冷却速度，然后食用。喝汤必须用汤匙，不能直接拿起汤碗喝。

4. 鱼

吃鱼用鱼刀叉。左手拿叉，右手拿刀。鱼带头尾时，切掉头尾，从腹部切入，沿背脊从头向尾切开，将鱼肉放在碟里食用。

已经进口的骨、刺应吐在叉上，再放入餐盘最边缘。在鱼上餐桌前，厨师或侍应生已将鱼骨和鱼刺处理干净，如果鱼还有刺的话，我们可以用左手拿着面包卷，或一块面包，右手拿着刀子或专门配置的鱼刀把刺拨开。

上鱼时，一般会上白葡萄酒，这得用白酒杯饮用。

5. 副菜

副菜也叫小盘。份量较少，容易消化，用中刀叉。上副菜一般不再跟酒。

6.大菜

大菜又叫主菜，通常为整只熏烤动物，例如烤乳猪、烤全羊、烤火鸡等。因为模样大而完整，比较适合体现宴请的排场，衬托宴会的气氛。吃大菜时要用大刀叉。

上主菜时跟上红葡萄酒，用红酒杯饮用。

7.甜点

吃甜点时用点心勺和中叉。上甜点一般要跟香槟酒，用较大的香槟酒杯饮用。

香槟酒是西式宴会上的主酒，在西餐中有“酒王”之称，味道清凉甘甜，与甜点相同。特别是该酒的气味十足，开瓶时能发出清脆的响声，给宴会增添隆重热烈的气氛。

8.水果

吃梨、苹果时，不要整个拿着咬，要用水果刀，不能直接用手拿水果吃。

应先用水果刀切成四~六瓣，再用刀去皮、核，然后用手拿着吃，削皮时刀口朝内，从外往里削。香蕉先剥皮，用刀切成小块吃。橙子用刀切成块吃，橘子、荔枝、龙眼等则可剥了皮吃。其余如西瓜、菠萝等，通常都去皮切成块，吃时可切成小块用叉取食。

吃葡萄应当用手一颗颗揪着吃。

9.咖啡

上咖啡时另跟牛奶和白糖，这两样东西均用单独器皿盛放，它们可与咖啡放在一起，用咖啡勺搅拌后饮用，咖啡勺是专门用来搅拌咖啡的，饮用时应把它取出来放回小碟内。咖啡杯一般是袖珍型的小杯子。喝咖啡时，用手托住杯底或将碟子一起端起来都是不正确的，要右手拿杯把，左手端小碟。饮用要小口，不要一口饮完。

10.利口酒

这种酒多为蜜酒，是西餐宴会的收尾酒，用利口杯饮用。除了正式的西餐宴会外，还有散桌的西餐，餐具根据菜和主食而相应配备。

用餐完毕，吃完水果，主人和主宾起身离座，互相致谢，宴会即告结束。按规矩，结束是自然发生，无需当众宣布。

宴请结束，送别客人，位置在宴请场所的门口。至于内部清场及其他收尾工作，应事先安排专人负责落实。送别客人要避免出现十分明显的厚此薄彼现象，但对重要客人，仍需特别关照，有始有终。

二、西餐礼仪

主菜都需要用刀切割，一次切一块食用。

面条用叉子卷食。

面包需用手撕下小块放入口内，不可用嘴啃食。

喝汤时不可发出声音。

水果是用叉子取用。

正确使用餐具：左叉固定食物，右刀切割。餐具由外向内取用，每个餐具使用一次。

不要在没有进餐完毕的时候，就把刀和叉向右叠放在一起，握把都向右，这样的话服务员会以为你已经就餐完毕，会把你的饭菜撤下去。

正确持餐刀的方法：右手持刀，拇指抵刀柄一侧，食指按于刀柄上，其余三指弯曲握住刀柄。不用餐刀时，应将其横放在盘子的右上方。

正确持叉子的方法：若叉子不与刀并用时，右手持叉取食，叉齿向上。当用右手持刀时，则用左手持叉；叉刀并用时，左手持叉，右手持刀，叉齿向下叉取肉；肉被割下后，先把刀放下，叉换右手，用叉子叉上肉，送到嘴里。

正确使用汤匙的方法：用右手拇指与食指持汤匙柄，手持汤匙，使其侧起，不要使汤滴在汤盘外面。餐桌上的小匙是用来调饮料的，无论喝什么饮料，用毕应将其从杯中取出，放入托盘。

用餐巾擦拭刀叉是极其不礼貌的行为。

整个进餐过程中刀叉发出声音也是不能容忍的粗俗。

公用叉匙用完应放回原处。

临时离桌，刀叉呈“八”字形置于碟前，表示用餐尚未完毕，还要回来继续用餐，这是一种世界语言，服务员见此就会保持现状。

刀叉并排横斜放在餐盘上，柄向右，表示用餐完毕，服务员就会过来收拾餐具。西式宴请非常准时。因此，应邀赴宴决不能迟到，但也不必到得过早。

到场之后，男女主人照例会在一定地点恭迎。客人只要与主人握手便行，不必过多寒暄。因为来宾接踵而至，如跟主人聊天，不但是不懂礼貌，而且有碍后面接着来到的宾客。

先和女主人后与男主人招呼及握手，这是西方礼貌。

男性有照顾女性的义务。入席时，男性应替身边的女性移开椅子，请她入座，然后自己才能坐下。进餐时，男性也得随时照顾女性。而女性在接受这种礼貌与殷勤时，也要按例当场向男性道谢。

宴会自始至终，客人必须时刻注意女主人的举动，以免失礼。比如说：偶有迟到的客人入座，当她从座位上站起来迎接、招呼时，席上的男宾，也必须陪同站起来。每一道菜上来时，亦要经女主人招呼，才能开始进食。

在入席之前，每位客人的面前，摆着一条白色的西式餐巾，这是为了避免进食时弄污衣服的。在西方的家庭中，日常进餐，多将它塞在领口。但参加宴会时，则大多是放在膝上。较大的餐巾，通常只打开一半，对折摊开用。

弄脏嘴巴时，一定要用餐巾擦拭，避免用自己的手帕。用餐巾反面来擦，而不是弄脏其正面，这是应有的礼貌。手指洗过后也是用餐巾擦的。若餐巾脏得厉害，请侍者重新更换一条。

餐毕离席时，把餐巾拿起，随意地搁于桌上的左边便可以，不必刻意地折叠整齐。

主要的一道菜多半由男主人端上，尤其是需要切分的禽类或烤肉。主人常常要问每一位客人喜欢吃哪个部位肉，客人可直接告知喜欢吃的部位，也可以告诉主人，不在乎什么都行。通常等到每个人面前都有了菜，女主人也拿起自己的叉子来，大家才可以一起进食。如果客人太多，等久了怕菜凉了不好吃，女主人也可以请客人们先吃。

肉类有两种吃法：一是边割边吃，一是先把肉块(如牛排)切好，然后把刀子放在食盘的右侧，单用叉子进食。前者是欧洲的古老习惯，后者是美式的吃法，一般是以前者比较正式。

肉饼、煎蛋、沙拉，都不用刀，只用叉。

吃有骨头的肉时，可以用手拿着吃。若想吃得更优雅，还是用刀较好。用叉子将整片肉固定(可将叉子朝上，用叉子背部压住肉)，再用刀沿骨头插人，把肉切开。最好是边切边吃。

肉盘中如有肉汁，想吃的话，可用面包蘸着吃。吃到连调味汁都不剩，是对厨师的礼貌。注意不要把面包盘子“舔”得很干净，而要用叉子叉住已撕成小片的面包，再蘸一点调味汁来吃，是雅观的做法。

吃面包不能用刀叉，只能用手撕着吃。

炸薯片、炸肉片、芹菜、芦笋等物，也不用刀叉，跟面包一样，我们可以用手拿着吃，但取食时，仅限于用拇指和食指拈取，食后可用摆在面前的小毛巾抹手。

上甜点时大都会附上汤匙和叉子。冰淇淋之类的甜点容易滑动，可用叉子固定并集中，再放到汤匙里吃。大块的水果可以切成小块，再用叉子叉来吃。

谈话时无需将刀叉放下，可以一面说着话，一面拿着叉子。在需要用手做手势时，可以放下刀叉。

如果服务人员依次转到客人跟前上菜，将从左边端上，客人可以很方便地用右手去取菜。如果盘子在右边出现，千万别取，因为那是轮到右边的客人取菜。菜端上来时，最好每样菜都取一点。如果有不喜欢吃的东西，可悄悄地说，“不用，谢谢。”

沙拉只准用叉子吃。吃沙拉时，右手拿叉，叉尖朝上。通常每人面前都有一把吃沙拉的专用叉子，比吃肉的叉子略小一点。如果先上沙拉后上肉，沙拉叉应在肉叉的外侧(肉叉是最大的)。如果先上肉后上沙拉的话，沙拉叉就放在里侧。如果上沙拉的同时又上面包或饼干的话，可以用左手拿一块饼干或面包去帮着把沙拉推上叉子。如果沙拉下面垫着莴苣，莴苣可以随意吃或不吃。如果吃的话，只可以用叉子将莴苣切断。

和中国礼节一样，女主人要一直陪着吃得最慢的客人用餐。客人不要吃得太快，好像狼吞虎咽一般；也不要吃得太慢以致别人等待。

吃完所要吃的东西以后，应该把刀、叉或匙放下来，表现出吃完的样子。刀、叉并排横放在盘子上。汤匙留在汤碗中。如果碗底有碟子托着的话，就放在碗旁碟子上。茶匙放在茶碟上。

客人在进餐过程中离席，或在女主人表示吃饭结束之前离席都是不礼貌的。万不得已要中途离席时，最好在上菜的空挡，向同桌的人打声招呼，把餐巾放在椅子上再走，别打乱了整个吃饭的程序和气氛。吃完饭后，只要将餐巾随意放在餐桌即可，不必特意叠整齐。

当女主人表示宴会已经结束时，就从座位上起立。与此同时，所有的客人也都应随之起立。按照礼节，女客人起立后，男客人应帮助她把椅子归回原处。

餐厅里，客人除吃之外，诸如倒酒、整理餐具、捡起掉在地上的刀叉等事，都应让侍者去做。在国外，进餐时侍者会来问：“How is every thing?”如果没有问题，可用“Good”来表达满意。

Business operation standard

Chapter 9

第九章

商务运作标准

策 划
计 划
实 施
评 估

Plan 策划

商务策划的核心是商务创新，是为企业提供战略策划、生态优化、资源配置、营销创新等商务策划方案，为企业经营创新决策服务。

商务策划是企业间竞争的核心环节和关键所在。商务运作策划是指企业商务人员为实现特定商务目标，调查、研究现有条件及其变化趋势，运用科学方法为决策或计划提供能达到特定目标的行动方案。

策划是商务项目运作之前的周密部署。

策划能让商务项目运行中的时间变得更有效。

一个商务运作项目的策划是一个系统理性活动过程，它必须具有新颖性、独特性、目标性、创造性和可操作的科学性。简单地说就是看问题的角度和做事的程序相结合的一种思维方式。

商务运作策划文案创作与一般的文字创作诸如小说、散文、编剧等有很大的不同，如果以篇幅来区分的话"策划文案就像短跑，注重技巧、速度和天分，再加上苦练"。文案创作是一份费脑而又乐趣颇多的工作。文案的创作要遵循全面细致、操作性强、创意、明了、直白、创新、简洁、实实在在的规律。

好的策划是能有效地在市场中得到执行并创造效益的策划。一个策划方案如果不能在商务运作中执行下去，那么这个策划只不过是一张废纸，更谈不上创造什么效益了。执行看似简单，但却是操作中最难的过程。可行性较强的策划是最适合市场的。因此策划与执行并不是两条无法相交的曲线，而是必须结合在一起的同心圆。

根据调查，没有经过策划就进行运作的商务项目失败率达55%。策划中对项目管理的态度、人员、流程策略及策略的执行是项目运作成败最关键的因素。

策划一个商务运作方案，首先要清楚商务运作的目的，如果只是建立品牌或者资本运作，可能在短时间内对销量和赢利提升效果是看不出来。相比之下，如果是以销售产品为目的的营销运作策划，那么销量和利润就是检验策划成功的标准。它们的策划是完全不一样的。

商务运行策划要注意投入产出的关系。计划运行所需的相关费用，包括人力、公关等费用要有预算。通过各项费用的投入，预计对企业产生怎样的受益和回报，这点比较关键。

策划对商务运行中的阶段实施计划和实施战略要详细和可行，否则，运行计划就变成了要钱计划。

在项目运行过程中，战略是一方面，人员也是一方面。许多员工用很多时间做了事情，却得不到良好的效果，工作积极性就会受到打击。除非有奖金之类的激励政策，否则他们不会主动去做，或者只会敷衍了事。其实，人生来就害怕变革，这实际上是害怕不确定的东西。人们总是害怕他们的位置、工作和事业中的不确定因素。因此在运行策划的方案中要考虑员工的主动性，让员工参与进来负责项目运作的实施计划。

一个成功的项目运作应该有一个有效的工作流程，这样才能保证成功率。在策划项目运行的过程中要对企业中以前与项目有关的工作流程进行检查和优化。如果对这个问题没有正确的认识，在项目运行过程中，原来有问题的工作流程可能会造成更大的损失。因此，即使是最简单的项目运作，也需要对企业的工作流程按照一切以项目运作为中心的经营战略来调整或者优化。

项目成功运作的另一个方面是企业文化的因素。因此，策划项目运行时要把解决“人”的因素放在重要位置。以项目运作为中心不是一句口号，而是一个企业各个部门和员工都认可、遵循的经营战略，围绕这个战略，不同部门就会朝着一个共同的目标努力。如何更好地保证项目的运作：首先，加强知识管理，让每一个人都明确自己的角色与职责。其次，项目运作负责人要扮演好中心角色，对项目运作做出正确的决定并争取最高层领导的支持，必须有足够的沟通与协调能力。

策划部门和策划人员属于企业发展和项目执行的大脑角色，或者说是神经中枢。但目前企业中很多策划人员并非来自市场，对市场的把握方面存在很多问题。有这样一句话：没有了解就没有发言权。但恰恰很多企业依靠这些不了解市场的策划人员去指挥了解市场的千军万马。

策划是一个有个性的纯智力劳动。一个经验丰富的商务策划师不仅要具备踏实、勤奋和端正的工作态度，还要有丰富的商务经验且擅长言谈，善于独立思考且有较强创新意识，熟悉行业的运行机制且洞察行业的发展前景，能够帮助本企业克服转型危机。好的策划方案必须能够洞见企业的优势和劣势，并对其进行最有效率的组合，同时，还必须能够“化腐朽为神奇”，扬长避短是好的策划案共有的性质。好的策划方案又多出自于高智商的人手中，因为这是一个“厚积薄发”的过程，需要创造者长期的学习和积累才能做到。

一、策划程序

思维结构：程序、角度、统一。即“策划思维结构是做事情的程序和看问题角度的统一”。

思维过程：整理、判断、创新。一个思想、方案、知识被“制造出来”。

工作过程：策划、决策、实施。三个步骤过去，一个思路将变成生产力。

一个完整的商务运作策划包括十个步骤：调研、考察、沟通、策划、论证、反馈、答疑、细化、定案、执行。诊断：找准问题的根源；调查：洞悉顾客的芳心；分析：理清思路的头绪；定位：瞄准独特的差异性；营销：初战必捷的关键。

二、策划过程

1. 前期准备阶段期

步骤一，通过了解企业内部和外部的情况，清晰各方面需求、要求与希望，准备相关资料，商定项目运行目标的确定。

步骤二，实地考察客户企业及环境，研究企业提供的资料，分析企业状况，初步拟定项目运行建议书。

步骤三，根据企业期望再做一次准备性调查，并将初步确定的运行建议书向有关部门进行咨询。

步骤四，在企业内就项目运行建议书内容(包括项目目标、框架、主要内容、执行方案、时间计划和初步预算等)进一步商讨，进一步确定项目内容，完成项目运行策划所需基础工作。

2. 调查阶段

步骤一，商务部门主持和开展座谈会、讨论会，介绍情况并听取各方面人员意见和要求，根据需要进行问卷调查和重点访谈。

步骤二，根据项目运行需要调查分析项目运行特点、运行环境、发展前景等情况。

步骤三，提交初步诊断报告。整理分析调查资料，对问题分类。

步骤四，利用先进的分析工具对运行报告草案中存在的问题进行诊断并提供初步改进建议方案框架。

3. 方案设计阶段

步骤一，在对诊断报告和改进建议方案的反馈基础上进一步调查分析，进而设计实施方案，并根据实际情况及时调整。

步骤二，拟定实施计划纲要和实施计划，提交设计方案。

步骤三，向有关部门详细介绍方案内容，回答有关问题，广泛听取修改补充意见。

步骤四，提供特殊要求和可供操作的项目运行管理改善方案。

步骤五，就各种意见与企业负责人进行沟通。

步骤六，针对反馈意见和建议，对方案进行调整和补充，得出最终运行实施方案。

步骤七，提交最终方案。

三、推广活动策划

台湾人很会用词，一个“秀”字，最传神地点出表演的精彩。

推广活动实际上就是一个精心策划的市场促销表演，从这个意义上看，把商务推广称为市场秀真是再贴切不过了。

什么叫商务推广？简单地讲，是指企业为进入市场，占领市场，建立市场优势而采取的商业性营销活动，它通常通过资料、作业报表、各类活动、向市场介绍企业、产品或服务项目。

商务推广活动是企业赖以生存和发展的必要手段，你的产品再好，市场不了解，一切都是白搭。

现代市场有三个特点：供大于求；分工专业，方便快捷周到。

市场推广活动应充分考虑市场的特点、市场导向、消费的关系、消费者的生活及心理习惯。现代市场有的是根据商品特性建立市场譬如香江家具城，有的根据顾客特性建立市场，譬如人才大市场，也有的是依靠观念倡导建立市场，譬如清洗肠胃的昂立一号。根据现代市场的特点建立起的市场，就必须有针对性的开展市场推广活动。

市场推广的基本步骤是个三部曲，有些类似于军事术语，但却十分形象。

第一步，开拓市场，它包括：准备、开进、展开。

第二步，占领市场，它包括：稳固、扩展、形成特点。

第三步，建立优势，它包括：集中、压迫、垄断。

市场推广的具体内容有九个方面：

1. 市场定位

准确的市场定位是市场推广的成败关键。

2. 市场调查

没有调查就如同纸上谈兵，胡扯。

3. 资料分析

很多时候，资料和数据会影响我们的初衷，而服从这种资料和数据能够帮助我们避免犯错。

4. 市场策略

通常采用的有以下几种，边缘策略，短平快策略、攻击策略、声东击西策略、借船出海策略、长线策略等等。

5. 市场渗透

市场推广是营销战略，市场销售是营销战术，市场渗透则是营销方法，水银泻地，无孔不入，它最形象地表明了当市场策略确定后，究竟如何让市场迅速吸收和消化我们的产品。

6. 方案整合

将所有资料和数据围绕一个目标进行有效整合，制定出一个详尽周到的市场推广计划，包括定位、目标、人员、方法、资金、时间、地点等。

在制订方案时，我们可以按照下列顺序写：

项目概述→市场定位→产品特点→推广方法→财务测算→市场策略→推广程序→计划目标→注意事项。

7. 推广程序

这是个诱导过程，也是产品被市场完全接受的四部曲：

第一步，让市场产生兴趣。

第二步，让市场了解产品。

第三步，让市场购买产品。

第四步，让市场离不开产品。

8. 推广技巧

技巧是一种效果出奇的手段，利用传媒、搞各类促销活动、软性广告、制造悬念等都是推广技巧具体方法。

某化妆品公司要推出一种新型的化妆品，怎样引起人们的高度重视？怎样营造一种挡不住的诱惑气氛效果？这家公司的市场部精心搞了一个很有创意也很有意思的市场推广活动，他们在报纸上做了五天的广告。第一天，一个整版，上面只有两个直排的黑点，那是冒号，寓意开始要说些什么，但是什么也没说。下面一行是公司全称，第二天，一个整版，上面只有六个横排的黑点，那是省略号，寓意想说又不知说些什么，欲言又止，尽在不言中。吊起了读者的胃口。下面仍然是一行公司全称。第三天，一个整版，上面只有一个勾，下面一点，那是问号，寓意是说了老半天，结果什么也没说，问到底想说什么，下面依然是一行公司全称。第四天，一个整版，上面赫然一个惊叹号，给你一个提醒，给你一个震惊，寓意大幕即将拉开，精彩就要出现。下面还是一行公司全称。这四天的广告，为这家公司的新生儿登场做足了铺垫和渲染，同时也一而再，再而三地诱惑与吸引读者的强烈好奇心，真可谓：万众瞩目，呼之欲出！然后，第五天的广告，真正的内容。五天恰似一部交响曲，曲折婉转，荡气回肠，最后一路奔腾，冲上高峰！

不是所有的系列推广广告都是这样匠心独具，神来之笔的，我们不是去完全模仿，而是要从这份精彩中感悟推广策划如何成功地制造悬念。

英国道特马丁公司是一家世界著名的皮鞋制造商，他们生产的牛皮靴坚韧而又柔软，即使踩在刀尖上也不会破损，如此质地的皮靴当然成为了著名的英国海军陆战队的唯一野战靴。几年前，该公司计划在中国大陆几个城市举办商务推广活动，为其产品进入中国大陆市场促销。有位专家受邀为这个促销活动进行现场策划和布置，他根据英国海军陆战队专用靴这个内容，大做粗犷和酷的文章，把推广活动现场布置得有声有色，十分精彩！他在百货公司门口停放了两辆军用大卡车和军用吉普，车上载满了荷枪实弹，头戴钢盔，身穿野战服，脚穿道特马丁军用靴，神情紧张严肃的“陆战队士兵”，大门外的树上那个降落伞下吊绑着一个装军用品的木箱，木箱已经破裂，露出几支枪和军用靴，有一只军用靴已掉落在地上，而地上则是布满荆棘和尖竹签的丛林，这只军用靴的靴底就顶在一根尖竹签上，丝毫无损，甚至可以说不留痕迹。整个儿酷毙了！让人在战争氛围中感受道特马丁公司的产品的野战性和安全性，真的是太棒了！我很难想像，青年人会拒绝这种诱惑，因为连我这样传统的人，都会忍不住冲上去抢购一双，满足一个男子汉的阳刚之气！推广活动能够让顾客忘乎所以，奋不顾身，也真的是达到极致了！

9. 定价技巧

定价技巧一直以来是商家精心研究的课题，一定的社会形态和历史阶段会有相应价格指数，反映在具体商品定价上，确实是门学问。

定价时要充分分析消费者的心理，有的是便宜没好货，88元钱一件衣服没人问津，店老板一气之下在前面加了个5，成了588元，结果立马有人抢着买，还谦不贵，这人真是有病！有的是贪图小便宜，93元的货，她偏要只给90元，还丢下一句大方豪气的话，凑个整数！听着倒像她在恩赐你什么东西。也有的图个感觉，买东西非挑带尾数的，100元总不如98元来得实在。甚至还有的玩数字游戏，老是琢磨和计较带尾数的价格，或者质疑整数的价格。所以揣摩各类人的心态，采用巧妙合理的定价技巧，也会有效地促进推广。总之，满足人的心理需求，这是定价技巧的关键。因为人活着，其实就是为了感觉。感觉贵了，感觉便宜了，根本没有标准尺度。只要感觉好，贵贱反而不是问题。

市场推广活动充满着极大的变数，任何事先精心的策划和周到详尽的准备，都完全可能在实际操作过程中发生差错，因此，因势利导，在过程中不断检查和修正，随机应变，及时决断，始终都是不能忽视的制胜关键。

四、公关活动策划

新闻发布会是企业由专人用口头形式辅助于文稿向媒体报告或发布企业信息的专门性会议，也是企业最重要的公关活动之一。

和社会保持良好的信息沟通有助于企业的生存与发展，媒体在其中的作用举足轻重。

但是，“水能载舟亦能覆舟”，媒体作为一种利益集团，有其价值观和利益原则，说到底，企业和媒体是一种互相依存互相利用的关系，利益的重要性决定着媒体对企业的态度，利益原则影响着媒体与企业的关系，我们对此必须有十分深刻的认识，必须充分掌握这个分寸，因为过分重视这个原则会使我们行为十分庸俗，不够重视这个原则也会使我们在和媒体打交道时处于被动。

我们无法回避这种微妙而又敏感的事实，因为在很多情况下和媒体打交道是企业公关人员和商务人员的基本工作。

召开发布会前，和有关人员商议并确定会议的主题，会议所要达到的目的，会议的时间和地点，会议的发言人和主持人，会议的邀请范围，新闻稿的内容，会议的接待和招待，会议的费用预算，会议资料的准备，会议要求的效果，会议结果的跟踪和督促，新闻稿发布之后的信息反馈和整理等。

新闻发布会过程中，做好接待工作，巧妙周旋在各家媒体之间，使方方面面都照顾周到，体贴入微；做好主持工作，把握会议的主题，营造会议的气氛，控制会议的进程，保证会议的顺利进行。通过新闻发布会，建立与发展企业与媒体的良好关系。

值得注意的是，新闻发布会的策划必须有料，也就是说必须提供有新闻价值的东西，才会获得媒体的重视，如果价值一般，我们就必须寻找更有潜质的切入点去做文章。媒体就是这样，当我们提供的信息或线索本身具有很高的含金量时，他们就会积极主动地参与而无需我们再去煞费苦心甚至破费，因为重要的新闻价值也是他们赖以安身立命的资源。明白这个道理，我们就可以借机发挥，用最小的投入获得最大的影响，使企业和媒体得到双赢的效果，这也正是不少企业经常制造新闻吸引社会关注从而产生品牌效应的经验。

新闻发布会结束后，应确认媒体的落实情况，保持与各媒体的经常性联系，对个别确有困难无法发消息的媒体应表示理解，了解其原因，体谅其难处。千万不要用势利之心去计较对方的失信。俗话说，天下没有免费的午餐。适当的激励和合理的奖赏是必要的，既使我们企业发布的信息具有很高的新闻价值，我们也别忘了重赏之下必有勇夫的道理。

当然，郑重其事地拜托对方和物质刺激同样有效，我们应该充分利用古训对人的心理产生的道德影响，所谓受人之托，忠人之事。重要的是为对方着想，才能使对方心甘情愿地帮助我们。

在一定的时间段内，对新闻发布会的社会效应和市场反映作一次评估。评估可以采用媒体发布消息的资料收集和市场调查相结合的方法，力求准确，这个评估可以帮助我们获得正确的结论，为今后的决策作依据。评估的好处就是避免让企业的钱和我们商务人员的精力打水漂。

媒体见多识广，而且比较敏感，我们在策划、组织、安排、主持新闻发布会时，应特别地善解人意，以便通过最良好的形象，给媒体留下好口碑，这一点对我们来说尤为重要。

Plan 计划

商务计划，是企业筹集资金、项目战略规划与实施等一切商务活动的蓝图与指南，也是企业实施商务计划的行动纲领和执行方案，其目的是企业的商务实施者向企业提供一份商务项目介绍，向他们展现该商务项目的潜力和价值，并说服他们对项目进行投入资金和人力。

商务计划是公司、企业或项目部门为了达到项目实施成功和其他发展目标的目的，在经过前期对项目科学地调研、分析、搜集与整理有关资料的基础上，整理的一个向读者全面展示计划项目目前状况、未来发展潜力的材料。商务计划考虑问题要全面，简明扼要、更注重操作性、更强调经济效益。

商务计划所涵盖的内容十分广泛和全面，针对项目运行中出现的不同的问题，从不同的角度进行阐述。作为企业，制定商务计划可以增强自己对项目现状及未来前景的了解，商务计划本身所具有的重要性已经得到证明。只要能够正确的理解和实施，商务计划完全可以作为一个企业商务项目管理和实施的关键性文件。它能详尽的描述项目概况、项目环境、奋斗目标和需要取得的资源。商务计划同时也系统地划分和评估了可替代的方案，讨论潜在的缺陷或目标之间的冲突。由于有一个清晰的财务分析，商务计划在处理过快或过慢增长的时候是一个无价的工具。由于目标明确，对项目高效性和有效性运作都有巨大的贡献。总之，商务计划不但在项目策划之初扮演着重要角色，而且在实际运作中仍然继续发挥着作为管理工具的作用。

商务计划的好坏，往往决定了商务项目运作的成功和失败。对于企业来说，商务计划的作用尤为重要，一个酝酿中的项目，往往很模糊，通过制订商务计划，把正反理由都书写下来，然后再逐条推敲，这样就能对这一个商务项目有更清晰的认识。

商务计划的重要性不言而喻。在现代企业商务运作中没有商业计划几乎是不可能成功的，同样没有一个正规、完整的商业计划那也是希望渺茫。一个很简单的原因就是：所有人首先面对的是您的计划而不是您的项目。

商务计划如果作为一个商务项目运作不仅能帮助企业赚钱，还能通过制作商务计划的过程，对企业的各个方面以及整个企业的经营运行情况进行全方位和深入系统的思考。没有计划的商务运作，其成功的机会较少，失败的机会较多；而制作了计划并不断致力于修改其计划的商务运作，其成功的机会较大。

一个完整的商务计划至少由总论或说明、项目分析、战略计划与实施细则、管理方案、财务方案、前景预测等组成。

在制定好计划之后，计划制定者最好再仔细的检查一遍，

首先，看一下计划中是否显示出你具有管理商务项目运作的经验。

其次，你的项目计划是否显示了进行这个项目对企业的必要性。

第三，计划是否显示了你已进行了项目实施过程的分析。比如用图表来显示每项工作的开始时间、结束时间、所需天数，以及每项工作所处的位置、人员安排、进度计划等，整个项目进程一目了然。

第四，计划是否能被参与计划的所有人理解和领会。

一、计划性质

商务计划是为了筹措资金而制定的说服投资者向企业投资的介绍资料。我们平常所说的经营计划是指企业按照方针和经营战略制定的一整套明确的行动方案，而商务计划则是一种大框架和总体思路，它所要把握的是企业经营的原则和方向。

商务计划分为策略性企划和一般性企划两类。

策略性企划。属于长期的战略性企划工作，包括企业长期发展计划，投资可行性企划，管理制度企划、企业形象、企业文化的建立等等。

一般性企划。属于短期的战术性企划工作，包括年度经营企划、营销企划、新产品开发企划、公共关系企划、广告企划、促销企划、员工训练企划等等。商务运作计划就是这种计划。

二、计划特点

商务企划本身是一个不断探索解决问题的条件、方法和途径的过程。在制定企划时，首先需要确定企划的现实依据，确定企划的理由。其次，在现实问题中分析和发现可能的行动与方案，最后在各种可行的方案中选择一个特定的行动方案。

商务企划就是一套完整的管理系统，它与经营计划、点子、策划等相比，具有开放性和容纳性的特点。它是企业运作的系统规则。

商务企划能力是商务人员必备的能力。在日常的企业运作中，每一件事的计划、实施、评估其实都是简单的商业企划过程。商务人员要有意识地在每一件具体业务上培养自己的商务企划能力，为自己今后参与运营大规模的商务企划案打下良好坚实的基础。

商务计划可以帮助降低成本，达到预期要求，有效的利用资源。

每个商务项目都有自己最终的目标、内容和实施过程。

每一项商务计划都有自己的约束条件，计划只有满足约束条件才能获得成功，因而约束条件是项目目标完成的前提。一般情况下，商务计划的约束条件为限定的质量、限定的时间和限定的费用。

每一个计划的实施过程都有自己的生命周期，任何计划都有其产生时间、发展时间和结束时间。在不同的阶段中都有特定的任务、程序和工作内容。

三、计划作用

制作商务计划可以理清思路，使我们能借此全面周详地思考所从事的项目。通常，我们在酝酿一个项目时，自我感觉往往非常美妙，会有一种抑制不住的冲动，这时，我们应该把这个想法以商业计划书的形式写出来，然后以旁观者甚至投资者的眼光审视和推敲，看看项目是否切实可行，是否具有诱人的商业前景。只有通过商务计划书，我们才能对项目有比较清晰的认识。

一份无懈可击的商务发展计划也可以帮助企业获得合适的合作

者，当我们需要寻找投资者时，我们只有通过商务发展计划来表明自己的目的，因此我们要尽量清楚地说明，这个项目有什么样的价值？风险有多大？需要多少资金？什么时候会有回报？回报期多长？

商务计划不仅能帮助企业寻找投资者，而且也能帮助企业与关键的关系方诸如供应商、经销商进行沟通，使他们明白我们的经营目标和范围以及做法，取得他们的理解、认同和支持，当他们成为我们企业生意链上十分重要的一环，尤其是在资金的支付和结算上的支持时，便完全可以为我们企业营造出更为可观的发展空间。

商务计划它能帮助企业商务实施者对商务运行中的各个方面有更好的理解并进行指导；它能帮助您弄清正在进行实施项目的和目标是什么，并可帮助您分析各方面的情况；它还可以作为一个工具，用于对运行项目的实际情况和计划实施情况进行比较，并帮助你理解和明确它们之间的任何偏差，并可在需要的时候采取补救措施，它还可以向上级汇报提供资料。

商务计划为参与项目实施的管理者、员工以及整个工作制定行动计划，确保计划及时按期算完成。

另外，商务计划还可以为项目运作确定比较具体的方向、范围和重点，使企业全体员工都明白企业近期和远期发展策略工作的发展的方向，从而能上下一心，协调配合，共创共享。

四、计划范围

商务计划的范围就是围绕一个好的有价值的商业机会，对影响其实现的前提条件提出合理、充分的分析和说明。

制定商务计划时要注意突出重点，因为制定与编写计划的主要目的是为了寻求合作者和投资者，限于篇幅，不可能面面俱到；为达目的，也不能过于简单。唯一直接有效的，就是对关键性问题给出明确可靠的解释与说明，我们要让投资者第一时间给予高度兴趣和关注，让他过目不忘，让他印象深刻，只有集中表述重点。

Put 实施　一个项目要成功，只有好的计划与好的团队是不够的，还需要有好的实施策略。即好的营销策略、管理策略与模式、完善的财务制度以及科学的组织机构。

评估相应的市场推广策略、发展战略、管理结构、策略与模式以及财务规划制定的合理性、灵活性等。有许多项目，虽然在人才方面没有特别突出的地方，但是他们聘请顶尖的顾问公司制定了管理策略、营销策略等方案，毫无疑问，在实施策略上，这样的项目具有了优势。

对于一个完整的商务运作，制定计划只是完成了我们任务的5%，剩余的95%在于计划的实施。专家说："再好的理念，如果不去实施，也只是空谈。只有当适当的人在适当的时间开始关注适当的细节的时候，一个组织才能真正落实一项计划"。这说明商务运作实施在整个商务运作系统中的重要性。任何一个完整的商务运作程序都是由以下四个步骤完成：

步骤一：启动（市场调查判断开发价值）

步骤二：计划（计划越周详效率越高）

步骤三：执行（执行与控制如影随形）

步骤四：收尾（善后工作重视细节）

怎样将一个很复杂商务运作进行得井然有序，能按时、保质、尽可能减少成本、减低风险、高效率地运行，最简单的方法就是将它作为一个"商务计划"，运用商务计划管理的理论去阐释。商务计划管理的秘密重在商务计划管理理论的实施和运用而不在考证。

一、方案

商务经理要保障一个商务计划的成功实施必须关注三个标准，简单地说，一是准时；二是预算控制在既定的范围内；三是计划实施的质量得到本企业和用户们的赞许。

商务经理必须保证商务小组的每一位成员都能对照上面三个标准来进行工作。就商务计划管理而言，很多专家和实践人员都同意这样一个观点：任何事都应当先规划方案再执行。需要商务经理投入的最重要的一件事就是规划方案。只有详细而系统的由商务小组成员参与的规划方案才是商务计划成功的唯一基础。一个优秀的计划实施方案，最忌讳生搬硬套，难以切合实际，或是战略过于"理论化"，战术过于"理想化"，这种实施方案没有极其详尽和具有说服力的论证。一个成熟的计划实施方案是充分发挥团队的作用，利用大家的智慧先确定思路上的原则性的东西，它包括：计划目的、计划内容、计划实施的阶段和计划应注意的问题。

二、信息

一般的商务计划实施有这样几个特点：第一必须在一定的时间范围内完成；第二受到人力、财力和物力等资源的限制；第三，它需要具体实施计划的商务人员按照一定的计划进行有效的合作。要达到以上三方面的融洽、和谐，商务信息必须在整个计划中畅通无阻，信息是商务计划实施的关键。

商务计划实施中信息的数据处理和业务逻辑涉及到企业中各个层次、部门、人员和活动，因此，对计划实施过程中的信息进行有效的管理，并不是一件容易的事情。不少企业就是因为不懂得如何对信息进行有效管理和控制，结果在计划实施过程中被动地应付各种事件，造成计划拖延、资金超过预算等问题的发生。

商务主管肩负着企业信息化成败的重任。商务主管可以用管理软件包，来帮助我们很好地控制信息化工程中的各种相关活动。用PERT图等手段，可以将相关的活动首尾之间的衔接关系以及哪些活动是"关键活动"等清晰地表示在屏幕上。商务管理软件包可以帮助我们提高商务管理的效率，但实际上信息还牵涉到许多复杂的因素。对于商务主管来说，保证在预定的时间内完成商务计划是一个基本的目标。但同时还必须考虑到商务计划中的其他目标，而且这些目标往往是相互制约的。因此，商务计划主管通常应考虑影响商务计划进展的多种因素。在商务计划实施中信息应当以人为本，而不能用想像的计划来硬套实际。信息化中的商务计划实施并不是僵硬的照计划行事，而是一场有计划的变革过程。

三、组织架构

企业商务计划活动运作都必须以组织架构的调整为基础，如果企业的组织结构已不能完全支持，就会开始制约企业商务计划的实施。成功企业组织架构的调整需要综合考虑多个方面，以确保商务计划的成功进行。确立组织架构的战略方向，是组织架构调整的基石。健全组织功能，以功能部门管理为主，深入运行渠道管理。

以实施商务计划为导向的组织结构比较灵活，对计划需求反应更快，衡量成功的标准是关注客户的满意度，公司根据服务和客户满意度衡量他们的成功，同时也考虑公司的财务状况。企业意识到让商务公关部门参与市场与生产计划讨论的必要性，一些公司开始建立全功能的商务公关部门。

一些缺乏强有力的、统一管理功能的组织架构，无法承担全局性的商务计划实施方案的制定、调整和日常管理；无法整体的运作协调、监控；无法决策策略的制定；无法明确地调整计划决策流。

四、相应的决策授权

商务计划管理与商务组织人力资源关系密切，商务组成员的构成、责任心、能力和稳定性对信息化商务的质量以及是否成功有决定性的影响。商务主管应有效地使用人力资源，明确主要开发人员的职责和任务，提前做好有关人员力量的搭配，尽量使各个工程阶段中人员的变动不要太大。

商务经理应当获得商务小组最佳人选是指受过相应的技能培训，有经验，素质高。对于商务计划来说，获得最佳人选往往能弥补时间、经费或其他方面的不足。商务计划经理应当为这些最佳的商务计划成员创造良好的工作环境，如帮助他们免受外部干扰，帮助他们获得必要的工具和条件以发挥他们的才能。在商务运作中商务经理更应该宽以待己，严于律人，自己做好表率等。

五、沟通

所有商务计划实施目标和商务计划活动必须生动形象地得以交流和沟通。商务经理和商务小组在商务计划开始实施时就应当形象化地描述商务计划的最终目标，以确保与商务计划有关的每一个人都能记住。商务计划成本的各个细节都应当清楚、明确、毫不含糊，并确保每个人对此都达成了一致的意见。

商务经理必须以自己的实际行动向商务小组成员传递一种紧迫感。由于商务计划在时间、资源和经费上是有限的，商务计划最终必须完成。但商务小组成员大多有自己的爱好，商务经理应让商务小组成员始终关注商务计划的目标和截止期限。例如，可以定期检查，可以召开例会，可以制作一些提醒的标志置于商务计划的场所。

商务计划实施经常涉及到与多个部门的合作，所以沟通手段的应用除了在商务小组内部成员之间外，也存于企业中的部门与部门之间。在合作过程中，各方一定要将各自的工作范围和责任范围书面化，并不断进行信息交换和阶段性成果的确认。进度管理在实际的商务计划推进中往往有各种各样的变动，完全按照计划日程推进是不现实的。当商务计划的进度计划需要调整时，调整的重点应放在对近期内即将发生的活动加强控制，或者对工期估计最长或预算估计最大的活动进行调整。在商务计划推进过程中一旦有关问题发生时，要从容冷静地沟通协商处理解决。对于一些缺乏交流和协调的部门，部门主管应直接负责任，这也是企业商务计划实施效率低、造成不必要的运营成本浪费的主要原因。

六、流程

商务计划实施的最终目标是为企业创造利润；而合理流程可以降

低商务运行成本，提高工作效率，最终转化为企业利润，因此二者在最终目标上是一致的，商务经理对商务运行流程的合理性，除了时刻保持监督的态度，还要有订制有效流程的能力。

一个合理、有效的商务运作流程具有针对性和可行性的特点。许多企业在实施计划时，没有自己的实施流程，照搬其他企业的或是把西方的所谓先进管理制度全盘照搬，生搬硬套，结果导致了水土不服。这种流程对商务实施是一种负担。什么是最好的？适合自己的才是最好的。针对性和可行性是制定制度时必须要考虑的两个原则。

合理、有效果的计划实施流程具有操作简单的特点。有些流程过于繁琐，不合理，不能迅速地提供资源使其先进的技术快速转化为现实生产力，从而极大地阻碍了商务计划的战略执行，最终导致了计划失败。有研究显示，处理一个文件只需要7分钟，但耽搁在中间环节的时间却能多达4天。有时一件事需要各个部门进行审批，导致具体执行人员失去耐心而影响了执行的最终效果。缩短非必要部门的中间审批环节，提高作业效率，进行科学的流程再造是制度得以有效贯彻商务实施的必要措施。

想要制定科学的商务实施流程，必须对商务计划目标进行透彻的分析。研究表明，如果按照计划目标需求来设计商务计划的流程，则该商务计划多半会成功。所以，商务计划经理应当坚持这样一个原则，即在组织机构启动商务计划之前，就应当为该商务计划流程在目标需求中找到充分的依据。

实施流程的步子不能太大，一步步地前进才有效果。商务经理需要在整个阶段理顺思想，保持耐心和毅力，还需要善于协调，理论联系实际，逐步接近改进目标。

流程的实施，需要掌握正确的理论，还需要设计流程的人员具备灵活性，多思考如何才能达到流程优化的效果。而这往往不是那些对流程理论烂熟于胸的专家能想出的，却是善于学习新理论，善于在实践中调整自己的商务经理所长。

流程制订技巧是永无止境的，商务计划实施管理也不例外。除了传统教科书中所讲的商务计划实施管理法则，还需要商务经理与时俱进，不断学习、尝试创新，才能在不进则退的竞争环境中保持领先。

七、职责

职责规范与管理对各环节参与计划实施的人员是十分重要的。职责规定不明确，缺乏对物流、成本、计划执行质量的考核，未将各种指标有效地落实到组织的各个层面，会严重影响商务计划实施过程。

商务经理责权应当对等。商务经理应当对商务计划的结果负责，这一点并不过分。但与此相对应，商务经理也应被授予足够的权利以承担相应的责任。在某些时候，权利显得特别重要，如获取或协调资源，要求得到有关的部门的配合，做相应的对商务计划成功有价值的决策等等。

企业的主要领导和其他部门不能被动地坐享其成。也应有相应的责任——主动地介入商务计划实施的各个阶段。例如，在商务计划早期要帮助确定商务计划目标；在商务计划实施中，要对完成的阶段性目标进行评估，以确保商务计划能顺利进行。企业主要领导应帮助商务经理去解决与协调一些计划实施过程中出现的问题。

财务作为共享职能部门，应为商务部门提供专业的财务支持，参与各项商务实施活动，从财务角度提供支持。人力资源部门的职能主要是激发参与商务计划实施员工的主动性、培养员工的商务能力，保障商务计划的成功实施。

企业的其他各职能部门要根据计划实施过程和运行情况，对计划所确定任务的落实情况要定期进行检查，及时调整工作方式、运作模式，在计划的实施过程中实现团队的目标。

八、执行力

执行力就是将商务计划采取一定有效方法将其变为现实的成果。在商务运行当中，如果企业的执行力不好，再伟大的理念也无济于事，再多的学习也无法带来实际的价值，再诱人的计划最终会落得胎死腹中。而且，组织还会向着更糟糕的方向发展，因为失败会吸干组织中每个人的能量，而不断的失败则会毁了整个组织。

商务计划不能成功实施的诸多原因中，执行力不好也是其中一条。执行力不好的原因有多方面的，以下几个方面是在企业商务计划实施过程中最经常见的，也是企业要解决执行力问题必须首先要解决的问题。

监督力度不够。监督应该作为一种制度，作为一种习惯，很自然的融入日常工作中去，企业领导也应将此项工作常抓不懈。对商务决策的执行方案要始终如一地坚持，忌虎头蛇尾。所有的工作有布置有检查，检查工作时忌前紧后松。

执行力不佳的第二个原因就是管理者出台的实施方案不严谨，没有经过认真的论证就仓促出台，经常性的朝令夕改，让员工无所适从，最后导致了真有好的方案出台时也得不到有效的执行。

公司的企业文化没有形成凝聚力也是执行力不好的一个方面。公司的企业文化没能有效地取得大家的认同。企业文化的作用是力图通过影响实施者的意识进而改变他的心态，最终让实施者自觉改变行为的一种做法。员工对企业的未来不能充满信心，工作不热情，整个团队没有凝聚力和战斗力，不要说做商务计划不能成功，企业中的任何事都不会做成功的。

Take the gauge of 评估

评估作为企业商务运作管理工作当中的一个环节，不仅在宏观上着眼于企业的发展战略，而且在技术、产品的最新研究成果和把握技术、产品的发展方向上，对项目选择、决策和项目实施起着非常重要的作用。

评估作为一种商务运作标准，本身具有一定的特殊要求。商务运作评估就是评估人员根据企业商务运作的目的，组织评估专家或学者遵循一定的原则、程序和标准，运用科学、可行的方法，对企业的商务运作政策，商务运作计划，商务运作项目，商务运作结果，商务运作部门、商务运作人员的商务行为进行专业的咨询和评判的智力服务活动。并通过评估结果，对运行方案提出意见和改良措施。评估可以帮助商务运行者解决问题，减少成本，然后获得最大的受益。

在企业中商务运作事实上就是项目运作。项目的概念是指在规定的时间预算范围内，按照一定的质量要求实现预定目标的一项一次性任务。项目要花费一定财力、物力、人力，以取得预期收益的一系列活动，它具有独特的时间和独特的空间，商务项目是由一个一个的活动、工作、任务组成，它是一个便于计划、筹资和实施的单位。

在企业中，任何一个商务运作都存在着投资、收益、承担风险原则。企业作为一个自我约束、自主经营、自我发展、自负盈亏的经济实体，在企业内部加强内部约束，完善法人治理结构，深化企业内部管理体制和机制的改革，更好地贯彻项目决策、实施的科学化、民主化和先评估后决策的管理程序；合理的配置资源，在激烈的市场竞争中求生存、求发展；完善项目决策系统和项目决策支持系统，进一步做好商务项目的选择、运作和评估工作；进一步提高评估人员素质、能力和水平，为项目决策提供“客观、公正、科学、可靠”的依据。

评估作为一项咨询智力活动，将会进一步发展、壮大，它在投资决策的科学化、民主化，以及投资管理的现代化方面将发挥更大的作用。现代科学技术和现代化管理，是提高经济效益的决定性因素。在促进项目和投资决策的科学化、民主化，以及投资管理的现代化的道路上任重而道远。

商务评估工作必须遵守独立、客观、公正和科学的原则，保证评估活动依据客观事实做出科学的判断。

一个综合的商务运作评估体系应至少包括四个部分：

(1)商务项目运作的本身；

(2)商务项目对公司变革程度；

(3)短期战略目标；

(4)长期战略目标。

能否从这四个方面对商务运作实施做出综合评估，是考验一家企业的商务评估体系是否完善的最好标准。通过商务运作系统的评估，你可以了解到企业是否最大限度地发挥了已上线的商务运作系统，以及运作系统对企业长、短期战略目标的影响程度。

商务评估的管理过程，一般可分为事先评估、事中评估、事后评估和跟踪评估四类。

(1)事先评估是在商务运作活动实施前对实施该项活动的必要性和可行性所进行的评估。

(2)事中评估是在商务运作活动实施过程中对该活动是否按照预定的目标、计划执行，并对未来的发展态势所进行的评估。评估的目的在于发现问题，调整或修正目标与策略。

(3)事后评估是在商务运作活动完成后对运作活动的目标实现情况以及活动的水平、效果和影响所进行的评估。

(4)跟踪评估是在商务运作活动完成一段时间后的后效评估，重点评估活动的整体效果，以及政策执行、目标制定、计划管理等综合影响和经验，从而为后期活动决策提供参考。

一、评估的基本原则

为了保证评估工作的质量，在对项目开展评估时，评估人员应严格遵守以下原则：科学性原则、客观性原则、公正性原则、面向需求的原则、投入与产出相匹配的原则、资金时间价值原则。

一个独立的评估要摆脱某些干预和局限性。

评估要从大局出发，因而更能保证宏观与微观、全局和局部利益的统一，这样也就更能避免商务运作失误。

评估是商务运作决策科学化、程序化和公正性的有力保证。

商务运作方案的选择要尽可能适应企业发展趋势，尽可能采用先进的管理模式。但是，当管理模式和成本发生矛盾时，最终判别标准是运作方案能否为企业带来经济效益和社会效益，是否有利于企业的可持续发展。

二、评估程序

商务评估有它的既定程序、评价方法和决策原则，还有一套比较完整的评估理论。对项目采取精心筛选、认真评估、加强核算、严密监督的管理方法是保证商务运作决策科学化、程序化和公正性的前提。这对控制商务运作规模，调整商务运作方向，改善商务运作结构，提高商务运作效益有着其他商务管理方法不能替代的作用。

项目评估的程序，一般采取以下步骤：

(1)准备。

(2)确定评估项目。

(3)组织成立评估小组，落实评估人员。

(4)评估需求分析和制定评估工作计划。

(5)制定评估方案。

(6)组织评估人员进行调查、收集有关文件和资料及有关的技术经济基础参数。

(7)请项目主管单位提供必要的情况和数据。

(8)综合分析信息。

(9)按照评估内容和要求进行经济技术评估，写出评估报告。

(10)由布置下达的评估项目、评估报告的部门评审并提出评估意见，送领导审查。

(11)报告归档。

(12)审查后的项目评估报告，应报送商务运作部门作为商务决策的依据。主要参考依据，作为商务部门工作成绩的考核依据。

三、前评估

在商务运作过程中，失去客户是最大的失误，这是人们不争的共识。运作方法的科学性对运作结果的科学性影响是决定性的。那么运作方法是正确的还是错误的，通过项目运作前的评估，在一定程度上可以避免商务运作的失败。

项目运行前期对项目进行可行性研究再进行评价、决策，这种先研究后决策的方法被实践证明是科学的。

商务运作前评估就是在商务运作决策(执行)前对商务项目的可行性研究报告进行评价。目的是确定商务项目是否可以运作，并站在项目的起点，应用技术经济分析的方法来分析预测和评价项目未来的效益，以确定项目的运作是否值得操作与可行。

商务运作前评估可以优化商务运作方案，完善项目可行性研究；可以实事求是地校核运作资金，并落实资金筹措办法和渠道；可以促进商务运作决策科学化、避免浪费和多做无用功；还有利于项目运行时的宏观调控，落实规划；更有助于统一认识，协调行动，为项目实施创造条件。

可行性研究和项目评估都是为投资的项目决策服务的。项目评估工作可以在可行性研究的同时就进行调查研究(项目跟踪)，在拿到可行性研究报告后，提出评估意见。

项目运作前评估重要判别标准是商务操作者要求获得的效益率。

商务运作前评估是商务项目决策的前奏和决策的依据，是实施程序和决策程序必要的组成部分。

事前评估是决定运作是否开始、进行规划研究时进行的评估。由于没有系统的事物，一般只能采用预测和仿真的方法来进行评估。

制约一个商务运作成功与失败的主要因素是资源、市场、操作方案和经济性。

费用效益分析法主要是比较为商务运作所支出的企业费用和运作对企业所提供的效益，评估这个商务项目运作成功之后对企业的贡献。最重要的原则是商务项目成功之后的总收入必须超过总费用。对于一些没有直接经济效益的商务运作，可以通过它对企业的利益影响来判断。程序如下：

(1)商务运作背景与可行性；

(2)运作的可行性评估；

(3)运用策略及竞争对手情况；

(4)运行项目承担部门或合作者评估；

(5)运作项目的经济效益分析；

(6)风险评估；

(7)资源投入和撤出途径的预测和方案设计；

(8)评估结论和项目运行建议。

四、后评估

项目后评价主要是指对已经完成商务运作的项目(或规划)的目的、执行过程、效益、作用和影响进行系统、客观的分析；通过项目活动实践的检查总结，确定项目预期的目标是否达到，项目的主要效益指标是否实现，通过全面、科学、综合的对比、分析、评价，达到肯定成绩、总结经验、吸取教训、提出建议、改进工作、不断提高项目决策水平和商务运作效果的目的。

商务运作实施结束后，是否就意味着项目成功了呢？大多数公司都是以项目是否如期完成，预算是否得以有效控制等标准来评估一个商务项目运作是否成功。而运作失败或成功对业务运作能力的影响程度，原定商务战略目标是否达到等，则不在评估标准内。

商务运作后评估可以总结商务运作管理的经验教训，提高管理水平；可以提高商务项目决策的科学化水平；可以为企业制定商务项目计划、政策和操作技术经济参数提供重要依据，对企业商务运作的管理工作起着强化和完善作用；可以为企业财务部门及时提供资金预算依据；对商务运作项目本身监督和改进有着重要意义，它可以促使项目实施状态的正常化。

商务运作后评估是增强商务活动工作者责任心的重要手段，是为项目决策服务的，即通过后评估建议的反馈，完善和调整相关方针和管理程序，提高决策者的能力和水平，进而达到提高和改善项目效益的目的。总之，后评价要从商务运作项目实践中吸取经验教训，再运用到未来的开发实践中去。

商务运作后评估是在商务项目运作结束之后，总结项目的准备、实施和完成，并通过预测对项目的未来进行新的分析评价，其目的是为了总结经验教训，为改进决策和管理服务。所以后评估是站在项目结束的时点上，一方面检查总结项目实施过程，找出问题，分析原因；另一方面，要以后评估时点为基点，预测项目未来的发展。而后评估的标准侧重点是前评估的结论，主要采用对比的方法，这就是后评估与前评估的主要区别。

项目后评估和项目决策前的评估具有不同的意义。反馈经验教训是后评估的主要特点。其作用是：检验商务运作效果，改进商务运作管理、总结经验教训，完善项目评估与决策，为未来同类商务运作提供借鉴，提高商务运作的效益。目的是在今后把失误减少到最低程度。其程序包括：

(1)目标评估；

(2)执行情况评估；

(3)成本受益评估；

(4)影响评估；

(5)持续性评估；

(6)后评估的主要方法与主要评估的指标；

(7)项目前期和实施阶段的后评估及其主要评估指标；

(8)实际项目操作周期变化率；

(9)项目完成定额时间评估；

(10)实际成本变化率，实际阶段完成率；

(12)实际费用总额变化率；

(13)项目运作阶段的后评估及其主要评估指标；

(14)实际收益；

(15)间接受益；

(16)持续收益。

五、评估的管理工作

评估工作和一般的投资咨询工作管理程序大体上分为五个阶段：确定项目、调查研究、提出方案、提交评估报告、帮助指导实施。

评估工作是一个过程。既然是一个过程，必然就有一个合理的工作周期。就一般情况而言，完成一个大型项目可行性研究需要数十人工作大约一年，一个中小型项目大约需要三到六个月，而一个需要参与跟踪评估的项目需要多长时间就可想而知了。对于一个没有参与跟踪而是临时拿到可研报告的中小型评估项目，如果可研报告符合可研报告编制规定和要求，报告质量比较好，根据以往经验，评估后由于商务运作过程总会有所变化，从而引起实施方案的变化，调整和重新测算经济效益是不可避免的，因此，考虑从调查研究开始到提出评估报告大约需要一至一个半个月甚至更长时间。之所以不好确定确切的评估周期，主要是因为不取决于评估人员，而是与操作此项工作的部门修改、补充、完善所需时间安排及配合的好坏有关。

1. 评估的人员

拥有合格的、高素质人员，是成功地进行商务运作项目评估的关键。基本要求为熟悉评估的基本业务，掌握商务运作评估的基本原理、方法和技巧；具备大学本科以上学历，具有一定的商务专业知识；熟悉相关经济、商务方面的法律或企业本身发展战略与发展态势；掌握财会、经济、商务管理等相关知识；具有较丰富的商务运作工作实践经验和较强的分析与综合判断能力。

根据具体情况，企业商务运作评估工作可以有几种不同做法。一种依靠外聘专家完成；另一种是主要依靠企业内部评估人员完成评估工作；再一种是前两种方法的结合。

对于主要依靠内部评估人员完成评估工作的情况，主要负责人要有相应的任职资格，以保证评估质量。

对主要依靠外聘专家或内外专家两者结合完成评估工作的情况，负责人一定要有较强的组织领导能力和较高的专业商务运作水平。评估过程中要注意搞好内外专业人员和专家的协调工作，发挥各自的特长，提高评估工作的效率和质量。

2. 评估报告

项目评估报告内容重在“比选”“评估”。编制项目评估报告书没有固定的内容和格式，编制人员要根据项目的具体情况和要求灵活掌握，但需要注意的是，对于所评估的内容，项目评估人员要提出评价结论、存在问题和建议，谈出评估的观点(或专家观点)和有说服力的论据，要尽量避免采用“审查”“审批”“同意”“不同意”等行政色彩浓厚的用语。因为项目评估报告只提供决策依据，评价得出项目可行还是不可行，如果可行，哪个方案最好，如果不可行，指出为何不可行的结论。并提出该项目存在哪些主要问题及问题的解决办法是什么，供决策部门参考，而不能代替决策，项目决策要由企业来做。

评估报告要准确反映被评估对象现状，尽可能为委托方所熟悉或易于理解，能够与所获取的评估信息相匹配，具有一定理论和应用基础；尽量降低评估的复杂性，能够满足评估需求。

项目评估报告大致的内容如下：项目背景、概况、意义、必要性、资源和市场及分析、实施方案及选择、操作过程遇到的关键问题及解决应对措施、实施条件的落实、具体操作部门及人员、项目实施计划、费用预算与筹措、经济效果评价、不确定性分析和风险分析、评估结论、存在问题和建议。

也可将评估结论前置，采用倒叙法，先谈评估结论，然后从项目运行的可行性、现实性、资源和市场、实施条件、方案的选择、费用预算与筹措及受益评价、风险分析等各方面对项目可行性加以论证。

在内容的表达上没有固定的格式，也无必要规定一个八股格式。可以根据项目性质的不同有所取舍和侧重。

总的要求是坚持客观、科学、公正的原则，力求做到评估观点明确、论据充分、说理清晰，不唯上、不唯书，只唯实。

Business management mark

Chapter 10

第十章

商务管理标准

请示
汇报
协商
协调
授权
问责
控制

Instruct
请　示

请示是向上级机关要求对某项工作、某个问题做出指示，给予答复，审核批准的一种商务管理行为。

请示目的是请求上级机关批准开展某项工作，解决工作中存在的实际问题和困难。请示主要包括起因、请示的事项和请求批准。

请示可以解决问题、避免失误。下级机关可以通过请示这种公文请求上级机关解决或答复工作中遇到的各种问题，从而使上级机关能随时掌握下级机关的情况，便于指导工作、解决问题、避免失误。

请示可以传递信息、沟通情况。请示和其他公文一样，也具有传递信息、沟通情况的作用。请示是下级机关向上级机关传递信息的一种不可缺少的渠道。

请示可具有凭据和记载作用。请示不仅具有沟通情况、联系公务、处理工作的作用，同时也具有凭据和记载作用。当请示事项处理完毕后就成为这项工作活动的记录，所以具有凭据和记载作用。

请示产生于事前，不可“先斩后奏”，这是请示区别于报告的主要特征之一。

对于在职权范围内，上级方针政策已定的问题，不必请示而应自行处理。属于上级明确规定必须请示批准才能办理的事项需要请示。

对现行方针、政策、法令、规章、制度不甚了解，有待上级明确答复才能办理的事项需要请示。

工作中发生了新情况、新问题，而又无章可循，有待上级明确指示才能办理的情况需要请示。

因情况特殊难以执行现行规定，有待上级重新指示才能办理的事项需要请示。因意见分歧，无法统一，难于工作，有待上级裁决才能办理的事项需要请示。

有章可循，有法可依，可以开展工作，但因事关重大，为防止工作中失误，需请示上级审核的事项要请示。

超出本级权限，需要上级机关明确指示的事项要请示。

作为下属要勤于请示，积极汇报。

我们平常所见的请示很多，有书面的也有口头的，有单位的也有个人的，但就公文中的请示而言，请示的主体只能是组织行为，不能以个人名义向上级机关和组织发请示类公文。

一、请示的方式

请示在具体方式上分为口头请示和书面请示两种。

请示、汇报或安排布置工作，要按组织程序逐级进行，除特殊情况外，一般不得越级办理。

一般请示的问题都是急需办理和解决的，所以很注重对时间方面的要求。

聪明的下属善于在关键处多向领导请示，征求他的意见和看法，把领导的意志融入正专注的事情。关键处多请示是下属主动争取领导的好办法，也是下属做好工作的重要保证。何为关键处？即为“关键事情”“关键地方”“关键时刻”“关键原因”“关键方式”。

把握时机，灵活对待。在人员较多的场合，一般应注意保密，宜向领导个别请示。领导情绪不好时，要尽量做到语言平实、平铺直叙，以免引起领导情绪波动，影响对事情的正确答复或处理。不是特别急的事情，还可缓一步请示。领导正在讲话或聚精会神地处理某一文件，一般不要立即请示。

请示不要直接送领导个人，除领导直接交办的事项外。书面请示的公文送上级后，上级要按一定的程序处理，直接送领导个人，会给领导造成不必要的负担，有时因领导工作忙，可能会把文件压起来，这样可能会贻误文件批复的时间。

作为下属，我们一定要充分尊重领导，在各方面维护领导的权威，支持领导的工作，这也是下属的本分。首先，对领导工作上要支持、尊重和配合；其次，在生活上要关心；再次，在难题面前解围，有时领导处于矛盾的焦点上，下属要主动出面，勇于接触矛盾，承担责任，排忧解难。

书面请示应一文一事。一份请示中不能有两件以上的事情，这是因为任何一个上级都分管若干部门，各部门都有各自的职责和业务，请示的问题到上级后，先由有关部门提出处理意见，然后，再由领导根据有关部门的意见做出决策，答复下级。一文多事会因上级领导机关业务分工不同而不能及时答复甚至造成漏批、漏办。即使同一个机关有权批复，也不要一文多事请示，最好要一文一事请示，这样更便于公文处理。

书面请示不能多头主送，这样容易出现主送机关互相依赖推诿，否则就可能造成责任不清，扯皮误事现象。如两个主送机关批复的意见不一致，下级机关对批复的事项也不便处理。凡请示的事项牵扯到两个以上部门的，应主送主管部门，抄报其他部门。

书面请示的标题由发文机关、事由和文种(请示)组成，其中发文单位写××处或××系，事由要写请示的项。如《××处关于增加办公用房的请示》。标题的文字力求简洁、准确，除批转法规性文件外，标题不加书名号，其他标点符号一般不用。

书面请示的附件是正文的一部分，附件的标注可视实际情况而定，有的附件名称已作为事由列入文件标题，可将附件直接附在文件之后，无需在正文之后加以特别标注。另有一类附件是用于补充说明请示中的主要内容的，如有关图表、名单及与正文有紧密联系的资料等，这类附件要在正文之后下面一行空两格处，用附件字样另起，加冒号，随后将附件标题标写在后边，多份附件要标出附件的序号。

书面请示的发文机关及成文日期，有正式版头的文件或在标题中已写明发文机关名称的，落款不再写发文机关名称，成文日期要以领导人签发的日期为准，成文日期的时间要用汉字书写。

请示要求。应明确提出要求解决问题的方法或途径，常用“是否妥当，请批示”“妥否，请批示”“如无不妥，请批转有关单位执行”等等。

一般说来，作为部门主管在自己职权范围内大胆负责、创造性的工作，是值得倡导的，也是为领导所欢迎的。下属不能事事请示，遇事没有主见，大小事不做主。这样领导也许会觉得你办事不力，顶不了事。该请示汇报的必须请示汇报，但决不要依赖、等待。领导也要拒绝依赖性请示。一些领导每天总是被淹没在请示、汇报之中，无论你怎样能干，一个人的能力总是有限的。做一个好领导并不容易，有的领导被各种事情弄得无力招架，却未能取得好的成绩。解决这个问题的方法就是把每天的工作分成两类，一类是本来就该他干的；另一类是员工“分配”给他的工作，属替员工做的事，不论自己有无时间，一概拒绝，请员工想好解决办法后再来汇报。对一些有潜力的员工，特别花精力加以培养并调整职位。这样做的结果既鼓励员工自己解决问题，人人勤于动脑，提高了独立工作的能力，自己也可轻松上阵，干更重要更关键的事。

对工作要积极主动，敢于直言，善于提出自己的意见。在处理同领导的关系上要克服两种错误认识：一是领导说啥是啥，叫怎么着就怎么着，好坏没有自己的责任；二是自恃高明，对领导的工作思路不研究，不落实，甚至另搞一套，阳奉阴违。当然，下属的积极主动、大胆负责是有条件的，要有利于维护领导的权威，维护团体内部的团结，在某些工作上不能擅自超越自己的职权。

向上级请示事宜时，可提出两个或多个解决问题的方案，并指明倾向性意见，提高解决问题的效果。向上级口头请示时，语气必须谦恭，不能以决定的口吻说话。

请示一般不得越级请示，因特殊情况或紧急事宜必须越级请示时，同时要告之其越过的直接上级。即下级机关只能按照隶属关系向直接的主管请示，不得向无隶属关系的领导请示。因为只有具有隶属关系的直接主管上级，才有批复的资格和权力。

口头请示能力，是一个人分析能力、协调能力、应变能力、表达能力的综合体现。在请示之前要准确无误的弄清原委，简明扼要的打好腹稿，口齿清晰，语调平和，不卑不亢地叙述出请示的理由，也就是缘由、原因、起因，将请示的原因、问题的由来和根据说清楚。阐述的理由要充分，提出的根据要可靠，介绍的情况要真实，事情发生的来龙去脉要清楚、明了、简明扼要。迅速、简洁、准确的口头请示，有利于领导及时掌握情况，迅速做出决策。

用明确的、容易理解的语言完整地表述出请示的内容。如果是工作问题，要提出自己的意见、方案、办法。如有意见分歧，两种意见都要说出来，并要提出自己倾向性的意见。凡是请示上级，解决人、财、物方面的问题，必须准确无误的说明需要的数量、款项、金额。如果要开展一项大的工作或搞一个大的项目，还得有预算方案和可行性论证报告。用词不当、陈词滥调、废话连篇、概念不清、逻辑混乱只能使请示者注意力不集中，接收不良，使传递产生失误。

请示的要求也是请示的落脚点，要明确具体。这要求上级对请示的事项答复的时间和提请上级注意和强调的问题等有详细的说明。说话时语气要谦和、诚恳，不允许用命令式的语言。

对下级的请示事项，上级一般都需要答复。

无论大事小事、难事易事、急事缓事，请示都要做到举止沉稳。

在企业中，凡是与工作有关的事项都可以用请示。因此请示在商务管理中使用频率较高。熟练掌握请示的要领，有利于提高工作效率，达到事半功倍的效果。

二、请示的种类

需用性请示，是下级为了解决本企业在生产、经营、生活或开展某项工作因人力、财力、物力不足，需要上级予以解决时用的请示。

审批性请示，即下级请求上级开展某项工作时的请示。这一类请示主要用于请求上级批准企业的长远规划计划或因开展的工作事关重大，为防止失误需要上级审核把关或文件规定必须由上级批准才能开展的工作等，这些都需要向上级请示，等待审批。

解答性请示，即请求上级解释或答复问题。通常下级在实施规划、制度等文件中遇到不理解、不明白的疑难问题时，需要请示上级给予正确解释或答复。下级机关内部或协作的各单位之间因产生意见分歧，无法统一，有待上级裁决的事项，需向上级请示。

建议性请示，是下级对工作中某一事情或企业发展的一些看法或建议，通过请示的方式向上级传递，请上级给予意见。

探讨性请示也是下级对工作中某一事情或企业发展的一些看法或建议，通过请示的方式与上级探讨。

总之，凡是本单位需要开展的工作，自己无力开展、无法开展、无权开展，或开展中遇到问题、困难时都需要向上级机关请示，请求上级予以批示、批准、批转、审核。

三、请示的程序

第一步：要仔细聆听领导的命令。一项工作在确定了大致的方向和目标之后，领导通常会指定专人来负责该项工作。如果领导明确指示你去完成某项工作，那你一定要用最简洁有效的方式明白领导的意图和工作的重点。此时你不妨利用传统的5W2H的方法来快速纪录工作要点，即弄清楚该命令的时间(when)、地点(where)、执行者(who)、为了什么目的(why)、需要做什么工作(what)、怎么样去做(how)、需要多少工作量(howmany)。在领导下达完命令之后，立即将自己的记录进行整理，再次简明扼要地向领导复述一遍，看是否还有遗漏或者自己没有领会清楚的地方，并请领导加以确认。

第二步：与领导探讨目标的可行性。领导在下达了命令之后，往往会关注下属对该问题的解决方案，他希望下属能够对该问题有一个大致的思路，以便在宏观上把握工作的进展。所以，作为下属，在接受命令之后，应该积极开动脑筋，对即将负责的工作有一个初步的认识，告诉领导你的初步解决方案，尤其是对于可能在工作中出现的困难要有充分的认识，对于在自己能力范围之外的困难，应提请领导协调别的部门加以解决。

第三步：拟定详细的工作计划。在明确工作目标并和领导就该工作的可行性进行讨论后，应该尽快拟定一份工作计划，再次交与领导审批。在该工作计划中，你应该详细阐述你的行动方案与步骤，尤其是对你的工作时间进度要给出明确的时间表，以便于领导进行监控。

第四步：在工作进行之中随时向领导汇报。现在，你已经按照计划开展工作了，那么，你应该留意自己工作的进度是否和计划书一致，无论是提前还是延迟了工期，你都应该及时向你的领导汇报，让领导知道你现在在干什么，取得了什么成效，并及时听取领导的意见和建议。

第五步：在工作完成后及时总结汇报。经过你和部门同事的共同努力，你们终于完成了这项工作，获得了很大订单，当大家都在兴高采烈地欢庆成功之时，作为部门主管的你仍不应该有松懈的理由。你应该及时将此次工作进行总结汇报，总结成功的经验和其中的不足之处，以便于在下一次的工作中改进提高。同时不要忘记在总结报告中提及领导的正确指导和下属的辛勤工作。

千万不要忽视请示与汇报的作用，因为它是你和领导进行沟通的主要渠道。你应该把每一次请示汇报工作都做得完美无缺，领导对你的信任和赏识也就会慢慢加深了。

Make collective report

汇　报

向上级汇报工作，在组织管理过程中是常见的业务交往程序。作为下级在完成领导交办的每一项工作完成之后，向上级进行必要的工作汇报，是必不可少的业务程序。从管理的角度看，上级准确地掌握下属的工作总结的材料，有利于其及时掌握工作进度及管理运行状况。而作为下属员工，掌握相应的汇报工作的技巧，不仅有利于其自身素质的提高，而且会进一步改善其在上级心目中的能力形象。

向上级报告工作中取得的成绩，等于向上级报喜，二要向上级报告工作中的失误挫折之类的情况，就等于是向上级报忧。对于取得成绩、经营活力等企业运营良好的状况，上级自然感到由衷的欣喜，而对于工作中的失误、经营上的亏损，上级必定会感到不安与忧虑。无论是喜是忧，都是上级应该必须认真对待的事情，即上级必须清楚地掌握企业运营过程中喜在什么地方，而忧在什么地方，并根据喜与忧的程度的不同，采取相应的措施，调控企业朝着有利的方向发展。

作为下属不要认为自己的工作上级都知道，也没有什么好沟通的，主管又很忙，去麻烦他很不好意思。这种心态也是错误的。主管对你的工作可能知道，但是否从你这里再把信息确认过对主管的意义是不一样的。许多时候主管本身也是下属，设想一下，他的上司如果有一天问一项你在直接负责的工作完成得怎么样了，一个是你汇报给他的进度，一个是他认为的进度，你想这时候他会怎么评价你的汇报工作呢？

工作效率低，不能如期完成工作，所以不敢向上级汇报。解决这个问题的最好办法就是，提高自己的工作效率。不能如期完成工作的下属无论汇报与否，都不会被上司认可的。

影响汇报效果的重要因素还有一个就是不尊重别人的权限，喜欢自作主张。如果是这个原因，就很危险了。许多员工有这样的毛病，非常重面子，从不喜欢在同事、客户或供应商面前说自己处理不了这样的事情，不能拒绝别人，结果就会给自己酿许多苦酒。

主管与下属的关系可比作人的头脑与双手间的关系。如果双手与大脑之间的关系若即若离，事情会怎么样呢？一个下属不能与自己的主管很随意很和气的相处，他也就不可能取得自己主管完全的支持与信任，他开展工作的难度会更大。上下级和谐的关系除了日常和气的相处之外，平时向上级汇报工作时，也是融洽双方关系的好机会。

找领导汇报工作也要注意技巧。在汇报的内容方面要汇报领导所关心的工作。领导的时间是有限的，许多你能力范围内可以处理的沉芝麻烂谷子、程序既定的工作，处理了就处理了。事无巨细，统统汇报，也有邀功之嫌。比如一个负责人事的，对员工办理劳务工证件也要汇报就没多少价值，对一些与通常情况下不一样的处理倒是有必要汇报一下的。

假如上级在你汇报工作时，有兴趣和你一道议论工作的成绩与失误时，切莫受宠若惊、忘乎所以、纵横议论，把你所有看到的、听到的、估计的、猜测的各种有关企业的、上级的喜与忧、信口开河倒了出来。这是一种不谨慎的表现，要知道，人在受到上司和上级的宠爱时，往往有夜郎自大的情绪产生，似乎觉得这个企业就是自己和上级的了，因而会放开嘴巴评说企业与上级的功过是非。其实不少上司和上级有时故意宠爱某个员工或下属，他们要的就是这种效果。因为上级需要掌握员工和下属的心理活动。资讯及数据都极具说服力。

对汇报的事情要先收集整理好有关数据和资料，最好做成书面材料，借助视觉力量，就会加强说服力。因为领导在你汇报的过程中，随时会问一些与此有关的问题，如果你事先毫无准备，吞吞吐吐，前言不搭后语，自相矛盾，不仅不能说服领导，还会给领导留下工作不认真的印象，反而功亏一篑。最好应事先设想领导会提什么问题，自己该如何回答。

在向上级汇报工作时，记住一点就是，原则上应注意只谈自己，不谈别人。自己做的事，自己最清楚，别人是没有发言权的，当然，别人的事，也只有当事人最清楚，所以，汇报时，你对自己在本职工作上的喜与忧，尽可以向上级陈述。但必须注意，尽量不要连带他人。他人的功过是非，应由他人自己去说。

汇报要注意选择恰当的时机，这是不言而喻的。刚上班时，领导会因事情多而繁忙，到快下班时，领导又会疲倦心烦，显然，这都不是汇报工作的好时机。总之，记住一点，当领导心情不太好时，无论多么好的建议，都难以细心静听。

一般上午10点左右，此时领导可能刚刚处理完清晨的业务，有一种如释重负的感觉，同时正在进行本日的工作安排，你适时的汇报，会比较容易引起领导的思考和重视。还有一个较好的时间段是在午休结束后的半个小时里，此时领导经过短暂的休息，可能会有更好的体力和精力，比较容易听取别人的意见。总之，要选择领导时间充分、心情舒畅的时候汇报工作，尤其是你的工作没有按要求完成的情况下，当然，对于一些比较重要、急需处理的事，你就不能等机会了，要随时向上级汇报，听取指示。

建议大家最好给主管建立一个自己会定期汇报的预期，使每次的汇报程序化，从而减少突兀的感觉。

在谈到汇报成绩和企业的发展时，要强调上级的贡献和作用。员工在工作中能够取得成绩，企业能够获得发展，当然是员工们努力奋斗的结果。但是，请不要忘记，如果没有上级提供的工作岗位和工作条件，你是无法在这个企业做出成绩的。那些善于把成绩归功于上级的行为，常常是一种大智若愚的行为，而能够做出这种行为的人，也必定是一个德才品位较高的大智大勇者。

汇报工作要注意分寸。上级的成就、工作的业绩，夸大无妨，甚至还能讨其欢心；如果下属或员工反映的是有关上级的工作失误和素质的缺陷，就贸然实话实说，讲了上级的不足和缺点或工作的失误，造成的后果，可能严重到让你无法承受。在任何时候都能保持足够的冷静和理智，不信口雌黄的员工，才能被称为是聪明的员工。

汇报工作时要面带微笑，活泼、大胆、充满自信，一个人的语言和肢体语言所传达的信息各占50%。一个人若是对自己的工作充满信心，那么他无论面对的是谁，都会表情自然；反之，如果他对自己缺乏必要的信心，也会在言谈举止上有所流露。对上级说话，要避免采用过分胆小、拘谨、谦恭、服从，诚惶诚恐，甚至唯唯诺诺的态度，如果这样，领导怎么会将重要的工作交给你呢！

汇报可以缩小你与领导之间的心理距离，消除一些误解，具有举足轻重的作用。如果你的领导不喜欢主动去接近你，你就应该主动去接近他。你现在所做工作的发展情况，你所做出的成绩，你所遇到的难题，都需要领导及时地了解，你要主动向领导汇报你的情况，不管是定期的还是不定期的。否则，领导对你一无所知，又如何去根据你的实际情况指导你，对你进行帮助呢？

由于个人的素质和经历不同，不同的领导就会有不同的领导风格。在与他们汇报工作的过程中要区别对待，运用不同的沟通技巧，会获得更好的沟通效果。一般控制型领导喜欢直接下命令，不允许下属违背自己的意志，关注工作的结果而不是过程。互动型领导能亲切友善地与下属相处，愿意聆听下属的困难和要求，努力营造融洽的工作氛围。实事求是型领导喜欢按照自己的行事标准要求下属，注重问题的细节，善于理性思考。

一个成功的管理者必然是一个善于汇报工作的人，因为在汇报工作的过程中，他能得到领导对他最及时的指导，更快地成长，也因为在汇报工作的过程中，他能够与主管建立起牢固的信任关系。

一个合格的下属，应该具备写出高质量工作报告的能力。工作报告要求既从宏观上把握，又能突出要点、层次清晰、论证明确、条理清楚、主次分明、文笔要求朴实、贴切，写领导最为关心的内容。你的工作报告，应该是条理清晰、主次分明，能给人一种赏心悦目之感。工作报告是上级对你进行考察的主要依据，所以必须认真对待。

领导不仅通过下属的工作汇报来决定下一步的工作计划，也通过工作汇报，对员工进行考察和了解，决定对其今后的培养方向，做重要参照。所以你所要递交给领导的定期工作报告必须引起你的足够重视。做好这件事，你或许就会在领导的心目中留下一个完美的最初印象。同时，认真的工作报告对你的工作的确也有重要的实际作用，你必须仔细完成。

作为新上任的部门主管更要谨记及时写工作计划并交给领导检查，计划以务实、可行为原则。每期工作结束时附以详实的工作报告，会使上司对你的能力更加欣赏。

不管是采取书面的形式，还是当面口头汇报的形式，汇报学问，历来是下级与上级打交道时所必须注意研究的重大问题。员工和下属在与上级工作时，应该了解和掌握相关的技巧和方法，以利于和谐共事，推动工作。汇报要注意掌握以下几个方面：

实事求是。一个诚实的、有责任感和事业心的员工，应本着对上级、对企业、对工作极端负责的态度和良好的职业道德，将企业经营过程中和自己的工作实施过程中所出现的成绩与失误或是上级直接交办或委托他人交办的工作，无论大事小事，无论工作的结果是否圆满，向企业的管理者、决策者，予以实事求地做出相应的汇报说明。是喜说喜，是忧说忧；不夸大成绩，不缩小缺点。只有坚持这个原则，上级才会了解到真实的情况；也只有坚持这个原则的员工，才是诚实可靠、值得上级信赖的下属。

理清思路。所谓理清思路，是指你在向上级汇报工作之前，就应冷静地对工作过程进行反思。至于先说什么，后说什么；哪些问题简略地叙述，哪些问题必须详细地说明，都必须理出一个比较清晰的思路来。如果对待一个问题你自己不能拿出一个比较完整、比较清晰的思路，事实证明，你是无法或难以说服别人的。所以你在向上级汇报工作之前，特别是在向上级汇报那些重大问题之前，必须先打腹稿，即先在脑海中把要汇报的问题以提纲的形式，列出一个分条目的小标题，记在心中，在汇报时逐条道来。当然，你也可以把这些提纲写在小本子上，作为向上级汇报工作时的备忘录。那些经常与上级打交道的下属，如能掌握汇报工作的技巧，必定能不断提高工作能力和文化品位，同时也会受到上级的信任与赏识。

突出重点。任何一项工作都有自己的重点，即在任何工作程序中各个环节的轻重缓急的分量是不同的。把握重点，常常意味着抓住了工作的要害，而这些要害问题又往往关系着企业和上级事业的大局或重大利益。所以，上级听你的汇报，或看你的汇报材料，他关心的根本问题，就是你对工作中的重点问题的处理结果如何。在一般情况下向上司或上级汇报工作时，每次交谈要善于掌握重点，突出重点，对于领导最关心的问题要重点突出、言简意赅，向上级描述清楚，关键问题，只谈一个或一件，最多不要超过三个或三件，而不要东拉西扯，分散领导的注意力。这样不仅有利于上级或上司理清思路，迅速决断，同时，还会使上级或上司对你的能力和效率表示好感。

简单明了。汇报要就事论事，上级只问到事情的结果，你就只叙述结果，而不要涉及事情的过程。上级汇报工作，上级问什么答什么，繁琐、拖泥带水只会让听者注意力分散和烦躁。也表明汇报者思路混乱不清，不知所云；简单明了既是一种技巧，也是一种说话的原则。写汇报材料也如此，写完之后，多看几遍，对一些可说可不说的词、句、字，就干脆不说。总之越简单越好，不做无谓的拓展和借题发挥。事实证明，对别人不感兴趣的问题滥加描述，只会招致反感，也让人感到你文风不正，似有哗众取宠之嫌。

认真反思。一般的情况下，下级向上级汇报工作之后，上级都会对汇报的事情有一个评断或是意见。无论是表扬还是批评，作为下级都要认真反思，诚恳、虚心的接受。因为，上级所以能够站到上级的位置上，他肯定在很多方面或某些方面，有着强于你的优点。上级的诚恳评点，无疑是他把自己的聪明智慧无偿的奉献给了你，你何不乐而接受呢？同时，也只有那些能够虚心接受上级评点的员工和下属，才能够再一次被上级委以重任。

先报喜再报忧。在向上级汇报自己工作中或生活上的喜与忧时，要先报喜再报忧，根据科学证明，一般人听到喜事的反应，在心里会产生是愉快感，在这种情绪下再听到不好的事情，可以增加承受力。作为下属员工汇报工作时一定要掌握这一点，先报喜再报忧或先报忧再报喜，可能是两种截然不同的结果。报喜报忧时也要讲究策略。报喜要报够，即你应把自己取得的工作成绩，向上级讲述清楚，以使上级了解你的能力优势，分享你所取得成就的快乐。报忧要报透，就是说你对于自己在工作上和生活上遇到的那些难以解决的难题、工作上的不足，应向上级做透彻的描述，以便于上级拍板决策，帮你解决难题、纠正不足。

忌揽功推过。无论是报喜，还是报忧，其中最大的忌讳是揽功推过。有意夸大自己的作用和贡献，把工作成绩不适当的、不符合事实地往自己的功劳簿上记。以为用这种做法就可以讨得上级的欢心与信任。实际上多数上级都是相当聪明的人，他们并不会因为你喜欢揽功，就把功劳记到你的账上去。即便一时没有识破你的真相，他们也会凭直觉感到你靠不住。因为人们对言过其实的人，多是比较敏感的。不揽功，不推过，是一种高尚的人品和良好职业道德的体现。采取这种态度和做法的人，可能会在眼前利益上遭受某些损失，但是从长远看，必定能够站稳脚跟，并获得发展的机会。

明确建议。优秀下属不会投人所好，但是他会尽力帮助自己的上司，决不会见死不救。优秀下属尊重上司的威信，尊重他可能是经过艰难奋斗才身居要职的事实。优秀下属会力图尽可能多地分担上司的重负。他会自愿地为上司做事。而且，在向上司汇报问题时，优秀下属不会忘记伴以解决这些问题的明确建议。当然汇报工作最重要的是提出解决问题的方案而不是简单地提出问题。要记住，汇报问题的实质是求得领导对你的方案的批准，而不是问你的上司如何解决这个问题，否则事事上司拿主意，要下属还有什么意义呢。我们去找领导汇报工作时要准备多套方案，并将它的利弊了然于胸，必要时向领导阐述明白，并提出自己的主张，然后争取领导批准你的主张，这是汇报的最标准版本。如果你进行的总是这样的汇报，相信你离获得晋升已经不遥远了。

主动汇报。工作的汇报一直是企业沟通领域中解决得最不好的环节之一，这也直接影响到企业各项决策的执行进度。各层的主管最害怕的就是工作一项项安排下去后，就像断了线的风筝一样，杳无音信。如果碰到这样的下属，工作是最累的，每天脑子里的弦绷得紧紧的，但由于要面对几个下属，事情还是难免发生纰漏。为解决这个问题，管理界想了一系列的方法。如海尔设计了日清日高模式，要求员工每天下班时把当天完成的工作、明天要做的工作、当天工作中发现的问题记录下来，交给主管，主管将自己的意见批复下来，返给员工，此模式的实质就是通过这样一个管理表格将汇报工作程序化。当然，只要不是直接指定必须由你来汇报或是上级要求你来议论企业的功过、成败，你就应该闭起自己的嘴巴，不要主动到上级那里报喜或报忧，少说为佳，不说为最佳。

汇报工作时先汇报结尾。在工作最后完成之后，你应如何汇报工作？在做汇报准备时，要把汇报的内容整理记录好，对比较复杂的东西写成正式报告材料；汇报时，首先汇报结论，然后介绍经过及补充说明。但汇报的内容应是事实，不要加上自己的主观判断和推测。

Consultation 协 商

协商指为了取得一致意见而共同商量。

谋求各自的利益，必然会在一些问题上发生分歧。分歧出现以后，我们一定要保持冷静，防止感情冲动，尽可能地避免争论。因为争论不仅于事无补，而且会使事情变得更糟。协商是商务管理的实践阶段，这不仅是主体双方实力、智力和技术的具体较量阶段，而且也是主体间求同存异、合作谅解让步的阶段。

商务协商要力争“求大同，存小异”，在协商中要时刻明了双方的利益差距，通过合理的让步去打破僵局。从公关角度来看，协商主要以协作为重，必要的让步不但不会损害自身的利益，反而由于使对方感到诚意，己方能获得更大的好处，使双方的关系进一步融洽起来。

协商中要促成利于己方的协议，还必须巧妙地运用协商的策略和技巧。要掌握知彼艺术，通过多看，多听，多问，多查，用言语诱导，摸清对手的情况和需求，对症下药。要掌握进攻艺术，通过以退为进、逐步吞食、留有余地、背水一战、利用僵局、反客为主等方法，赢得谈判的胜利。要掌握防守艺术，通过沉默、休会、佯作误解、偷换话题、适度妥协等手段进行有效的防守，等待时机，化被动为主动。

任何协商几乎都只包含两个目标，一个是解决问题，一个是建立关系。协商要从双方不冲突的地方着手。例如，和供货商谈判价格时，你想以好价格购买，对方也希望你向他们购买，丧失这名顾客是他们不愿见到的，这就是双方的共同点。

一、有效协商的方法

事先做功课。知道协商主题的数据事实、己方的目标与弱点、双方不同之处，以及如果谈判破裂，己方的替代方案为何(例如，如果与供货商谈判不成功，公司是否有其他可替代的供货商)。

1. 随机应变

协商中你时常会碰到一些难缠的对手，面对极为过分的要求时，用自己较能接受的话，把它再复述一遍。但不要拿自己的无理要求来还击。其次不要轻易做出让步，要让对方费些劲来争取。第三，要随机应变地提供假设性变通方案或建议，这样做能使你洞悉对方的反应，使双方可以多一些考虑，不必很快做出决策。

2. 留有退路

体现在整个协商过程中。对于给对方的建议要留有余地，给协商留有一定的空间，做到游刃有余。在协商时，替己方留下讨价还价的余地，如果己方是卖方，报价要高些；如果己方是买方、还价应低些，但无论何种情况，报价务必在合理的范围内。协商的过程中，达到目的才是最重要的，不要在方法上坚持，只要能够达成真正的目标，任何弹性的协商方法双方都可接受。

3. 有进有退

不要急于袒露己方的要求，应诱导对方先发表其观点和要求，待机而动。让步有策略，可以先在较小的问题上让步，让对方在重要的问题上让步！但让步不要太快，因为对方等得愈久，就会愈珍惜。在谈判中遇到棘手问题时，应表示出愿意考虑对方的要求，使对方在感情上有被接受的感觉。

进就进在理上，就进在大量的数据和分析上，进在对方的失误上。而退也要退得有分寸，有最后的退结点，超过这个点就不能退了，无限制的退下去就不叫协商。

4. 积极倾听

避免急着展现自己问题的重要性，倾听对方说什么、没说什么，以及他们的身体语言。听出对方字里行间的真正意思，了解会让对方点头的那件事为何，通常是打破僵局的关键。不要情绪化，不要假设任何事情，多问问题，保持对对方的好奇心，不要动怒争吵。

不要直接询问对方："你到底想要什么？"如此一来，会立刻强迫对方采取立场。当情势对己方不利时，问问可以注入哪些正面因素，强硬的声明通常会引起抗拒，提出问题则会带来答案，即使对方没有回答己方的问题，通常也能促使他们思考。

5. 平等协商

洽谈各方在地位上应平等一致、相互尊重。不允许仗势压人、以大欺小。

洽谈各方在洽谈中通过协商求得谅解，而不是通过强制或欺骗来达成一致。洽谈就是互相讲道理。

不要把对方和问题混为一谈。例如，以"你们的方法我们很难接受"取代"你们真愚笨"的人身攻击。

6. 适当妥协

在任何一次商务洽谈中，都没有绝对的胜利者和绝对的失败者。相反，有关各方通过洽谈，多多少少总会获得或维护自身的利益。很显然，大家只有在某种程度上通过彼此妥协互相让步才能达致双方都可以接受的后果。

7. 互利互惠

在商务交往中，洽谈一直被视为一种合作或为合作而进行的准备。因此，商务洽谈最圆满的结局，应当是洽谈的所有参与方都能各取所需各偿所愿，同时也都照顾到其他各方的实际利益，这是一种多赢的局面。

8. 就事论事

商务协商过程中的重要原则是就事论事，无论双方为了维护各自的利益争论多么激烈，也不管讨价还价是多么苛刻地斤斤计较，重要的是，对对方的态度仍然应以礼相待，绝对不能话不投机，恶言相向，甚至抱以老拳，进行人身攻击，“买卖不成情义在”，任何一方都没必要为了争点蝇头小利而失去了应有的风度。在进行协商时，做到互相尊重，交换意见，以理服人，努力形成共识。

9. 更换话题

协商过程中，由于某个议题引起争执，一时又无法解决，这时各方为了寻求和解，可以变换一下议题，把僵持的议题暂时搁置，等其他议题解决好，再在友好的气氛中讨论，解决僵持的问题。

10. 中断协商

分歧产生后协商无法进行，应暂时中断协商。在协商进行过程中遇到僵局、低潮、出现疑难问题时，应当从协商的实际利益出发，一方或双方提出中断协商。暂时中断协商是一种策略，这能使双方有机会重新思考和调整对策，促进协商的顺利进行。暂时中断协商能起到调节人的精力、控制进程、缓和气氛的作用。在冷静、平和的气氛中，协商各方都能客观分析问题，预测下一阶段的发展，提出新的处理办法或是改变紧张不满情绪，会为了自身利益求同存异，保障协商的顺利进行。

换个角度考虑问题。这个方法恐怕是利益冲突发生后能有效协商最重要的技巧之一。不同的人看问题的角度不一样，人们往往用既定的观点来看待事实，对与自己相悖的观点往往加以排斥。彼此交流不同的见解和看法，站在对方的立场上考虑问题并不是让一方遵循对方的思路解决问题，而是这种思维方式可以帮助你找到问题的症结所在，最终解决问题。

二、协商过程中常犯的错误

不清楚对方的需求。本着“我知道我要什么，但是我不在乎你要什么”的态度协商，不让对方获得任何利益，协商极可能会失败。或者，不了解对方的真正需求，一开始所提出的条件过于离谱，以致对方不再认真看待这场协商。

不清楚自己的需求。“我不喜欢这种做法，但是我也说不出为什么。”这种态度僵硬，而且难以获得对方的认同。在了解自己的目标上，必须具有弹性，知道自己的目标范围何在，也就是能接受的最好及最坏的结果为何，只要对方能够在这个范围内同意，己方便算达到谈判目的。例如，希望争取价格为2600元到3000元，如果对方给2750

元，也算达到了协商的目的。

1.强硬的态度

在协商过程中，不考虑别人的立场，非要对方接受自己的想法，只有一句“照我的做法，否则拉倒。”这样注定会失败。应该冷静地倾听对方的意见，婉转地提出不同想法，开诚布公、诚恳、坦率的合作态度向对方吐露自己真实思想和观点，客观地介绍情况，提出要求，以促使对方进行合作，使双方能够在坦诚、友好氛围中达成协议。

2.忘记自己权限

协商人员能使用的权力是有限性，受到限制权力的协商者比大权在握的协商者处于更有利的地位。当双方就某些问题进行协商，一方提出某种要求，企图让对方让步时，另一方反击的策略就是适用有限权力，可向对方宣称，在此问题上，他无权向对方做出这样的让步，或无法争论既定事实，这样，既维护了己方利益，又给对方留了面子。在协商过程中不能为了达成协议，而忘记自己的权限，给对方一些超出自己权限的承诺。

Moderate 协　调

协调对维持企业均衡运作和整体发展十分重要。孔子说：功不独居，过不推诿。协调过程中，管理者应提醒下属避免过于重视自己的岗位范围，而应注重相关岗位的运作情况并且随时做出适当调整。

内部协调不畅通在许多组织中尤其是大公司是非常普遍的现象。当某个部门需要其他部门支援时，大多数人都觉得自己原来的工作已经很忙，因此态度被动，更不用说积极帮助他人达到目标。究竟公司要怎么做，才能化解这种部门间如铜墙铁壁般的藩篱。

有效的协调最为重要。

协调就是正确处理组织内外各种关系，为组织正常运转创造良好的条件和环境，促进组织目标实现。协调能够使个人目标与组织目标一致，促进组织目标的实现。协调能够解决冲突，促进协作。协调能够提高组织效率。

协调是协商和调和，是一种思维方式和做法的磨合。企业必须依靠各部门各岗位之间消除矛盾，形成合力，彼此合作，才能完成有效的运作。

“有效”这个词意味着：与其努力去把每件事都做正确，不如努力去做一件正确的事。

要应运好协调这个商务管理的技巧，要坚持四个原则：目标一致原则；效率原则；责任明确原则；加强沟通原则。

协调的内容有两个：组织内部关系的协调和组织与外部环境的协调。组织内部关系的协调是指对各生产要素的协调，对企业与股东关系的协调，对组织内部人际关系的协调等。组织与外部环境的协调是指企业与消费者关系的协调，企业与政府关系的协调，企业与新闻界关系的协调，企业与社区关系的协调。

只有冲突存在才有协调。冲突可以理解为两个或两个以上的行为主体因在特定问题上目标不一致，看法不相同或意见分歧而产生的相互矛盾、排斥、对抗的一种态势。按照冲突对组织的作用，可以把冲突划分为建设性冲突和破坏性冲突；按照冲突表现出来的状态，可以把冲突划分为战斗、竞争和辩论；按照冲突双方主体的不同，可以把冲突划分为人与人之间的冲突，部门与部门之间的冲突，个体与组织之间的冲突和组织与外部环境之间的冲突。

对冲突的协调可采取回避、强制解决、妥协、树立更高目标、合作等方法。

协调只有通过有效的沟通才能实现。沟通也称信息沟通，就是信息的传递和理解。沟通能提高管理者决策能力；沟通能解决冲突，协调组织行动；有效沟通可以提高组织效率，促进组织的变革、创新。

影响信息沟通的因素有许多，最主要的是信息发送者的技能、态度、知识和价值观；接受者的技能、态度、知识和价值观；沟通通道的选择；外部噪声。

沟通方式有正式沟通、非正式沟通和管理信息系统。

不能有效沟通的原因有：沟通方式选择不当，造成沟通障碍；沟通双方在技能、知识等方面的差异会影响沟通效果；态度和兴趣障碍；沟通双方情绪障碍；信息过滤使信息接受者接受不到真实、全面信息。

促进有效沟通的措施有选择合适的沟通方式；善于运用反馈；学会积极倾听和建立完善管理信息系统。

协调的有效机制有以下几种：

(1)明确职责

仔细规划职权范围和操作程序，让各部门之间关系清楚明白，让各部门了解彼此的合作关系，建立并维持良好的合作关系，保持随之而来的开放沟通，营造互信的运作环境，用例会、联系单、活动等沟通交流手段具体操作。各个高层领导应该为部门主管划分工作范围，让他们能够适当发挥，有各自发展的空间，而不会彼此冲突。

(2)清晰目标

高级管理层也应当起到协调的作用，为各部门制定一些共同目标，使部门主管在互相协作的基础上寻求自身的发展，每个人都为自己部门的目标努力，这是很自然的事情。但是除了部门之外，公司应该再设计一个整体目标，让部门不仅要达成自己的目标，如果能够帮助别人达到目标，也能给自己的部门带来利益。例如：有两个业务小组，月业务额都是5万，假如其中一个小组完成任务，可以得到奖励3000元。但两个小组都完成任务，奖励会增加到4000元。相反，如果一个小组完成任务，另一个小组只完成任务的75%，那么两个小组都没有奖励。这种做法会鼓励团队之间彼此协调、合作。

(3)内部满意

一个企业能正常运作，总务、财务、人力资源、行政、后勤、采购这些部门都担当了很重要的作用，但是在企业中，总受人注意的往往是业务部门，没有这些部门给其他部门提供的支援，企业不可能开展经营业务。这些部门又因为工作不受注意，接触的部门多，处理的事情又比较繁杂，很容易有不满的情绪。这种不满情绪难免会在与其他部门接触的工作中表现出来。很多公司的员工的确都抱怨内部行政、后勤部门支援不够，态度不好。

怎样才能使企业中的每个部门都对彼此满意，方法只有一个，就是在企业内部也倡导客户服务的观念。我们愿意并且尽心尽力让我们的外部客户满意，为什么不能将我们支援的部门也当作客户来服务呢!

真正从企业内部客户的角度出发，让内部客户满意，是企业有效协调的方法。

(4)沟通渠道

在企业中建立有效果的沟通渠道，对协调工作很有帮助。比如：开会时，要求大家对存在的问题，提出来协调解决。其次，可以建立信息交流机制，每星期，上级和下级有10分钟的沟通交流制度。对于企业内部对口支援部门的沟通交流可以每星期固定有一次简短的协调碰头会。

(5)培训机制

一件看起来很简单的事，怎么处理起来就那么难呢？这就是“不在其位，不知其苦”，不了解别人的工作内容。有一些企业，员工进入企业的第一天，将员工在企业内部所有岗位实习一段时间作为一种培训，这种培训既让新员工了解企业生产流程又能了解不同部门的工作，这样当他工作时，就能更多地站在别人的立场来看事情，以减少未来部门之间的冲突。

Authori-zation 授权

其实我们每个人都拥有巨大的才能、创意、潜力和创造性，但是大多数时间这些潜能都处于休眠状态，并没有完全发挥出来。当我们用一定的报酬聘用一个人时，我们总希望这个人不仅物有所值，而且能物有超值，也就是能发挥比我们预期还要多的潜能，这种多出来的超值部分就是企业渴望赚取的剩余价值。

当我们为了让员工完成企业的任务和目标而进行协同时，当我们因为这种目的而授予合适的人相应的权力时，当他们理解了这个权力证明他有能力也有义务分担这个责任时，他们会迸发出令我们难以置信的巨大能量。

美国前总统罗斯福说过这样一句话：“普通人成功并非靠天赋，而是靠把寻常的天赋发挥到不同寻常的高度。”

太精彩了！

但是，授权给谁？如果错授给平庸无能之辈，只会增加烦恼；如果错授给卑鄙龌龊小人，无异引火烧身。授权前，我们首先应该了解授权者的能力，他能做些什么？再了解被授权者的想法，他愿不愿意做？最后，还得了解被授权者的潜力，他能不能抓住要点并将其准确地传达给他人？识人、试人、用人、授权，这个程序是正确授权的基础。

那么，如何有效授权呢？

作为管理者，如果要确保授权有效性，以下五点是必须切记的：

第一点，依照下属的价值决定其待遇。

第二点，让下属自己想办法解决问题。

第三点，让下属明白自己的任务在企业内的作用。

第四点，让下属体会到成功的好处，对每项业绩有正确评价。

第五点，不使用专门投己所好的人，而是重用有专长又忠诚肯负责任的人。

有位上司对此很有体会，他在解释自己事业成功的原因时坦承："我的成功全基于别人的智慧。我寻找那些才华出众又善于自律的人，同他们发展友谊， 使他们对我忠心，我妥善聘用他们，管理他们，待有了成果，再同他们分享。"

一、授权管理

授权是一种权利代理或者让渡的管理行为。

授权的重要性在于：每个人做好分内的事，才能依靠分工与合作共同保障企业的正常运作。

让合适的人在合适的时间做合适的工作，只有通过授权才能做到这一点。每个人在企业运作中一定都有特定的最合适他的岗位与工作。只有让每位员工都被有效授权激发起来并协调完成各自的工作，企业目标才能完成。

凡是授权不当，缺乏授权，或者授权太滥的企业，一定是失败的企业。

从心理学角度来看授权，授权给他人会使授权者产生一种心理满足感，因为每个人的本性中都有很强烈的表现欲，而影响他人则是其中最强烈的因素。

同样，人的本性中也充满着一种受他人信任的渴望，被人信赖与重视是一种幸福。当一个人被他人接受、承认甚至委以重任，自然会由衷地全力以赴。

因为只有权利，才能体现人的价值。

授权对授权者而言，是一举三得的好事：既善用时间，又让他人有锻炼和发挥的机会，也能发现人才。

人的能力是有限的，授权者应该做更重要更有价值的事。做一件正确的事比把一件事做正确更重要。

授权对领导而言，可以有时间考虑重要事项，可以有条件考察下属的能力与素质，可以有机会让下属做出成绩来接替自己职务，以便可以晋升更高职位，可以对下属的业绩和进度实行有效监督和评价。

授权的过程中可以让各有所长的人组成团队来开展有效工作。

授权也会直接导致领导有被授权的激励和再授权给下属的兴奋，

因而产生权欲满足感和价值感、责任感，同时下属的成功也是领导授权的结果，它也会产生成就感。

授权对员工而言，则是给自己多一些锻炼提高自己能力和表现自己的机会，而这是任何一个人都心甘情愿的。水往低处流，人往高处走，只有接受授权并且积极完成，才会有“水涨船高”的可能。

其实，哪怕是微不足道的小人物都会有种本能的权欲，被人信任和依赖会激发最大的潜能。本职要求加个人承诺，最容易激发员工的积极性和创造性，产生更优异的成绩。

做好分内事是种责任，做好分外事是种乐趣，前提是授权者认真对待，给予被授权者及时恰当的评价。授权者有效利用人性特点，会事半功倍。

二、怎样授权

当授权者决定将自己的一部分权力授予他人时，通常会遇上这样一些具体的困惑：授权给谁？授什么权？怎样有效授权？授权时要注意些什么？

的确，由于授权本身事关重大，万一遇人不淑，用人不当，授权不善，完全有可能造成企业失控，甚至会造成企业破产，因此慎重行事是绝对需要的。但是，别人成功的经验告诉我们，只要授权者正确运用授权，完全可以使授权成为最有效的管理。

三、授权给谁

被授权者一定是那些早已被授权者锁定的目标人选，选择的关键在于合适与否。权力使用和人才使用的要求是一样的，最好的不一定最合适，最合适的一定才是最好的。怎样确定合适，授权者只有通过评估他的素质和能力，了解他的想法和需求来做到。当人选与授权岗位的工作处于最佳合适状态，这样的授权才会产生最佳效果，否则就会浪费资源，降低效率，打乱布局，影响工作。

四、授什么权

授权者的部分权利下放给他人，也是一种选择。哪些权保留，哪些权授出，授权者对此应该分得一清二楚，如果授权的界限不清，会造成授权者与被授权者之间的扯皮和尴尬。

正确的做法是：授权前，授权者先分析界定此项工作所需要的能力与经验、技巧以及把这项工作做好需要的条件和可能风险。授权者可以把这些工作评估成四类：

第一类，一定要授权的工作。这是指根本不该管理层做的事。

第二类，应该授权的工作。这是指下属应该做的例行公事。

第三类，能够授权的工作。这是指下属有能力完成的事。

第四类，不能授权的工作。这是指涉及商业机密、财务、人事、决策的事。

重要的是分清哪些事应该管理层做，哪些事不该管理层做，哪些事不必做。不该和不必不一样，不该是根本不应该，不必是完全没必要。不该做的事去做，那是错；不必做的事去做，那是蠢。

凡是下属能够做的，授权者就没有必要自己做。凡是授权者可做可不做的，授权者就没必要自己做。

这个界定对区分授权的内容和权限同样有用。

五、怎样有效授权

决定授权前，授权者应检查被授权者的现有素质和能力，处于什么状态，还有哪些方面需加以培训和指导。

授权者要向被授权者叙述工作要点具体步骤如下：

1. 说明主题

想要他做什么？

为什么要他做？

授权者对他表示有信心，自然会取得他的信任与承诺。

2. 讨论细节

他应该怎样做？

他有什么责任？

他有多大权力？

他有什么样待遇？

他的工作牵连些什么，整体如何配合？

他应该注意哪些问题？

启发引导指点，是授权尽快产生有效结果的良好方法。

3. 获得承诺

被授权者的承诺；

被授权者的想法和建议；

被授权者的做法和目标；

被授权者的要求。

承诺会增强被授权者的参与感和责任心。他会意识到，只有兑现承诺，才能证明他的价值。

4. 制定标准

确定被授权者工作表现的衡量标准；

确定授权工作的要求；

确定时间、成本、品质、数量标准；

通过制定标准，使被授权者清楚授权者的期望与评估标准。

5. 提出要求

要求被授权者报告工作进度；

要求被授权者接受监督考察；

要求被授权者如有需要可找授权者汇报商量；

要求被授权者在授权空间内自由发挥，用自己喜欢方式做事。

要求是一种沟通，也是一种控制，授权者的愿望通过要求表达，是避免放任不管造成授权失控的方法。

授权时要注意些什么？

授权者应了解被授权者的心态；

授权者应明确被授权的范围和要求；

授权者应掌握授权的态度，让被授权者感到你的认真和非常重视，从而意识到此事非同小可，责任重大，他自然也会相当重视和努力去报效你对他的信赖。

六、授权失误的原因

说起授权，恐怕没有一个人会说“我不会”，授权实在是每个人最本能的天赋，不用教也不用学的。但是，说起授权失误，恐怕就没有一个人敢打包票说自己从来不失误的，因为授权后的变数，影响着授权的效果，而企业经营管理中的授权行为，又远远比我们日常生活中的授权来得复杂。对授权者来讲，造成授权失误的主要原因大概有以下几种：

1. 授权范围责任不清

授权角色的条理不清，不知道哪些工作应该授给谁。

2. 明授暗收，不信任他人

由于过去的经验教训太深刻，使授权者失望或害怕，顾虑重重，总担心别人又会害自己。与其如此，索性抱定一个宗旨：害人之心不可有，防人之心不可无。虽然授了权，但是严格监督，结果做得太过分，反而比不授权更差。

或者因为自己是个完美主义者，自己做事自己放心，别人做事反而令自己更操心，认为别人不如自己严格、仔细、完美。

3. 错授给卑鄙小人，造成严重后患

这方面的教训，每个授权者或多或少都会有一些。这种人，谁遇上谁倒霉！

4. 错授给无能和平庸之辈

遇上这种人，也是授权者的宿命。通常会出现这种局面，被授权者对某些事情束手无策，要么隐瞒过去顺其自然，要么手忙脚乱不知所措，要么干脆大小事情仍然往授权者这儿一推：您看怎么办？

这种人，不授也罢！

5. 错误地想找个替身

许多授权者的潜意识里，都喜欢找自己影子，结果他的直觉行为中，很自然地就会刻意去找一个与自己理念相同，认知相同，甚至行为处事的方法也完全相同的人来做自己的代理人。

虽然，他常常认为这样沟通起来会比较容易些，心领神会，自然会得心应手，省了不少沟通的麻烦。但是，就像这个世界上没有完全相同的两片树叶一样，这个世界上也不可能有两个完全相同的人。这种一厢情愿找替身来代替自己掌控自己企业的想法实在是幼稚，它的直接后果就是虚幻地想像会影响授权者的正确判断。

6. 授权太滥

随意授权比不授权更惨，因为授权太滥会造成不负责任和扯皮，如果被授权者责任心不够或能力不够，结果还得授权者自己去做，等于没授权。很可能授权者花在协调上的精力和时间会大大超过不授权时自己做的精力和时间，得不偿失。

授权太滥必然会造成人际关系紧张，责任心缺乏，企业运作效率降低，费用成本增加。

7. 授权后放任不管

一是没时间管，二是没心思管，三是没能力管。不管不顾，结局可想而知。

8. 授权后管理不当

管理不当不是不管，而是没管在点子上，或者有时管有时不管，想起来了就管管，或者该管的不管，不该管的又乱管。很多授权者都有这个毛病，有时候明明这件事早已授权给下属去负责了，结果一着急，自己又冲上去指手画脚了，弄得下属无所适从。

七、授权后的正确做法

1. 授权的态度

授权者的角色是教练而不是婆婆，如果授权者全部用自己的想法去影响被授权者的判断和思考，只会使授权缺乏想像力和创造力。

因此，授权的态度应该认真、真诚、坦率，留有足够让被授权者想像与发挥的空间。授权者应对被授权者的想法和建议保持肯定和赞许的态度，即使某些想法不妥当，也不要怀疑去训斥，而是了解对方的真实想法，再谈出自己的看法。

决定授权时，授权者应先端正自己的态度是否适合授权，因为授权者可以主宰自己意志以及企业的意志，但是授权者无法保证也不能完全主宰被授权者的意志。只有授权者自己先弄清楚，授权者才有可能说服或影响被授权者接受这份授权，因此授权者还须注意以下问题：

这事让他来做是不是更好？

这工作难度他是否能够承受？

授权者要做些什么才能保证他知道做些什么？

授权是一种双向互动的活动，授权者的态度正确，被授权者才会全心全意接受，回报以最佳表现。

授权是为了分担授权者的压力，培养被授权者，形成团队合力。

授权也是一项系统活动，从一般授权到特殊授权，由低到高，循序渐进，逐步扩大范围和难度，授权者的压力越来越小，被授权者的能力越来越强，此消彼长就会产生我们所期望的最佳管理状态。

2. 授权后的监督

授权后一定会有必要的监督，既然授权，必然监督，这是权限原则。实行监督从本义上讲，是一种关心，是一种呵护，是一种帮助。应该让被授权者明白这个道理，否则，被授权者会对必要的监督产生反感和敌视。如果要达到授权和监督的有效平衡，使被授权者在一定的空间中发挥行权的作用，那么，授权者应该与被授权者在这一点上形成共识、达成默契。

监督要事先讲明，监督要设定制度，监督要明确做法，监督要保持距离，监督要保证公平。

监督的具体内容包括：检查进度和完成质量，提供意见，提供必要帮助，确认成绩，给予鼓励。

监督是善意的帮助，是监督而不是监视。

一方面，授权者应对被授权者充分信赖，否则就没必要授权。另一方面，授权者也不能百般迁就，姑息养奸。

既充分授权，又有效监督，一张一弛，此谓管理。

3. 授权后的评估

授权后的有效性应该有个评估标准，否则，做了多少，做得怎么样，说不清的结果会严重挫伤被授权者的积极性。因此，配合授权应该制定相应的业绩评估标准，然后双方严格按事先承诺或双方约定的标准进行评估。评估要及时、公正、公开、才会产生效果。每次的评估结果同时也是下一次授权的依据。

4. 授权后的掌控和收放之道

授权不是失控，不要任由被授权者独自承受意外。

放任不管必然会失控，一旦如此则会两败俱伤。

掌控是跟进与关注，是控制大的原则，注意事态发展，关键时刻予以及时和必要的指点。

收放之道在放权。收是收所有权和决策权，放是放部分职权，没有权力空间，很难指望别人会主动创造或积极参与。

收是大事清楚，注重结果；放是细节糊涂，不在乎过程。

5. 让授权成为最有效的管理

企业管理的成功之道在授权。授权之后，授权者可以完成更重要的工作，如战略决策、企业发展、资本经营。可以借此加深对下属的认识，从而改善彼此关系。可以帮助被授权者建立信心，增强自信，感悟成功的真谛，能有时间享受生活。

如果企业规模比较大，架构层次多，可以实行分级授权。分级授权必须界定和明确级与级之间的责权范围。分级授权应该分级管理，也可以在业务上实行分级授权管理，在人事和财务上实行直线管理。但如果这样，则必须授权协调者来进行协调，否则会引发利益冲突。

授权恰当和正确，管理自然会得心应手，工作也必然会有条有理。授权者也就可以有充分的时间与足够的精力去进行正确的判断、决策、领导。

Find out ho was responsible
问 责

问责是一种追究责任的管理行为。问责是指公司各部门负责人针对部门职责范围内的工作失误或对未能有效地配合其他相关部门工作，上级、项目负责人对其追究责任。简单地说“问责”就是责任追究制度，把应该承担的责任追究到位。

问责的主要目的是使企业的每一位员工，能承担起他的工作。在工作中增强责任感，加强领导与员工的合作，提高工作效率，致力于团体目标的实现，使企业上下员工理念一致，方向明确，确保企业健康稳步发展，确保经营战略的有效实施。

问责可以为激励员工自觉履行责任，接受监督，防止有令不行、有禁不止、有责不负的现象，一项工作少了严格的管理制度与有效的监督策略，没有群策群力的“合力”，很难想像项目执行的结果。成功的关键要素之一就是具备一个明确的战略，并对每一个部门、每一个人、每一个执行者产生积极的刺激作用。然后在这个基础上开始整合企业的各项资源，从而快速切入市场，问责制就是能产生刺激作用的一个管理制度。

对于国内众多企业来说，当他们发展到一定程度之后，在高速增长的背后不是资金的缺口和市场的狭窄，而往往更多的是表现在管理上的滞后，责权不明导致人浮于事，甚至相互扯皮，从而出现岗位责任不明、绩效考核难抓的局面，最后导致一团和稀泥的局面，而这种情况又往往因为企业的高速发展使得企业管理人员难以停下来去作检讨，问责的保障才是企业战略成功的根本。

一、怎样问责

当工作出现失误时，要对造成的损失和成果进行责任追究，也就是问责。通常在这时候，我们会有一些困惑：向谁问责？问责的内容？怎样有效问责？问责时要注意什么？ 问责是员工头上高悬的一把双刃剑。处理的不好，这把剑不仅会伤着员工，也会伤着企业本身，因此慎重行事是绝对需要的。

二、向谁问责

问责的对象是公司内部工作失误的部门负责人或对未能有效地配合其他相关部门工作的上级、项目负责人，包括现任企业领导，企业各部门、各地办事处、各项目、各工作的主要负责人。问责的对象是某部门、一件事的主要负责人，谁负责，谁就是被问责的对象。除了问责具体当事人，还应对当事人的上级也就是分管此项工作的人进行告诫。

三、问责的内容

问责的内容是围绕企业内外运行环境、年度经营目标和任务，并根据各部门的岗位工作职责与标准、管理制度与业务流程、工作计划和重点工作进度而制定出来切实可行的工作目标和措施。比如：达成公司的经营目标，完成公司的某项专项工作(如产品报价、沼气招标、ＥＲＰ管理等)，应对一些突发事件，面对一些如产品质量、安全事故等实际内容。问责的内容包括：一没能按照权限、时限履行或完成任务或职责；二是责任不落实、管理不到位、措施不得力造成本身管理方面履行职责效果达不到要求；三是对目标实施过程中出现的问题未能有效控制；四是在工作中失职、渎职给企业造成重大损失的或者重特大事故的，从严处理。

四、问责的原则

问责要全面。问责管理的核心就是通过对当事人工作目标、职责、行为的问责来保证实现高效的组织管理。因而问责必然涉及到企业内部的所有部门和人员，体现出问责的全面性；同时，各个层级和不同岗位的问责都有相同的重要性。

问责要有合理性。在问责中，相辅相成的还有责任与权利，“权”有多大，“责”就有多大，相应的还要有人来问你的“责”到底有多大，责任和权利设置要合理。但我们必须明确责任，而不能笼统地认为是低标准的责任，领导在走上岗位的时候也应先考虑‘责’，即在任期的时间内完成什么样的目标，做什么样的事。

问责要有激励性。问责管理的优越性体现在通过员工对工作承担起责任,从而使他们能够在工作中增强责任感，充分调动工作的进取心与主动性，因此，问责的设定应具有激励性。问责的内容不合适或问责的方法不恰当都会打击和挫败人们的积极性。

问责要制度化。问责要作为一种制度来实施，实施的过程要用程序化、理性化的方式进行。以制度或条例的方式规定何种人员所负何责，谁来问责，何人依何种程序判其失责，失责人员当受何种处分。如果将问责仅仅作为一种简单的随意性管理行为，可能未见其利，先见其弊。

问责要坚持实事求是。权利与责任、权利与义务有明确分界的后果，一旦出现问题，主要负责人要承担全部责任，做到奖罚分明、追究过错与工作责任相适应。

问责要教育与惩戒相结合。问责制也不是单纯的追究责任，主要是通过问责这种管理行为的实施，来加强部门之间的沟通，检讨工作中有倾向的思想问题、完善管理层的结构和提高人员责任意识，通过明确的程序化手段，将公司需要的一些文件或制度进一步法制化，提高工作效率。

五、问责的程序

一旦当事人工作出现失职，或其主管的部门出现失职，上级领导或负责人按程序对下属工作部门及其主要负责人进行问责。依据问责结果和影响大小，按照管理权限，严肃追究被问责的相关人员的责任，做出通报批评；诫勉；责令辞职；警告；调岗；免职；书面检查；取消当年评优评先资格；给予经济处分；制度规定的其他方式，并将处理结果及时告知和公布。

六、问责的评估

问责的评估是问责管理的最后阶段，是对问责的实施结果的检查验收。通过评估可以全面地总结问责管理的成效，激励先进、鞭策后进、发现问题、分析问题、承担责任、不断改进，为今后的提高奠定基础，同时也标志着问责管理的又一个循环的开始。在问责评估过程中应注意到以下几个问题：

一是要保证问责评估的内容全面、具体，涵盖问责的全部内容。对每一项问责都要核查，要保证问责的公平性。

二是对问责的标准应保持规范一致，不能随意发生变动，影响问责的严肃性。

三是问责评估结束后，要将评估结果通报给下级和全体人员。

四是及时按配套制度处理问责结果。这是问责管理的最后环节，也是警示他人，督促、调动他人工作积极性的重要措施。

Control
控　制

控制系统的作用是及时发现各个环节的问题，及时采取措施予以纠正。管理者的控制系统应有弹性，它只控制结果，不控制方式。

一、控制的步骤

第一步确定工作目标，订立标准。

第二步测量实际工作状况。

第三步将工作进展报告与既定标准相比，作差异分析。

第四步针对差异根源，设计更正活动，然后执行。

在这里，控制的标准是个关键，因为标准提供的是规范性的评价结果，它可以帮助管理者在管理过程中分清责任，核定程序和做法是否正确，同时也能降低成本，减少费用，避免扯皮或推诿，提高工作效率。

控制的标准有实施标准、成本标准、数量标准、质量标准等。标准应统一与具体，实施标准应进行精细化处理。我们必须明白这一点：内部规范化运作对提高企业核心竞争力至关重要。

管理者的控制技巧其实并不复杂，一是为每个岗位设计操作标准问题；二是让相关人员填写回答并与自己的实际相对照；三是针对表现不理想的岗位人员进行指导乃至调整；四是让相关人员修改制定出自己岗位完整的操作程序和标准。

控制其实是相对于管理者而言，在管理时，员工肯定忌讳自己是被控制的对象，因此管理者很少用“控制”这个词来阐释管理，这是对的。人性化的社会，每个员工都渴望受人尊重，被人重视，但他们又都或多或少地有些不够正确的想法和不够规范的做法，我们既要充分让员工都成为团队中必不可少的重要成员，也要让他们适应团队的要求，改变自己。

控制意味着不仅注重原则，而且强调细节。企业运作的核心是细节管理，中国古代思想家老子曾经说过：“天下难事，必做于易；天下大事，必做于细。”在设计运作程序时，我们应该将所有的细节中可能发生的问题都用例行作业的标准进行处理，也就是说，运作流程中每个环节的每个细部，都进行标准化的控制，如果我们发现有问题产生的可能，就必须改变流程或对细节进行重新设计，对标准进行精细化处理。

二、控制管理

每个人自身都有控制系统，其作用是及时发现问题和错误，并在造成实际损失之前纠正它。

企业作为拥有众多人的经济组织，具有和人一样相同的特征。如果我们仔细分析，我们就会惊讶地发现，企业的组织架构仿佛人的骨架，企业的各个部门犹如人身上的各种器官，而企业的运作就好比人的生命运动。

企业内部信息流好比人的神经系统，控制着人体的全部运动。

企业资金流好比人体内流动的血液。

企业的物流好比人体的消化系统。

企业和人一样，也是一个极其复杂的系统，也面临着优胜劣汰的生存危机。

而企业管理者的控制系统比个人的更为复杂，因为它包含了众多个人和各个部门。管理者离发生问题的地方肯定有距离，人员越多，机构越大，距离越远，问题越难发现，后果可能就越严重。因此，必须建立相应的控制系统。

控制系统是控制管理的核心，建立起有效的控制系统，才能进行相应的控制管理，从这个意义上说，管理者的控制系统也就是我们强调的企业必需的内控制度。

控制管理有两种类型，一种是紧控，一种是松控，前者既控制目标，又制定程序，并指导实施，这种方式能够弥补企业员工能力与水平缺陷，比较适用于传统小型企业。后者只控制目标和达到目标的关键条件，不具体参与细节操作，这种方式能够充分调动员工的积极性和发挥他们的特长，比较适用于现代型企业。

三、控制管理的程序

研讨制定目标 ⟶ 下达目标 ⟶ 监督和检查过程 ⟶ 评价成绩。

在控制管理中，最关键的是让执行者理解为什么要让他做这项工作，这是管理艺术。只有让他明白这项工作非他莫属，他才会心甘情愿地充分表现自己来达到我们所期望的目的。

“士为知己者死”，任何人都乐意被他人赏识和重用。

控制管理是调动员工的积极性，制约员工的随意性，规范员工的行为性。控制的是为达到企业目标所涉及的全部程序和防止可能发生的问题。

在控制管理的过程中，管理者要提醒执行者注意意外情况并要求其安排好有效对策。

控制管理最大好处在于激发员工渴望做出最好的工作成绩，而管理者则通过监督与评比，发现人才，发现薄弱环节，发现问题，在问题造成实际损失之前控制和予以解决，提高企业工作效率和业绩。

Business clerk's standard

Chapter 11

第十一章

商务文书标准

函电
文件
文案
计划
制订
收发
管理

Letter electricity
函　电

所有的商务函电，都应该具有我们企业本身的性格品质和标准的函电措词，这会使一份简单的商务函电变得非常有个性、非常特别、非常与众不同。而这，正是我们商务人员孜孜以求的写作境界。

一、函电写作

商务函电的作用，一是索取信息或传递信息，二是处理商务交流中有关事宜，三是联络与沟通感情。

商务函电的写作应掌握“7C”原则，即：

完整(Complete)；　　正确(Correctness)；

清楚(Clearness)；　　简洁(Conciseness)；

具体(Concreteness)；　　礼貌(Courtesy)；

体谅(Consideration)。

完整：商务函电应完整表达所要表达的内容和意思，何人、何时、何地、何事、何种原因、何种方式等。

正确：表达的用词用语及标点符号应正确无误，因为商务函电的内容大多涉及商业交往中双方的权利、义务以及利害关系，如果出错势必会造成不必要的麻烦。

清楚：所有的词句都应能够非常清晰明确地表现真实的意图，避免双重意义或者模棱两可。用最简单普通的词句直截了当地告诉对方。

简洁：在无损于礼貌的前提下，用尽可能少的文字清楚表达真实的意思。清楚和简洁相辅相成，它摒弃函电中的陈词滥调和俗套，可以使交流变得更加容易和方便。而一事一段则会使函电清楚易读和富有吸引力。

具体：内容当然要具体而且明确，尤其是要求对方答复或者是对今后的交往产生影响的函电。

礼貌：文字表达上应表现出商务人员的职业修养，客气而且得体。最重要的礼貌是及时回复对方，最感人的礼貌是坦诚，是从不怀疑甚至计较对方。商务交往中肯定会发生意见分歧，但礼貌和沟通可以化解分歧而不影响双方的良好关系。

体谅：为对方着想，这也是美国人撰写商务函电时一直强调的原则：站在对方立场，“You　ottitude！”我们在起草商务函电时，始终应该以对方的观点来看问题，根据对方的思维方式来表达我们的意思，理解与体谅对方，无论是在选择什么样的语句进行表达或选择考虑问题的角度，都尽量为对方着想。只有这样，我们与对方的沟通才会卓有成效。

真正有价值的商务函电应该体现出以下两个特点：

第一、格式化中透出人情味和成熟。

第二、规范化中讲究分寸感和礼仪。

商务函电的种类包括：商洽函、询问函、答复函、请求函、告知函、联系函。

从商务函电的具体使用功能来讲，又可分为：答复函、订货函、任命函、祝贺函、感谢函、介绍函、邀请函、联络函、致歉函、慰问函、唁函、推销函。

二、函电范本

例一：

商洽函

敬启者：

我方在《化学杂志》上，得到贵公司名称和地址，盼与贵公司建立商务关系，特函奉告。

本公司系中国化学产品最大的出口商之一，具有五十年的商务经验，商誉驰名。我方的服务和产品品质保证会使贵方满意。如需作进一步的了解，请向中国银行深圳分行直接查询。

盼尽速回音。

发函者

××××年×月×日

例二：

商洽函

敬启者：

目前本公司已将商务机械部门扩大并考虑增加新产品，特函奉告。

贵公司各类打字机、计算机颇适合我方市场，请惠赐一份贵公司目前生产之产品全套目录及样品，并盼最低价报价。贵方能否供应，请惠函赐知。

若本公司决定为贵公司销售产品，贵公司应向我方保证，在东南亚地区将不同时销售此种产品。

盼尽速回音。

发函者

××××年×月×日

例三：

商洽函

施乐复印机公司维修部：

我公司去年购入贵公司复印机一台，由于使用不当，造成故障，希望贵部能派员工上门予以维修，如能及早得到你们的帮助，将令我们感激不尽。

斯迈德公司行政部

××××年×月×日

例四：

询问函

敬启者：

我方在“凤凰卫视”上看到贵公司的广告，对贵公司的金属箱及各类刀具，至感兴趣。

请贵方附表内之项目，以CIF新加坡报价函告，并将最早交货日期，付款条件及经常订购的折扣，亦一并予以说明。

本公司对各类金属日用杂货每年需求量甚大，请贵方惠赠一份目录及详细说明。

发函者

××××年×月×日

例五：

询 问 函

敬启者：

就纯棉T恤供应一事，国内若干贸易公司已与本公司接触，请以CIF巴西圣保罗报价，500件价格多少，请惠函告知。

目前此地对廉价衬衫市场销路甚佳，若贵方报价合理本公司就可按要求立即装运。

因此，对贵方给予特别优惠折扣一事，至表感激。

发函者
××××年×月×日

例六：

询 问 函

敬启者：

我和太太打算在本月底举行一次晚宴，邀请您和全家出席，一同欢度我们大学毕业二十周年，地点在希尔顿酒店西餐厅，请您们确定具体时间，并答复我们。

静候回音。

签名
××××年×月×日

例七：

请 求 函

敬启者：

谢谢贵方索取本公司新型手袋目录一函。贵方所需目录分别寄上，并盼贵方对所列条件会感兴趣。

订购数量多少与价格，在表上均有分别说明，同时此表亦可作订购单使用。在88~98页上显示有多种新型号，是今年手袋展示会上一种时尚，敬请贵方注意。

因为本公司接获大量订单，务必全力履行，故建议贵方对本公司之产品指示，尽速惠函告知。

发函者
××××年×月×日

例八：

请求函

敬启者：

今天本公司已将一瓶新上市的样品美酒邮赠阁下，以示对阁下之敬意。并盼阁下在府上尝试一番。如果你尝试，就会同意我方认为此为每一位家庭主妇选购餐食的必需品。

这种酒是甜酒和酒精的最佳混合，喝上几杯，就会发出一种醇厚而馥郁的味道，对增加食欲特别有效。这种上等酒是悉尼运，保费在内，每打美金20元。

以一般信用证，给予贵方的贸易折扣为20%，兹随本函附上特制卡式订单表，请贵方将其填妥后投入信箱，以便我方处理。

发函者

××××年×月×日

例九：

请求函

敬启者：

贵方三月二十三日来函告知200件总价以天津运保费在内之报价单敬悉，谢谢。本公司同意贵方报价并盼贵方接受本函作为洽谈中货物之正式订单。

请将货物交第一批船期装运，付款今天由银行记票支付，基于贵我双方商业上往来已有一年，请按季结账一次。

发函者

××××年×月×日

例十：

告知函

敬启者：

我方三月十日致贵方函谅悉，故在函中曾强调我方第816号订单交货之重要，务必将货物于四月三十日前运达。

货物虽已运出，但尚未接到贵方寄来的任何资料，除取消本订单外，别无选择。因为我方顾客坚持交货日期，这样做实出无奈，至感遗憾。

发函者

××××年×月×日

例十一：

告知函

敬启者：

贵方订购货物的出口许可证已获批准。货物即将于八至十天内制作完成，特此奉告。我方建议，以见到由中华人民共和国中国银行开出不可撤消信用证时付款。

我方一接到贵方确认书后，信用证就已开出，而货物即行启运并将文件寄出，作为向银行结账凭据。

发函者

××××年×月×日

例十二：

告知函

敬启者：

我们很高兴通知您，我们全家荣幸和愉快地接受您们邀请，预定本月二十九日下午18:00在希尔顿酒店参加您们举办的晚宴，相信它会令我们大家都开心不已。另，如果这一时间不太合适，请来电告知，以便我们另选时间。

签名

××××年×月×日

例十三：

答复函

敬启者：

贵方七月五日来函询问一事，敬悉，谢谢。阁下已在《美好产品》杂志上，阅读了本公司刊登的广告，至感欣慰。

函中要求我方在价目表中，再减少5%特别优惠，我们除感激贵方订购外，另外必须提出，我们价目表内之订价，业已减至最低限度，如此价格在其他地方不可能购得。

若贵方订购量达到150,000件时，本公司就同意贵方减低5%的要求。订购前，本公司盼贵方来函确认。

谨致问候之意。

发函者

××××年×月×日

例十四：

答 复 函
敬启者： 　　贵方所需尺码的巴黎服装，本公司乐意向贵方提供，阁下在本公司款式展示中所看到的全部式样，除16号尺码已售磬外，其余全部均可供应。此种尺码下月有货，可在十二月份向贵方交货。 　　若在十月三十日前接获贵公司订单，所有全部其他尺码，在十一月底前均能供应。所附全部空运价格，均以北京运保费在内计算。 　　这些品质优良的服装价格，极具竞争力，盼贵方同意，并希望接到贵方首次订购。 发函者 ××××年×月×日

例十五：

答 复 函
敬启者： 　　廖金泽先生对因时间原因无法接受贵公司邀请参加8月8日星期二举办的上市路演冷餐会，表示遗憾并致歉意。 　　诚挚地祝贺贵公司上市成功。 廖先生的秘书签名： ××××年×月×日

例十六：

联 系 函
敬启者： 　　信用证修改事项说明如下： 　　根据我方收到的信用证，其付款规定为见票120天付款。但是我方所需要的，是见票即付信用证。此项规定已获贵方同意并在贵方订单上明确记载。因此，请贵方按单内说明修改。货物将于本月二十日交运，敬请贵方依照我方要求立即修改。 发函者 ××××年×月×日

例十七：

联 系 函

敬启者：

贵方提醒我方九月十六日付款逾期一函敬悉。本公司本打算付清，但由于本地季节性贸易不景气，造成我方顾客付款极度缓慢。

此种原因，致使本公司暂时不便清偿货款总额。今天通过中国银行，本公司以电报发出，贵方可在一两天内收到。本公司希望贵方能了解我方困境并给我方以协助。

发函者

××××年×月×日

例十八：

联 系 函

尊敬的市长阁下：

因为廖金泽先生现在台湾，他计划在下月返回中国内地，因此当他不在时，由我寄上您所需要的资料，我希望此举能对您有所帮助。

在廖先生回来之前，如果还要我帮忙的话，请不要犹豫，让我知道，我会尽力提供帮助。

廖先生的秘书签名：

××××年×月×日

例十九：

接受会员资格回函

尊敬的某某：

感谢您3月6日给我的来信。获邀加盟贵执行董事会，我深感荣幸。

我很清楚贵机构在社会上有着积极的影响力。在以后的日子里，我将竭尽所能为这一光荣的事业贡献力量。

再次感谢您授予我的这份荣誉。我期待着4月份的会议上与其他董事会成员的会晤。

此致

敬礼

签名

××××年×月×日

例二十：

> **接受委员邀请的回函**
>
> 尊敬的某某：
>
> 感谢您的来信，获悉我被选为协会委员，我深感荣幸。
>
> 我很了解协会在专业中的影响力。在以后的日子里，我将竭尽所能为这一光荣的事业贡献力量。
>
> 再次感谢授予我的这份荣誉。我期待着在年底的年会上与其他协会成员的会晤。
>
> 此致
>
> 敬礼
>
> 签名
>
> ××××年×月×日

例二十一：

> **接受社交邀请回函**
>
> 尊敬的某某：
>
> 下星期六(27日)晚上8点，我和我的朋友小王会准时到假日酒店3号厅。非常感谢您的邀请。
>
> 对于参加这次化装舞会，我们非常的兴奋。这次活动一定非常有趣。
>
> 致最美好的祝愿
>
> 签名
>
> ××××年×月×日

例二十二：

> **对客户第一次订货的感谢函**
>
> 尊敬的某某：
>
> 感谢您6月9日向我们订购电脑配件。我从公司的仓库负责人处得知，您订购的那批货今天下午就进行质量检验，所以这批货比预定时间提前一两天到达您在的深圳公司。
>
> 谢谢您购买我们的产品。我们期待着还能继续为您供应同类中质量最可靠的配件。
>
> 此致
>
> 敬礼
>
> 签名
>
> ××××年×月×日

例二十三：

对投标者的感谢回函

尊敬的某某：

收到您4月9日寄来的投标信和投标书，在此表示感谢。我已把您的标书转交到相关部门进行审阅。

正如您所知，我们要在众多的投标者中进行筛选。如果我们认为有必要进一步了解标书，就会和您联系。

谢谢您的热心参与。

此致

敬礼

签名

××××年×月×日

例二十四：

邀请投标函

尊敬的某某：

CCH公司目前正接受服装制作投标。投标事项要求如下：

一、生产任务及要求：

1.制作服装约24000套，其中夏装12000套，秋装12000套。

2.面料为棉质及其他质地。

3.款式为工装。

4.面料颜色为深蓝色、黑色或其他颜色。

二、投标要求：

请按上述要求和标书制作规定，尽快制作标书(厂家简况介绍、营业执照、注册商标、质量认证、所获荣誉证书、服务承诺、法人及委托人证件、报价及2000元投标预约金)及各式服装样品前来投标。

三、投标时间：限在本月18号下午5:30点钟前。

四、接待部门：本公司后勤部

注：投标预约金中标者不退，未中标者及时退还。

此致

敬礼

签名

××××年×月×日

例二十五：

感 谢 函 尊敬的某某： 　　在我们筹备今年的商业论谈会上，您公司的王为先生给了我们极大的帮助。王为先生协助我们处理紧急情况，在预订酒店地点有变时，他想方设法为我们找到了新的合适地点。在繁忙的准备工作中，他处处表现得通情达理。由于他的帮助，我们工作做得非常顺利。我们预计，今年的商业论谈会将办得更成功。 　　此致 敬礼 签名 ××××年×月×日

例二十六：

向顾客道歉的信函 尊敬的某某： 　　您要的编号为B－456货物，我方错给了一件编号为B－457货物。现将正确的货物已用快件的形式发往您公司，请您将B－457货物退回。此事件中所有的费用由我方承担，并希望这件事没有给您造成太大的损失。谢谢您提醒我们的失误。 　　此致 敬礼 签名 ××××年×月×日

例二十七：

催款信函 主题：索取逾期账款 尊敬的某某： 　　鉴于贵方总是及时结清贷款，而此次逾期一个月仍未收到贵方上述账目的欠款，我们想知道是否有何特殊原因。 　　我们猜想贵方可能未及时收到我们6月30日发出的16000人民币欠款的账单。现寄出一份，并希望贵方及早处理。 　　此致 敬礼 签名 ××××年×月×日

例二十八：

商业会议概述函

尊敬的某某：

现附您下个月访问CCN的议事日程。按计划，您是6月9日下午5:30分到达，6月12日下午离开。

为了充分地利用我们合作的时间，我已经让相关人员把您关于访CCN公司的计划全部看了一遍。希望您也有备而来，从CCN公司发展的角度讨论议事日程的每项内容。我期待会议能在计划上消除疑问，解决问题。如果您发现我有什么遗漏的地方，请给我打电话，我相信，下个月的会议一定能取得令人满意的成效。

此致

敬礼

签名

××××年×月×日

例二十九：

向顾客报价信函

尊敬的某某：

信后附我们对贵公司第六号锅炉安装的报价单位VVC—02。您如同意这份报价，希望有关人员能在一起协商一份大家能够彼此都适合的安装进度表。这份报价是基于现在所提供的信息制定的。以后的任何必需改动都将遵从当时的价格。如您对这份报价单有不同意见，请在5天内给予答复，我们再次面谈协商。

感谢您给予我们这次机会，我们期待着您的回音。

此致

敬礼

签名

××××年×月×日

例三十：

再次索取欠款

尊敬的某某：

未见贵方对我们6月30日去信要求结算一事之回复。我们再次来函提醒贵方，欠款为16000人民币。毫无疑问，一定有特殊原因使贵方延误付款，我们期待贵方说明原因并寄上汇款。

此致

敬礼

签名

××××年×月×日

例三十一：

三度索取欠款

尊敬的某某：

我们于6月30日及7月15日两次去函要求结付16000元人民币欠款，但至今未收到贵方任何答复，对此我们感到难以理解。我们希望贵方至少得解释为什么账款至今未付。

我想你们也知道我们对贵方多方关照，但你们对我们先前的两次询函不作答复。我们极不愿意做任何损害你们信誉的任何事情。即使现在我们还准备再给你们一次机会来挽回此事。因此，我们再给你们15天时间来结清账目。

如我们在8月15日前未收到全部付款，我们之间的合作将被取消，另外，这件事将通过法律的程序进行处理。请在以后的三个工作日内给我们打电话，讨论我们如何能够解决这件事。

此致

敬礼

签名

××××年×月×日

例三十二：

祝贺信函

尊敬的某某：

祝贺您升任为总经理。这次提升完全是理所当然的。在您的领导下，这个公司已经成为本市同行业中最具有竞争力的企业之一。我深深地相信，您的见解、您的领导力和您的英明领导将使我们企业成为国内本行业的龙头。

请接受我最美好的祝贺与祝愿，祝您不断成功！

签名

××××年×月×日

例三十三：

合同的合作函

尊敬的某某：

我很高兴将有关商务合作的合同寄给您，该合同一式两份。

请您在两份合同上签署姓名和日期后，并将其中的一份寄还给我。

这项新的合作项目无疑将吸引更多的合作伙伴，也为我们提供更大的业务发展空间。借此之机，也对您的辛勤工作表示祝贺。感谢您不懈努力，以及对各方面所作的协调工作。我们的计划也会进展顺利的！

此致

敬礼

签名

××××年×月×日

例三十四：

申请参加展会的信函

尊敬的某某：

我希望您允许我公司参加在广州举办的全国日用品展览会。这个展览会每年举办一次。如果我们不参加，就错过了一次绝好的机会。这次展览会的主题是日用品，正是我们大力开拓业务的大市场。预计今年将有420家企业参展，我们的几个主要竞争对手也将参加展会。

市场部计划在这次参展会上，除了大力开展业务以外，也将努力研究、收集其他新产品的有关信息和本行业发展新趋势。

随函附上参展的费用和其他预算。请您有问题随时打电话告之。

此致

敬礼

签名

××××年×月×日

例三十五：

价格变动的通知函

尊敬的某某：

我们十分高兴在过去一年中为贵公司提供钢产品服务。在此期间，我们的价格一直没有变动。

但是，由于原料、运输、人工等成本的上升，我们不得不上涨钢产品的价格。为了继续为您提供产品和最好服务，我们会在原有价位的基础上提高8%。尽管如此，我们认为比起您得到的服务，我们的价格还是非常低廉的。

这次价格变动自5月12日起生效。如果您有任何疑问，请给我们打电话，我们期待能够继续为您提供最好服务。

此致

敬礼

签名

××××年×月×日

例三十六：

工作进展报告函

尊敬的某某：

我想向您汇报一下晚会筹备工作的进展情况。

目前我们的舞台设计组正在紧张的对灯光部分进行最后的调试。

节目组总编导对节目已经完成了最后的审定。

其他工作正按照我们预定的进度表顺利进行。

我们希望在下个星期三晚上8:30分进行最后的彩排。

此致

敬礼

签名

××××年×月×日

Document
文 件

商业文件一般包括行政文书和法律文件。

商务文件通常采用陈述或说明方式，在文字表达时，往往以叙述为基础，议论为手段，说明为目的，三者结合使用。

但是，有时写作内容也会制约表达方式。一般而言，反映情况的侧重于叙述，阐明道理的偏重于议论，提出要求的则多用说明。

叙述是对任务或事件所作的交代。叙述应有很强的概括性，用词精炼，准确无误。

议论是对事件评价来讲道理。议论应紧扣主题，言之有理。

说明是用简明扼要的文字把事件真相说清楚。

商务人员写作的东西基本与商务运作有关，这种应用性特别明显的特点要求我们在遣词造句时，应特别注重简明、准确、朴实、规范。

简明是指用词简单明白，直截了当。

准确是指用词含义明确，不会造成误解。

朴实是指用词通俗自然，恰如其分。

规范是指用词符合语法与逻辑规范。

商务文件的写作要求实用，它紧紧围绕着商业事务发生，是实用文件的集中体现，我们在编写商务文书时，要始终紧扣特定对象、事务性质、规范标准、时间效率、期望目的来写。

一、文件编写要求

商务文件的资料应用性很强，这个特点决定了我们在编写时必须遵循以下这些写作要求：

一是意思明确。明白无误地把要说的话写出来，让别人看得懂，一目了然，这是最起码的要求。

二是文理通顺。这无论对于准确表达还是让我们的写作水平受人尊敬都是十分重要的。

三是观点正确。表达的东西要有道理，不能强词夺理，更不能讲歪理。

四是实事求是。是什么说什么，不掩饰，不夸张，一切都按事实本身进行描述与表达。

五是及时迅速。商务人员办事最讲究干净利索，编写商务文书时同样如此，效率对企业而言非常重要，尤其是商务处理，拖拉误时有可能会造成巨大的经济损失。

六是简明生动。商务文书虽然有基本格式，但编写时仍然应从可读性与观赏性上下功夫，使之富有生动鲜活的人性，否则，整篇都是陈旧的八股文，语言枯燥单调，只会令人乏味。

七是层次分明。一个意思就是一句话，一句之内讲不完的话用逗号区分，讲完了用句号表示结束。几句话构成一件事，就是一个自然段。如此一来，层次分明，段落清楚，方能让人看得赏心悦目。

八是格式规范。所有的商务文书都有其固定的格式规范要求，我们不能随心所欲地去改变这种约定俗成的规矩，否则会让看的人糊涂，甚至弄拧了原意。

二、文件内容

商务文书的内容必须是有事而发，言之有物，目的明确，内容真实，不讲空话。

文件内容一般格式包括：标题、题注、收件单位或个人、正文、导语、主体内容、结束语、附件或说明或备注、发件单位或个人、发文日期与时间。

我们在编写商务文书时要根据内容及目的选择相应的文体，并选择上述相应而且必须的内容项。

三、文件编写程序

程序也是一种模式，经验告诉我们，借助成功的模式可以大大提高我们的工作效率。那就是按部就班，顺序处理。

商务文件的拟写程序分为五个步骤：

第一步，明确写作主旨。写什么？要达到什么目的？怎样写？用什么文体与格式最合适？给谁看？要求对方做什么？等等。这是给写作定位，确立目的和方法。

第二步，收集资料信息。根据写作内容，设计收集方法，需要哪些资料或信息？怎么收集？怎么整理？达到什么目的？然后在此基础上分析研究，得出结论。

第三步，拟写提纲。提纲是为内容要点搭建的结构顺序，哪里简述？哪里详写？哪里前后呼应？应该通盘考虑，精心策划，使自己在写作时能娓娓道来，顺理成章。

第四步，起草全文。

第五步，修改定稿。从对方理解角度推敲斟酌，力求意思明确，印象深刻。

四、文件种类

1. 指示

对下级布置工作，阐明工作活动的指导原则所采用的文件形式。批示的结构由标题、受文机关、发文机关、发文日期和正文等部分组成。指示的正文包括三项组成部分：指示的原因、指示的事项、执行要求。

附范文：

> 公司关于严格执行招待费用审批制度的指示
> （2004年12月6日）
>
> 针对当前总公司和子公司出现招待费严重超支的情况，集团特作指示如下：
>
> 集团各领导负责监督本企业的招待费使用支出制度的执行。
>
> 任何企业、部门、个人，要分别情况，对于已经报销的不合理的招待费用，该退回就要退回；属于不合理的招待费用，要坚决不给报销。
>
> 抓好各公司、各部门、个人的招待费标准和支出审批制度。
>
> 请公司各部门于本季度前向总公司写出报告。

2. 通知

通知是上级对下级、组织对成员或平行单位之间部署工作、传达事情或召开会议等所使用的应用文。通知一般包含有对象、事由、要求、时限、发出部门和发出时间等要素。通知的写法有两种，一种是以布告形式贴出，把事情通知有关人员，如学生、观众等，通常不用称呼；另一种是以书信的形式，发给有关人员，此种通知写作形式同普通书信，只要写明通知的具体内容即可。通知要求言简意赅、措辞得当、时间及时。通知分为指示性、转发性、发布性、事务性、会议性五种类型。

指示性通知包括三项组成部分：

通知的依据或原因，为什么要发通知，然后用“现通知如下”作为过渡，转入主体内容。

主体内容。分段叙述具体事项。

结尾。一般写执行要求，如“以上通知希望认真执行”。

转发性通知包括三项组成部分：

来文单位及来方名称。

转发。一般用“现将此文件转发给你们，望遵照执行”。

顺带要求。就转发来提出补充意见。

发布性通知包括三项组成部分：

发布根据。

发布内容。

发文目的或意义。

事务性通知包括两项组成部分：

通知内容。

附带要求。

会议性通知包括三项组成部分：

会议原因。

会议事项。包括时间、地点、与会人员、日程安排、报到日期、准备材料。

其他事项。如与会者注意事项。

附范文：

关于有效控制会议数量提高会议效果的通知
（××年×月×日）

集团各部门：

目前，我集团各部门普遍存在会议数量多、名目杂、与会人员过多、经费支出大而实际效果差的问题(事实依据)，根据王华平总经理在第五次工作会议上所作《2003年集团工作报告》的精神，为企业发展的需要，进一步提高工作效率，必须在全集团范围内进一步有效控制会议数量，提高会议效果。为此，特做如下通知：

一、可开可不开的会议就不开，只召开非开不可的会议。

二、保证会议要有内容，明确要解决的问题。在会前明确通知会议目的、程序、时间、地点，让参会者有所准备。正式会议，还要把议程发给参会者；开会时开门见山，直奔主题。

三、不开议而不决的会议，会而有议，议而有决。多次会议才能解决的问题，应当明确宣布是暂时休会，并应宣布下次会议的进一步要求，提醒大家早做准备。

四、精简会议数量，压缩会议规模。提倡少开会、开短会。讲究实效，并严格控制会议数量和与会人员，节约各项会议费支出。

五、改革会议餐饮方式，积极推行分餐制。因势利导，以奖代拨，完善奖励驱动机制。即奖励节约经费者，处罚超支者。严格会议结算审批制度。

特此通知。

通知单位落款

××××年××月××工日

3. 通报

通报适用于表彰先进、批评错误、传达重要精神或者情况。通报属下行公文。通报由标题、主送单位、正文、发文机关和日期组成。

表彰性通报。主要用来表彰先进、介绍单位或个人成功的经验、做法，以学习先进，见贤思齐，改进与推动工作为主。

批评性通报。用来批评后进，纠正错误，打击歪风，指出有关单位或个人存在的错误事实，提出解决办法或处理意见。

情况性通报。用于传达上级重要精神，沟通信息，互通情况，以推动本单位或全局工作。

通报的格式和写作要求：

标题由发文机关、事由、文种或事由、文种构成。如《国务院关于一份国务院文件周转情况的通报》、《关于人大建议、政协提案办理情况的通报》等。

正文表彰性通报和批评性通报一般分为三部分：

(1)主要事实。表彰性通报要突出主要的先进事迹，批评性通报要抓住主要错误事实。

(2)分析指出事例的教育意义。表彰性通报，是在阐述先进事迹的基础上，提炼出主要经验、意义和值得学习与发扬的精神。批评性通报要分析错误的性质、危害，产生的根源和责任，指出应吸取的主要教训等。

(3)提出要求。情况通报有两种形式：一种只对有关事实作客观叙述，另一种还要对有关情况加以分析说明，有时还针对具体问题提出应采取何种对策的指导性意见。

4. 批复

批复是上级机关答复下级机关请示事项的答复性公文，具有权威性、针对性和指示性等特点。

权威性。批复发自上级机关，代表着上级机关的权力和意志，对请示事项的单位有约束力，特别是那些关于重要事项或问题的批复，常常具有明显的法规作用。

针对性。凡是批复必须是针对下级机关请示事项而发，内容单纯，针对性强。批复的目的是指导下级机关的工作，因此批复在表明态度后，还应概括地说明方针、政策以及执行中的注意事项。

批复的标题有两点需要特别强调：批复的发文单位即行文主体，既不能不写，也不能随意略写或简化；事由批复的大致有两种写法，一种是用表示关联范围的介词“关于”加上请示或批复的事项来表述，如《国务院关于1991年~2000年全国治沙工程规划要点的批复》；另一种是在“关于”和请示或批复事项中间再插入一个表态动词“同意”来表述，如《国务院关于同意开放×××航空口岸的批复》。

批复的正文一般由三个部分组成：

(1)引语。批复的开头通常要引述来文作为批复的依据，引述的方法有四种：第一种是结合请示的日期引述，如“×年×月×日来文收悉”；第二种是结合来文的日期和文号引述，如“×年×月×日×号文收悉”；第三种是引来文日期和来文名称，如“×年×月×日《关于……的请示》收悉”；第四种是引述来文日期和请示事项，如“×年×月×日关于……问题的请示收悉”。

(2)主文。主文是批复主体，这部分应针对下级机关请示的事项，表示同意与否的态度，有时还要阐述同意或不同意的理由。答复请示事项针对性要强，答复要明确具体，简明扼要，表达准确无误。

(3)结尾。是批复正文的最后部分，它的写法有三种：第一种是提行写“此复”或“特此批复”；第二种是写希望和要求，给执行请求事项的答复指明方向；第三种是秃尾，就是请示事项答复完毕就告结束，此种结尾方法使用的频率越来越高。

要写好批复还应注意以下几点：

第一，有核实请示缘由的真实性，研究请示所提意见或建议的可行性，有些情况应先作调查研究；

第二，凡请示事项涉及其他部门或地区的问题，批复前都要与其协商，取得一致意见；

第三，及时批复，以免贻误工作。对不按行文的正常渠道办理或一文多头的请示，应予以纠正，以免误事。

附范文：

某公司关于同意

在全公司施行《宿舍管理办法》的批复

总务部：

你部《关于在全公司施行〈宿舍管理办法〉的请示》(总务部×××号)收悉。经研究(依据)，同意自某年某月某日起在全公司施行《宿舍管理办法》。

你部要抓紧制定具体实施细则，并注意及时总结经验，发现并纠正有关问题，使该方面制度不断完善。

(印章)

××××年×月××日

5. 会议纪要

会议纪要适用于记载和传达会议情况和议定事项。会议纪要产生于会议后期或者会后，属纪实性公文。会议纪要是根据会议情况、会议记录和各种会议材料，经过综合整理而形成的概括性强、凝炼度高的文件，具有情况通报、执行依据等作用。任何类型的会议都可印发纪要，尚待决议的或者有不同意见的，也可以写入纪要。会议纪要是一个具有广泛实用价值的文种。

(1)会议纪要的特点：

纪实性。会议纪要必须是会议宗旨、基本精神和所议定事项的概要纪实，不能随意增减和更改内容，任何不真实的材料都不得写进会议纪要。

概括性。会议纪要必须精其髓，概其要，以极为简洁精炼的文字高度概括会议的内容和结论。既要反映与会者的一致意见，又可兼顾个别同志有价值的看法。有的会议纪要，还要有一定的分析说理。

条理性。会议纪要要对会议精神和议定事项分类别、分层次予以归纳、概括，使之内容清晰、条理清楚。

(2)会议纪要的种类：

议决性会议纪要。是对领导层经过集体讨论所形成和议决性意见进行阐述的。

纪要。它具有政策性、理论性、指导性等特点，行政约束力很强，具有明确的指示性。

学术性会议纪要。这类纪要属讨论型的会议纪要，它既可以按发言人的先后顺序整理，也可按问题类别进行整理。有的纪要还要注意表达清楚问题分歧的焦点。学术性纪要不具有法定的行政权威和约束力。

(3)会议纪要的写作格式：

会议纪要通常由标题、正文、主送、抄送单位构成。

标题有两种情况，一是会议名称加纪要，如《全国农村工作会议纪要》。二是召开会议的机关加内容加纪要，如《省经贸委关于企业扭亏会议纪要》。

会议纪要正文一般由两部分组成。

会议概况。主要包括会议时间、地点、名称、主持人，与会人员，基本议程。

会议的精神和议定事项。常务会、办公会、日常工作例会的纪要，一般包括会议内容、议定事项，有的还可概述议定事项的意义。

工作会议、专业会议和座谈会的纪要，往往还要写出经验、做法、今后工作的意见、措施和要求。

(4)会议纪要的写作要求和注意事项：

要正确地集中会议的意见。没有取得一致意见的，一般不写入纪要，但对少数人意见中的合理部分，也要注意吸收。

例会和办公会议、常务会议的纪要，重点将会议所研究的问题和决定事项逐条归纳，做到条理清楚，简明扼要。

会议纪要用“会议”作主语，即“会议认为”“会议确定”“会议指出”“会议强调”“会议听取了”“会议讨论了”等。

会议纪要写成后，可由会议主办单位直接印发，也可由上级领导机关批转。有的会议纪要还可由会议主办单位加按语印发。

6. 会议记录

会议记录一般由两部分组成：会议的组织情况及主要内容即研究的主要问题。

(1)组织情况：

会议的名称及次序。

会议的时间及地点。

出席者和缺席者。

主持人。

记录人。

(2)会议的内容：

主持人的讲话、报告或传达精神。

讨论内容。

与会人员的发言。

(3)会议决议：

决议是“一致通过”或者“多数通过”。

重要会议决议如有不同的意见，必须记上赞成或反对的具体人数，必要时应写上姓名。

会议期间有间断，在记录中要注明“休会”。会议结束，要另起一行空出两格写明“散会”。重要会议记录在正文的右下角要由主持人和记录人签名。

7. 决定

决定是对某些问题或重大行动做出安排所用的文体。其结构由缘由、主体、署名组成，要求科学、严谨、精炼、准确。按性质化分，分为表彰决定、处理决定、知照决定、任免决定。

(1)表彰决定包括四项组成部分：

被表彰者的身份和事迹。姓名职务应明确，事迹应具体。

评价。对被表彰者的评价应恰如其分。

表彰决定。对被表彰者的奖励内容。

希望与号召。借表彰之机提出号召。

(2)处理决定包括三项组成部分：

处理的事实本身或当事人的问题。

分析问题的性质和问题产生的原因以及应当吸取的教训。

处理意见。

(3)知照决定包括两项组成部分：

决定根据。做出决定的政策或事实依据。

决定内容。分条列项写明决定的事项，重在宣告和知照。

(4)任免决定包括三项组成部分：

任免根据。

任免日期。

被任免人员的姓名和职务。

8.请示

请示适用于向上级机关请求指导、批准。请示属上行文。请示的作用在于请示工作并要求上级批复。常见的有事项性请示和报告性请示。一般包括开头和结尾、情况和说理、措施和意见等几个部分。要求陈述理由充分，提出解决问题的方案要具体，切实可行。请示不可“先斩后奏”，这是请示区别于报告的主要特征之一。

附范文：

某公司销售部关于在各地设立销售办事处的请示

某公司：

近年来，我部门承担着公司下达的销售任务，但因销售渠道的限制，因而使销售工作进展缓慢，到目前为止，今年的销售任务才完成了50%，为此，现拟在各地设立销售办事处。办事处直属我部门，天津、上海、北京、广州、新疆共五处，编制20人，其中销售人员15人，秘书1人。

以上当否，请予批准

（印章）

××××年×月××日

9. 报告

报告适用于向上级机关汇报工作、反映情况、提出意见或者建议，答复上级机关的询问。报告属上行文，一般产生于事后和事情过程中。

(1)报告的种类

综合性报告。是将全面工作或一个阶段许多方面的工作综合起来写成的报告。它在内容上具有综合性、广泛性，写作难度较大，要求较高。

专题性报告。是针对某项工作、某一问题、某一事件或某一活动写成的报告，在内容上具有专一性。

回复报告。是根据上级机关或领导人的查询、提问做出的报告。

(2)报告的写作格式

①综合性报告的写法

标题事由加文种，如《关于××××年上半年工作情况的报告》；报告单位、事由加文种，如《某某公司关于××××年度工作情况的报告》。

正文把握三点：

开头，概括说明全文主旨，开门见山，起名立意。将一定时间内各方面工作的总情况，如依据、目的和对整个工作的估计、评价等作概述，以点明主旨。

主体，内容要丰富充实。作为正文的核心，将工作的主要情况、主要做法和取得的经验、效果等，分段加以表述，要以数据和材料说话，内容力求既翔实又概括。

结尾，要具体切实。写工作上存在的问题，提出下一步工作具体意见。最后可写“请审阅”或“特此报告”等作结尾。

②专题报告的写法

标题由事由、文种组成，如《关于各地筹建办事处的工作报告》。有的报告标题也可标明发文机关。标题要明显反映报告专题事由，突出其专一性。

正文可采用“三段式”结构法。以反映情况为主的专题工作报告主要写情况、存在的问题、今后的打算和意见；以总结经验为主的专题工作报告主要写情况、经验，有的还可略写不足之处和改进措施；因工作失误向上级写的检查报告主要写错误的事实、产生错误的主客观原因、造成错误的责任、处理意见及改进措施等。结尾通常以“请审核”、“请审示”等作结尾。

③回复报告的写法

标题与前两种报告大体相同。

正文根据上级机关或领导的查询、提问，有针对性做出报告，要突出专一性、时效性。

(3)报告的写作要求：

写综合报告应注意抓住重点，突出主要矛盾和矛盾的主要方面。在此基础上列出若干观点，分层次阐述。说明观点的材料要详略得当，以观点统领材料。

专题报告，要一事一报，体现其专一性，切忌在同一专题报告中反映几件各不相干的事项和问题。

切忌将报告提出的建议或意见当作请示，要求上级指示或批准。

10. 调查报告

商务调查报告是根据市场调查研究活动及调查成果而写出的有商业价值和商务建议的书面报告。

标题即报告的题目。有直接在标题中写明调查的单位、内容和调查范围的，还有的标题除正题之外，再加副题。前言部分用简明扼要的文字写出调查报告撰写的依据，报告的研究目的或是主旨，调查的范围、时间、地点及所采用的调查方法、方式。

除此之外，为了使读者迅速、明确地了解调查报告的全貌，还可以在前言里极简要地列出一个报告的摘要。

主体部分是报告的正文，它主要包括三部分内容。

(1)情况部分：

该部分是对调查结果的描述与解释说明。可以用文字、图表、数字加以说明。对情况的介绍要详尽而准确，为结论和对策提供依据。

(2)结论或预测部分：

该部分通过对资料的分析研究，得出针对调查目的的结论，或者预测市场未来的发展、变化趋势。该部分为了条理清楚，往往分为若干条叙述，或列出小标题。

(3)建议和决策部分：

经过调查资料的分析研究，发现市场的问题，预测市场未来的变化趋势后，并为准备采取的商务对策提出建议或看法。

结尾是全文的结束部分。一般写有前言的商务调查报告都要有结尾，以与前言互相照应，综述全文重申观点或是加深认识。

附范本：

市场定位是经营成败的关键

某某百货是本市著名的大型零售商场之一。几年来在市场激烈竞争中，由于重视调查研究，搞好市场定位，掌握商战主动取得了明显成果。2000年重新装修后，即以中高档定位作为目标市场，为了验证市场定位是否准确，揭示经营效果与市场定位的相关性，依照上司指示，我们对华联百货的客源作了调查，并通过对顾客的基本情况及其购物动机的统计分析，对上述问题做出一个客观的结论性的判断。

一、调查目的

考察顾客的性别、年龄、居住地、职业和经济收入等顾客的基本情况；调查顾客的购物动机。

二、调查方法

1.调查对象。以购物顾客为调查总体，从中随机抽取1000名顾客作为调查的具体对象。

2.调查问卷。问卷分性别、年龄、居住地、职业、经济收入及购物动机6个项目。各题均采用封闭式设计，要求调查对象根据实际情况在各题所列的选择项中选取一项，作为对该题的回答。

3.调查问卷的分发。调查问卷由商场工作人员在商场内随机分发，当场回收。回收率为100%。

4.数据处理。调查问卷数据由SPSS统计软件处理。

三、调查结果分析

1.顾客的性别构成。1000名调查对象中男顾客470人，占总数的47%，女顾客为530人，占总数的53%。购物女性顾客明显多于男性顾客。

2.顾客的年龄组成。34岁以下的顾客744人，占总数的74.4%；而35岁以上的女顾客仅有256人，占总数的25.6%。购物顾客主要是年轻人。

3.顾客的居住地分布。来自市区的顾客有64.4人，占顾客总数的644%。购物顾客主要是市区顾客。

4.顾客的职业分类。顾客职业是公司企业职员、事业单位职员和工人的人数占总人数的66.9%。购物顾客职业主要是公司企业职员、事业单位职员和工厂工人。

5.顾客的月薪收入。月薪在501~1000元范围内的顾客有503人，占总数的50.3%；在1001~2000元范围内的顾客有253人，占25.3%。有75.6%的顾客月薪在501~2000元范围内。

6.顾客购物动机的分析。顾客购物动机主要是商品档次高(22.4%)，购物环境好(19.9%)，商品质量好(14.1%)和服务好(13%)。

男性顾客比女性顾客更注重购物环境和商场的服务，而女性顾客则更注重商品的档次和商品的质量。年轻顾客是注重商品档次和购物环境，而老年顾客则更多地考虑商场的服务和商品的质量。

经济收入不同的顾客购物动机排序虽有不同，但购物动机基本类似，如月薪501~1000元的顾客动机和月薪为1001~2000元的顾客动机完全相同。除了购物环境好和商品档次高这两个动机外，月薪较低的顾客和月薪较高的顾客都较注重商场的服务和商品齐全。

这次顾客基本情况的调查，共计发出调查表1000份，回收1000份，回收率100%。统计分析表明，这样的一个顾客群主体，其购物动机必然是要求商品档次高、购物环境好、商品质量好和服务好。换一个角度说，正是某某百货把目标市场定位在中高档，并以此不断努力创造出特色，因而在公众心目中留下了一个中高档商场的形象，久而久之使之成了一批追求中高档顾客的购物去处。因此，我们完全可以这样说，两年来的中高档市场定位是准确的，今后的任务是在经营商品和服务上再下一番功夫，更好地迎合自己固有的顾客群，并吸引更多潜在的消费者。

11. 可行性研究报告

在企业运作中，可行性研究报告大量适合用于项目操作前期，它是在调查研究的基础上，分析论证某个项目活动是否切实可行而提出的完整书面报告，它包括四个组成部分：

(1)标题。项目名称要加文种，如“敬老院项目可行性研究报告。”

(2)说明。报告的起因、理由、依据。

(3)正文。包括项目宗旨、项目名称、项目地点、项目资金、项目简介、项目测算、项目结论、报告撰写人和日期八个内容。

(4)附件。

附范文：

重阳敬老院项目可行性研究报告

一、项目宗旨

贯彻“十六大”精神，大力发展老年福利事业，利用闲置厂房，盘活国有资产，安置下岗职工，促进社会稳定，为解决日益严重的老龄问题而尽力，使广大老人“老有所养、老有所学、老有所乐、老有所为。”由中源公司租赁开关厂闲置厂房场，创办集保健、休闲、娱乐、教育、生活为一体的敬老院。

二、占地面积、建筑面积、使用面积、人均居住面积分别为二万平方米、一万平方米、一万平方米、十二平方米／人。

三、所在地区环境，公用设施情况

位于市区近郊，交通十分方便，敬老院三面靠马路，与外界分开，马路宽敞，车辆稀少，周围均为居民区，无噪声、无污染，院内环境宽敞，绿树成荫，阳光充足，空气清晰，环境清幽，水电通讯、锅炉房、食堂等公用设施配套一应俱全，可谓是环境优良，设备完善。

四、周围医疗机构，副食品经营单位情况

距敬老院两公里有中华医院，五公里内有健康医院、慈善医院、中山医院等，可保证养老院内老人的医疗保健服务。由于地处居民区，菜场、集贸市场很多，家乐福大型超市就在附近，副食品供应十分方便。

五、投资打算、资金来源、投资方式、投资额

将一万平方米闲置花园工厂改建成两栋宿舍楼7200平方米，三栋综合楼2250平方米，一栋办公楼550平方米，可容纳840位老人，有210间标准四人间客房(室内有彩电、分体空调、电话、床灯、呼叫警铃、卫生间、淋浴室、棋牌室、大餐厅、图书馆、健身房、桑拿浴室、休闲茶馆、书画室、理发室、洗衣室、教室、医务室、舞厅等功能设施齐全的大型综合性敬老院)。敬老院自筹资金或接受社会各界捐赠，投资以资金或实物方式，投资总额600万元人民币。

六、名称：

重阳敬老院

地址：北京市朝阳区。

性质：自筹资金、自负盈亏、独立核算、自主经营的社会福利事业法人单位。

床位数：840张(每间客房22.5平方米，住4人，人均5.6平方米)。

服务对象：老人。

服务方式：住院老人的吃住护理、医疗保健、教育娱乐、生活休闲疗养等。

七、章程、管理制度

参照市、区社会福利院有关章程及管理规章制度。

八、需备医护人员、管理人员、护理人员

医护人员6人，管理人员10人，护理人员84人，后勤人员30人。

九、收费标准

按市民政局有关规定执行。

十、收支平衡估算

(840人托管、护理费按四级护理标准分档，每档210人)

收：特级护理：210人×800元×12个月=201.60万元

一级护理：210人×330元×12个月=83.16万元

二级护理：210人×300元×12个月=75.60万元

三级护理：210人×250元×12个月=63.00万元

年收入合计：423.36万元

支：租金：170.00万元

工资：90.00万元

水电费：60.00万元

年支出合计：320万元

年盈余合计：103.36万元

按定投资600万元计，需六年收回投资。

注：餐费自理，燃料费等列入餐饮成本。

十一、筹建进程

1. 民政局有关领导考察现场。
2. 向民政局申报、领取批准设置书、装修设计和报价。
3. 签订正式合同、清场、移交场地。
4. 装修施工、安装设备与调试。
5. 广告宣传、招募与培训员工、接受住院老人预订。
6. 民政局验收并核发许可证，敬老院开业。

12. 意向书

附范文：

创立中国利天来化妆品有限公司意向书

为将法国国际名牌丹妮亚系列化妆品推向中国市场，进一步提高中国人的审美观念和消费意识，中国利天来实业有限公司(简称甲方)与法国丹妮亚集团(简称乙方)就创办中国利天来化妆品有限公司达成合资意向如下：

一、本公司是甲乙双方在自愿投资、平等互利、合作经营的原则下，共同投资的具有独立法人资格的合资企业。

二、合作年限为20年。

三、经营范围为：化妆品、护肤品、保健品以及利天来品牌的延伸如皮具、服装等个人日常消费品。

四、注册资金为美元100万，其中甲方出资比例占60%即美元60万，乙方出资比例占40%即美元40万。

五、本公司董事长由甲方担任，总经理由乙方担任。

六、注册地点：中心路1号品牌大厦3301房。

七、公司注册地点作为总部，负责研制开发及营销工作，另设工厂负责生产。

八、未尽事宜及具体条款在正式合资合同书中以予明确。

九、本意向书一式肆份，双方各执两份。

甲方：中国利天来实业有限公司　　乙方：法国丹妮亚集团

代表：　　代表：

××××年×月×日　　××××年×月×日

13. 协议书

附范文：

品牌大厦房产租赁协议

出租方：(下称甲方)　　承租方：(下称乙方)
地址：　　地址：
代表：　　代表：
电话：　　电话：

双方依据商品房管理规定及政府其他有关规定，经过友好协商，一致同意签订本房产租赁合同，条款如下：

一、租赁房产用途、位置及面积：

甲方同意将下列自有房产出租给乙方作为办公用房。

租赁房产位置：中心路1号品牌大厦3301室

租用总建筑面积：200平方米。

二、租金及交付方式：

月租金：按每月每平方米支付人民币拾元，合计人民币大写×××万元整。以上月租金每月结算一次。乙方必须在当月五日之前将当月租金以本票方式结算汇入甲方指定受益人账户。

乙方如不按期缴租，应向甲方交纳滞纳金。滞纳金按当月租金的千分之五计算。若乙方拖延缴租十五天，即视乙方违约，甲方有权停止提供一切服务(包括水、电、空调、电话等)，若乙方继续拖延缴租金至一个月，甲方则有权单方收回本合同所规定出租的房产，解除本房产租赁合同。但乙方所欠租金及滞纳金仍须向甲方缴清。履约保证金不退还乙方。

三、租赁期限

本房产租赁合同的有效期自××年××月××日起至××年××月××日止。合同期满后，在同等条件下，乙方有续约优先权，租金另议，租约再定。

四、履约保证金：

乙方应在本房产租赁合同签订之日起三天内向甲方缴付履约保证金合人民币大写×××万元整，金额为乙方三个月租金的总和。甲方签发收据。

合约期满，乙方付清租金办理迁出所需一切手续后，甲方将上述履约保证金当场全部退还乙方；如乙方拖欠租金或因其他违约造成甲方经济损失，甲方有权没收全部履约保证金，并要求乙方赔偿经济损失。

五、室内装饰：

1.一个月装修期免收租金。

2.乙方负责上述房产的室内装修，并提供装修设计方案。该装修设计方案不得损坏原房产建筑结构，外观和大厦总体统一装修要求及标准。乙方在甲方审查认可该装修设计方案，并报消防部门审核后，方可进行装修施工。此项室内装修的全部费用由乙方负担。

3.甲方应提供乙方租赁范围内的水源、电源、中央空调、消防等基本设施。乙方若需更改空调、消防等设施，必须事先通知甲方工程技术人员到现场。电话、通讯设施可根据乙方要求由甲方根据情况予以有偿提供，有关费用按甲方规定标准另行计缴。

4.乙方在租赁房产范围内进行室内装修工程时，必须严格遵守甲方物业管理部门的有关规定，若对大厦的公用设施或第三者财产造成毁损，乙方应负责赔偿一切损失。

5.在室内装修期内，乙方应向甲方缴纳租赁房产的管理费、空调费及装修使用的水电费。

六、房产管理：

1.在房产租赁期内，乙方必须遵守国家法律和政府各项有关规定、服从甲方物业管理人员管理。违者视情节轻重按甲方物业管理条例做出处理。

2.乙方任何人员未经甲方物业管理部门批准，不得留宿，不得储存违禁品、易燃品、爆炸品等，如因乙方所为(包含故意或过失)

而导致租赁房产及有关设施损坏的，乙方应负责修缮使之恢复原状，经修缮，不能恢复原状的，乙方应当赔偿与毁损程度相当的费用给甲方，此外还应赔偿由此而引起的第三者损失并承担法律责任。

3.在房产租赁期内，甲方有权入内查看乙方租赁房产状况和例行保安检查。

4.房产租赁期内，甲乙双方均不得借故解除本房产租赁合同。

5.乙方每月规定缴纳管理费、空调费、电话费、水费、电费等费用。

6.本合同期满或解除，乙方必须于合同终止或解除之日起迁出，同时将所有物品全部搬清，搞好清洁卫生，若在规定的迁出期限三日之后，仍留下物品未搬清，则作乙方放弃权利论，甲方有权报请工商部门和房产管理部门派员到现场会同处理，乙方不得有异议。其他固定在地面、墙面、天花的装饰，如地板、墙纸、灯饰等物应保留使用时原状并交归甲方所有。

七、其他：

1.如因不可抗力(战争或严重自然灾害等)导致上述租赁的房产不能继续使用时，本合同即告终止，双方均不承担责任。

2.本合同适用中华人民共和国的法律法规和政府的有关规定。如发生纠纷，双方应通过友好协商解决；如协商无效，则任何一方均可提请经济合同仲裁机构仲裁解决，仲裁费用由败诉方负担，如无败诉方，则按仲裁裁决的规定由双方分别承担仲裁费用。

3.本合同经甲乙双方代表签字盖章，并由乙方交纳履约保证金之日起生效。本合同一式肆份，具同等法律效力。

出租方：	承租方：
代表人：	代表人：
××××年×月×日	××××年×月×日

14.合同

合同是指作为平等主体的当事人为实现一定经济和民事目的，明确相互权利义务关系的协议。其特点是：合同双方或多方当事人之间的协议；合同当事人的法律地位平等；合同以设立、变更、终止当事人之间的权利和义务为目的。

根据合同的成立是否已交付标的物为条件，合同可分为诺成性合同与实践性合同；根据合同成立是否需要特定的形式，将合同分为要成合同与不要式合同；根据双方当事人权利和义务的分担方式，合同分为双务合同与单务合同；根据双方当事人取得权利有无代价，可将合同分为有偿合同与无偿合同；根据两个合同之间的主从关系，合同分为主合同和从合同。

合同法是指国家权利机关制定的调整平等民事主体之间合同关系的法律规范，即1999年1月1日起施行的《中华人民共和国合同法》。

合同订立的一般程序：合同的订立包括要约和承诺两个阶段。

要约是一方当事人向另一方当事人发出的订立合同的意思表示，发出要约的一方为要约人，另一方为受要约人。要约的内容需包括足以决定合同成立的主要条款。要约的法律效力表现为两个方面，就要约人来说，自要约生效起取得承诺的资格。

承诺是受要约人做出的对要约完全同意的意思表示。

承诺须与要约的内容保持一致，承诺的形式程序与要约的形式相同。承诺自到达要约人时起生效，迟到的要约被视为一项反要约或新的要约。

根据我国法律的规定，我国合同有下列三种形式：首先是口头形式；其次，除即时清结的合同外，应当采用书面形式；最后，还包括特殊书面形式，如登记、批准和公证等。

合同订立的原则首先是合法，即当事人订立合同不得违反国家法律和政策的规定，不得侵犯国家、社会公共利益和第三人的合法权益；其次是平等自愿、协商一致的原则。

合同成立的条件：一是需有两个以上的当事人，且当事人以一定的形式表达出设立、变更、终止权利义务关系的愿望；二是合同的标的需要确定；三是当事人的表示需一致。

合同成立的方式主要有协议成立、确认成立和批准成立。

合同的内容是指合同各项条款，根据合同当事人权利、义务和责任的条文内容确定。其包括主要条款和普通条款。

合同的主要条款包括：

(1)双方当事人的姓名和名称。

(2)合同标的是指合同当事人的权利和义务指向的对象。合同标的可以是货物、货币、行为、智力成果和工程项目等。

(3)数量和质量

数量和质量是确定标的主要条件。

(4)价款或酬金

这是有偿合同的必备条款。合同中应定明价款和酬金数额与计算标准、结算方式和程序等。

(5)合同的履行期限地点和方式

合同的期限包括有效期限和履行期限。合同履行的地点和方式的确定对明确当事人权利和义务有重要意义。

(6)违约责任

是指违反合同义务的当事人应承担的法律责任。在合同中明确违约责任的规定，有利于督促当事人自觉履行合同，发生纠纷时有利于确定违反合同的当事人应承担的责任。

(7)争议解决条款

合同的普通条款是指合同主要条款以外的不影响合同成立的条款，实践中往往由当事人协商确定。

合同的履行是指合同的当事人依照合同的规定，全面完成各自承担义务的行为。合同依法成立即具有法律约束力，当事人应当全面履行合同约定的义务。

合同的履行原则：一是实际履行原则。即合同当事人应当按照约定的合同标的履行合同，不得以其他标的替代合同标的，不得擅自变更或解除合同；二是适当履行原则。指合同当事人应当按照合同约定的数量、质量、履行期限、地点和方式履行义务。

合同履行的担保包括以下5种方式：

(1)定金

定金是签订合同的当事人一方，为了证明合同的成立和保证合同的履行，按照合同约定先给付对方一定数量的货币。合同履行后，定金应收回或抵作价款。给付定金一方不履行合同时，无权要求返还定金；接受定金一方不履行合同时，应当双倍返还定金。定金具有预先支付性和惩罚性。

(2)保证

保证是合同当事人以外的第三人以自己的财产担保合同一方当事人履行义务的行为。保证合同一方当事人履行义务的人为保证人，被担保履行义务的人为被保证人。当被保证人不履行合同时，按照担保约定由保证人履行或者承担连带责任。保证人代被保证人履行合同或赔偿损失以后，有权要求被保证人偿还财产。

(3)抵押

抵押是指合同义务方或者第三人向权利方提供财产作为抵押物，以保证义务人按期履行合同义务的行为。当义务人不履行义务时，权利人有权将抵押物折价或变卖，并且优先于其他债权人受到补偿。提供抵押财产的义务人或第三人成为抵押人，接受抵押财产的权利人成为抵押权人。不动产和交通工具的抵押，抵押合同自有关主管机关登记之日起生效。

(4)质押

质押是指为了保证合同的履行，合同义务人或第三人将其动产或者权利移交权利人占有，当义务人不履行合同义务时，权利人有权就其占有的财产优先受偿的权利。质押的标的是动产和权利，并且需转移质物的占有。质权的设立，通常是以合同进行的，在质权合同中，出质人和质权不得约定在合同履行期届满、质权人未受清偿时，质物的所有权转移为质权人所有。汇票、本票、支票、债券、提单、仓单和存款单等的质押，自权利凭证交付之日起生效；以股份、股票出质的，自证券登记机构办理登记时生效；以商标专用权、专利权、著作权中的财产权等知识产权出质时，自有关管理部门进行登记时起生效。

(5)留置

留置是指合同一方当事人按照合同的约定占有另一方当事人的财产，在对方当事人不履行合同义务时，依照法律的规定扣留该财产，并以该财产折价或者以该财产的变卖价款优先受清偿的担保形式。享有留置权的合同一方当事人称为留置权人，留置权人扣留的财产称为留置物。留置权是一种法定担保物权，留置权的标的是动产。留置物折价或者变卖、拍卖，其价款超过债权数额的部分归合同另一方当事人所有，不足部分仍由合同义务人清偿。

合同的变更广义上是指合同法律关系的主体、客体和内容的改变；狭义上是指合同法律关系的客体和内容的改变，即指合同的各项条款的修改、补充和限制。我们这里使用的是合同的狭义概念。

合同的解除是指合同订立或尚未全部履行之前，当事人提前终止合同，使合同关系归于消灭。合同解除根据解除方式，可分为单方解除和协议解除；根据解除原因，可分为约定解除和法定解除。

合同变更和解除的程序，因协议变更和解除与单方行使变更和解除而有所不同。协议解除的，应当采用书面形式，具备一方行使解除权的当事人一方应当将变更和解除合同的意思以书面形式及时通知对方，自解除合同的意思通知到达对方起即发生合同解除的效力。当事人就合同是否解除发生争议时，也可诉请法院或仲裁机构裁决。

合同具备下列条件之一的，当事人可以变更和解除合同：

当事人协商同意，且不因此而损害国家和社会公共利益的，可以变更和解除合同。

一方违反合同，以致严重影响订立合同所期望的经济利益，另一方有权解除合同。

发生不可抗力事件，致使合同的全部义务不能履行，当事人可以单方解除合同。

一方在合同约定的期限内没有履行合同，或另一方当事人在合同约定的期限内没有履行合同，在被允许的推迟履行的合理期限内仍未履行，对方有权解除合同。

合同约定的解除条件已经出现，一方有权解除合同。

出现法律规定的其他解除合同的情形。

合同的变更和解除一般不涉及合同已履行的部分，而是对未履行的部分发生法律效力。合同变更的，当事人不再按照原合同的内容履行，而按照变更后的合同履行；合同解除的，当事人之间的权利义务提前终止。双方自愿协商变更和解除合同，不影响合同约定的结算和理赔条款，不影响合同约定的解决争议条款。

无效合同是指虽经当事人订立，但不能产生有效合同的法律后果，是不受国家保护的合同。按照我国法律和司法实践，无效合同主要有以下几种：一方或双方当事人主体不合格的合同；内容不合法的合同；采用欺诈、胁迫和乘人之危等手段签订的合同；代理人没有代理权、超越代理权、或以被代理人的名义同自己或自己代理的其他人签订的合同。无效合同从合同订立时起就没有法律约束力。无效合同的法律后果包括返还财产、赔偿损失、追缴财产归国家所有等。

可撤消合同是指由于法定原因享有撤消权的一方合同当事人请求撤消合同效力的合同。可撤消的合同包括：一是因重大误解而订立的合同；二是显失公平的合同。可撤消的合同，只有当事人申请撤消时，法院或仲裁机构才能做出撤消的裁决。

违反合同的责任简称违约责任，是指合同当事人一方或双方不履行或不完全履行合同应依法承担的相应的民事责任；其次，违约责任也是一种财产责任；最后，违约责任具有惩罚性。

那么，什么是违约呢?

要有违约事实，即有合同不履行和不完全履行的客观事实存在。

当事人有违约的过错。过错包括故意和过失。故意是指当事人预见自己的行为会引起不履行合同的不良后果，仍希望和放任这种结果的发生；过失是指当事人应当预见到自己的行为可能引起不履行合同的不良后果，由于疏忽大意没有预见，或虽遇见但轻信这种结果不会发生，以致造成合同不能履行或不能完全履行。当事人的过错是构成违约责任的主观要件。

违约补救是指合同的当事人一方违约时，为减少或弥补另一方当事人因此遭受的损失而采取的各种措施。违约补救措施主要有：

(1)支付违约金

违约金是指法律或合同规定的，当一方当事人因过错不能履行或不能完全履行合同时，应向对方支付一定数额的货币。违约金一般可分为法定违约金和约定违约金、惩罚性违约金和补偿性违约金。

(2)支付赔偿金

赔偿金是当事人因过错违约给对方造成损失，在没有规定违约金或违约金不足弥补损失时，支付给对方当事人的补偿费。支付赔偿金的条件是：合同当事人一方有违约行为，且主观上有不履行合同或不完全履行合同的故意或过失；合同当事人另一方有违约行为，并且一方当事人的违约与另一方当事人的损失有因果关系。支付赔偿金的范围，应相当于另一方因此遭受的损失，即包括直接损失和间接损失。对于因对方违约而受到损失的一方没有及时采取防止损失扩大的适当措施致使损失扩大的，无权就扩大的损失要求支付赔偿金。

(3)继续履行合同

未违约方有权要求违约方继续履行合同义务。违约方已支付违约金或赔偿金的，并不当然免除履行合同的义务。

(4)中止合同

是指当合同一方当事人有对方不能履行合同的确切证据和对方当事人履行合同的能力有严重缺陷时，有权暂时停止履行合同。实施中止履行合同权的一方当事人，必须在对方出现预期违约时才能采取该措施。当对方提供担保时，则不能双方中止履行合同。

(5)支付延迟支付金额的利息

当事人一方未按期支付合同规定的应付金额或合同有关的其他应付金额时，另一方有权要求支付延迟支付金额的利息。

(6)解除合同

解除合同也是违约救济措施之一。当事人一方有权解除合同的，不影响其要求赔偿损失的权利。

根据我国《合同法》的规定，因不可抗力原因致使合同不能履行或不能完全履行时，可免除当事人的责任。不可抗力是指当事人在订立合同时不能预见、对其发生及后果不能避免并不能克服的事件。不可抗力包括来自自然界和人类社会的事件和行为。因不可抗力而不能履行合同的全部或者部分义务的当事人一方，应当把它因不可抗力事件而不能履行合同的全部或者部分义务的情况及时通知另一方，以减轻可能给对方造成的损失；并且应当在合理的期间提供有关机构出具的证明。合同纠纷的解决方式包括协商、调解、仲裁和诉讼。

文案不必太拘泥形式，只要能言之有物，只要有正确的思路和系统解决方法，只要有针对性，就不失为一份好的文案。

日常事务的处理大多只需用简短的文字，但是文案，通常是用于对某一个重要项目或需要系统阐述的事务。文案基本上是一个完整的设想或实施计划，无论什么种类，关键都是能够提出行之有效的解决方法。

文案犹如公司上市时的路演，自己先在纸上预演一下，可以使自己心里有数，而上司与同事，则能够因为文案而统一思路，达成共识，形成合力。从这个意义上讲，文案就是指导文件，有助于指点公司的商业运作。

营销策划文案范文：

丽天来产品上市推广策划文案

无论什么样的产品，要想在市场上推广开来，首先要做销售方式定位，销售手法有许多种，如直接到各大商场推销或代销或由一级批发商、二级批发商一层层批发直至最后由零售商代理，丽天来公司的产品销售也适合以上的方法。不过，从分析丽天来公司创立之初，人员少，公司规模不大，但公司产品较成熟的情况来看，导入连锁加盟店的销售方式更为合理，更易成功。

连锁加盟店的经营手法是在传统经营理念的突破与管理技巧上的充实。加盟连锁店不仅沿用公司名、商标商品名，还承袭了公司全套营业制度，包括进货的统一，地点的选择，店面的设置，人员的训练，统一的广告，促销标准化的销售，乃至持续不断的经营管理顾问及财务支援融通等。从公司角度看，采用此销售手法，可以使公司完全将主动权控制在手中。连锁加盟店的经营手法区别于传统形式的经营手法，传统形式的经营只能使公司得到一个赚钱机会，就是一级批发，而加盟店的经营使公司可以从多种渠道赚到下述可观的金额：

(1)加盟费——加盟者申请加盟时一次性交纳的费用。

(2)权利金——每月支付的费用。

(3)广告费。

(4)加盟管理者及店员的培训费。

(5)产品的批发。

公司制订全套营业制度，协助选择地点，布置店面，培训人员，制作促销广告，协助连锁店经营，都必须要求本身清楚了解公司的情况，做到合理统筹安排。公司在运作过程中如何保持正确方向是非常重要的，这对公司自身来说也是一种促进其正确发展的手段。从加盟角度来讲，据统计，如果草创一个事业，成功率只有20%，然而连锁加盟店的创业方式却有八成以上的胜算，对喜欢创业而又不具有创业天分的人来说，这无疑是一个成功的指标。只要交纳加盟费、培训费及其他一些费用，即可有人协助，成功的几率大大增加。公司和加盟者的关系是相辅相成，缺一不可。通过加盟店的形式来达到创品牌效应的目的，零售业的名牌产品大多采用这种手段来经营。

丽天来公司应如何通过连锁加盟店的经营方式来推广自己的产品呢？我认为：

一、给丽天来公司制作合适的标志，如丽天来汉语缩写为LTL，可将此设计成美观易懂易记的商标，且要进行广告宣传，在各种产品上使用，让客户一看就明白是丽天来公司。要产生品牌意识和品牌效应。

二、要做宣传，比如说广告。宣传的目的是要引起产品的销售对象的极大兴趣和关注，使他们产生且保持购买的欲望，同时通过宣传诚征加盟经销商，要告诉加盟者此销售方式对加盟者有利。公司要利用加盟者来达到占领和扩大市场的目的。

三、统一产品的批发零售价格，在价格上给经营年限长批发量大的加盟店以优惠。

四、协助加盟者选择合适地点，每位成员分配一个特定区域，不能太近而相互冲突争夺客源。加盟店要设在客流量较大档次较高的地方，店面最好临街，由公司统一店面设计，指定专门装修公司完成。

五、培训加盟者及新成员

培训费用由产品推广费中列支。

加盟者培训内容。包括：如何做好店主，如何理解公司的经营方针和政策，加盟店的管理经营方式，公司产品的价格、性能、使用方法，如何进货，如何管理好店员，如何与顾客打交道，如何使用公司的宣传广告，如何制作会计报表等。

六、在整个运作过程中公司要不断在各方面给加盟店以指导。

整合运作文案范文：

北方皇宫娱乐有限公司整合经营方案

一、项目概述

北方皇宫是在原宝岛俱乐部基础上，由海鲜酒楼功能改建为娱乐功能的会所性质的项目，营业面积2000多平方米，一层为迪斯科舞厅及酒吧，可容纳150人消费；二层为KTV包房，其中非会员区16间大小包房，会员区14间大中小包房。原宝岛俱乐部投资为3000万元，现建投资为400万元，其中装修部分为160万元(含部分新增家具、艺术品)，电脑系统及灯光音响系统与设备(新增16间包房KTV系统及彩电)近90万元，西厨、酒吧、餐具、服装、印刷品、布饰、玻璃器皿等杂项约20万元，筹建开办费(含工资、房租、水电、宿舍租金等)约100万元。如加上原宝岛俱乐部投资，本项目总投资合计为4000多万元(未经审计核实，原宝岛俱乐部耗用资金数由财务部门口头提供，可能包含三年营业亏损部分，如按实际开业投资及之后陆续追加，其固定资产待摊费用亦即原始投资应在2000多万元)。

北方皇宫经三个月筹建已初具形态，但由于装修工程承包商在施工管理与掌控进度上缺乏经验和能力，心有余而力不足，加上前期资金及设计修改等诸多原因，工程严重脱期，造成公司员工人心涣散，给项目增加了许多负面影响。后经董事会各位股东及时决策与安排，调整了项目领导班子，保障了项目所需资金，决策层也多次现场研讨指挥，充分发挥专业人士的经验和作用，减少内耗，增加人气，全体员工职业精神与工作态度焕然一新。至此，项目开始进入良性的倒计时时间，处于“万事俱备，创造东风，扬帆起航”的状态。

二、市场定位

企业创立初期的定位，应该着重于在市场定位和创立品牌的把握上。

本市娱乐业竞争激烈，分析软硬件，北方皇宫除了包房面积比同业大些之外，其他无论是地段、包房数、豪华程度、服务生、知名度等各方面条件，可说是完全没有任何优势。因此，要想在此行业中立于不败之地，始终处于优势，市场定位显得尤其重要，甚至可说是生死存亡的关键。

市场定位需要审慎与果断，它是综合各方面因素的精华提炼，而不是决策者一时心血来潮、闭门造车、主观武断。它是科学，它需要专家，需要经验和教训，需要分析比较，需要宏观着眼微观着手，需要随时反省及时调整，需要沉住气，需要扬长避短独树一帜。

不要想在同一个市场中比别人做得“好”，重要的是比别人“特”，创造自己与众不同的产品，找准自己的市场定位，在这个定位上做足文章，淋漓尽致。

细分本市娱乐市场，什么都有了，独缺适合上流社会知名人士和商界成功人士休闲娱乐、商务应酬、社交活动的高级会所，这种主要针对单一性客户群的商务性娱乐会所，只有一个名称恰如其分：俱乐部。

因此，北方皇宫应淡化“娱乐公司”的成分，突出“俱乐部”的形象，CI系统(一切印刷品、大门招牌、媒体宣传、市场推广、计划实施等等)都应围绕此，“俱乐部”就是北方皇宫的市场定位。

我们尝试逆向思维，如果北方皇宫定位在大众化中档以下，这肯定不是决策者所思，而且我们也无法竞争；如果定位在中档以上，这也不会是决策者所好；但限于资金和硬件制作，我们又无法定位高档。因此，北方皇宫的定位是只能介于中档与高档之间，正如董事会提出的把北方皇宫办成本市一流的政治经济舞台的定位目标，与此相适应的也唯有这样一个形态：俱乐部。

名正言顺，俱乐部是北方皇宫的定位首选，围绕这个定位可以大做文章，大显身手。

因此，建议董事会强化和强调使用“俱乐部”三个字，并完善其商务应酬和社交活动功能。

娱乐服务业有两种做法：一种为顾客挑选我们，另一种为我们挑选顾客。消费者是综合群体、分层次聚合，像东方夜总会，当老板的大多不会去，因为那儿太吵太乱。打工的也不会到阳光酒店，因为那儿讲究情调不能让其随心所欲。“物以类聚，人以群分”，北方皇宫要成为本市的政治经济舞台，为各位股东提供一个更广阔的投资盈利的空间与一个良好的人缘关系，这就决定了必须是我们挑选顾客，即服务的对象是那些政治经济文化界成功人士。如果面面俱到，各类消费者都兼顾到，其结果必然是不伦不类，哪一类层次的消费者都不会喜欢。因此度身定造，专为成功人士提供服务才是我们唯一可以安身立命和寻求生存发展的选择。

配合这个市场定位，公司的宗旨也呼之欲出：追求卓越，尽善尽美。

配合这个市场定位，使“北方皇宫”成为一个成功的品牌开拓市场，以品牌经营运作，形成品牌效应，待其成熟后，以此品牌进入资本市场，争取上市，以求真正完成风险资本从投资到回报的所有环节，使品牌与资本共同进入良性循环的大空间，使原始投资者彻底解“套”。

北方皇宫市场定位：为上流社会、上层人士、知名人士和商界成功人士提供全方位商务和娱乐服务的高级会所。

相信这个定位会有利于北方皇宫项目的良性发展。

三、经营目标

经营目标分为社会效益和经济效益两个目标。

社会效益也就是北方皇宫的市场定位，争取在开业一年以内分阶段完成。

第一阶段：成名期

创造品牌氛围，完善各种条件，有分寸地进行新闻炒作，不断的以各种独具特色，大气的花样来刺激媒体和吸引公众注意力，这是资金和感情投入期，决策层千万要注意避免以急功近利的心态拔苗助长，而只能良性引导。

第二阶段：成熟期

继续维持与加大力度，采取欲擒故纵手法，使北方皇宫在市场上形成固定的认知，调整和提升并巩固形成的稳定客户群体，以一些大手笔、大事件的策划和参与，在消费者中形成一个固定的思想模式：北方皇宫＝上流社会。

第三阶段：成果期

从兼容性俱乐部发展到纯会员俱乐部，在完备的软硬件基础上，外延其服务内容，引导市场形成后的兴趣热点，使会员感到物有超值，在社会上形成一个良好的企业形象。

经济效益分三个阶段实施。

第一阶段：负债经营期

必须在尽短时期内，完成俱乐部商务功能的配套。否则，纯属服务的经营会造成单调的鸡肋，使客户丧失新鲜感。我们的目的就是不断增加与完善俱乐部内的功能，在花很少钱的前提下，以一种全新的服务理念去适应甚至引导客户享受娱乐服务和商务服务，不断制造“卖点”，不断增加营销推广力度，以日趋完美成熟的规范化运作经营维持或稳定发展这个过程，逐步并且踏踏实实地尽快结束这个过程。负债经营期越短，企业良性发展的空间与时间都会更大。

第二阶段：盈利期

如果仅以投入北方皇宫的400万元投资测算，负债经营期约为一年多，这之后可有两年多时间的盈利期（因为娱乐场所四年必须重新定位设计装修)，然后进入一个相同的资本运作循环，这是一种良性的发展规律，但是，令人不解的是，几乎没有一家娱乐场所能红火过三年的。这也告诫我们，企业经营结果不外乎有三种：盈利、持平、亏损。问题是如果北方皇宫的运作资本以4000万元计算(包含宝岛俱乐部全部投资)，则经营过程根本没有可能走出负债期，除非通过某种方式创造奇迹。

有一种方式可以实事求是，那就是以原宝岛俱乐部遗留的1500万元的外部债务加400万元北方皇宫项目投资约2000万元，如果在经营上通过整合营销，成本费用控制在1500万元，则四年后可步入盈利期。

由此分析，要尽早进入盈利期使其可能维持长远，关键在于营业额的长期高指标稳定维持，我们的目标就在于此。因为企业运作的全部目的，就是为了盈利，这是职业经营者的唯一目标与职责，其他则都是手段和方法。

第三阶段：衰落期

综观娱乐业，长盛不衰的几乎没有，究其原因，并不是经营者无能或市场无情，而纯粹是因为消费者喜新厌旧的人性特点使然，在把握这个平衡上，几乎所有娱乐业者都是见好就收，要么失败不得不收。消费者喜新厌旧的心态，使娱乐业普遍存在短期热闹的效应，而缺乏长期为续的现象，这种现象是无法理喻的，也几乎成了一种定式。我们所能做的，就是尽可能推迟衰落期的到来，延长盈利期的生命，如果北方皇宫不跳出这个定式，而仅仅在娱乐上做文章，那么衰落期自然会很快降临。所以，扩大俱乐部娱乐服务的外延，丰富俱乐部商务服务的内涵，是摆脱陷入亏损恶性循环的唯一途径，也是淡化客户单一心态的有效方法。

我们的经营目标是通过各项资源的有效整合，在社会效益上使北方皇宫成为本市一个重要的社交场所，一个恰如其分的社会政治经济舞台，在经济效益上努力达到并保持每年500万元的盈利(每四年周期增加投入500万元用于更新)。

四、经营方法

市场推广：精心策划，利用人性特点，制造一系列兴奋点。

市场经营：自始至终做好品牌经营，同时注重市场营销手段，建立客户评价反馈系统，进行电脑分析统计，得出数据制成图表，使服务水准及效果有量化考核指标。

企业管理：实行组阁制、层层组阁、能上能下、全员双向选择，竞争上岗，按岗位职务、营销业绩、考核标准等项，彻底拉开薪金档次，重奖重罚。

实行层次管理和目标管理，营业部经营指标及责权利层层分解到每个员工，收入与绩效成本挂钩，在设计激励机制时应考虑激励的兼容性，既要调动下级组织和员工的积极性，又要保证调动起来的积极性符合董事会的目标，否则就会自挖墙角，尤其是对北方皇宫这样实行总经理经营责任承包的企业而言。

作为董事会全权代表的董事长，职责是全面掌控企业，领导与协调，激励与发挥经营承包者——总经理及其属下全体员工的能力，使整个企业趋向合理，人员合适，各司其职，结构合宜，营运有效，目标明确，效益明显。

财务监督：实行全电脑管理，原料采购货比三家，增加透明度，财务付款实行双签制(分管总经理或副总经理与财务总监双签、董事长加签)。出品销售至营业款回笼和员工绩效掌控均由电脑完成，杜绝营业资金的流失与员工作弊贪污现象。合理有效使用资金，妥善处理历史遗留债务，化解矛盾，增加企业信用度。

财务实行自然月度划分结算，即员工考勤，业绩提成，企业完税，财务报表均以自然月为界，每月5日发工资、7日交税、10日发奖金。

完善功能：突出俱乐部的功能性，在娱乐服务的基本功能外，增加北方皇宫与众不同的商务服务功能，两条腿经营，脚踏实地，互相补充。娱乐服务广结人缘，商务服务广结老板缘。老板是北方皇宫最感兴趣也最容易产生经济效益的生意服务对象，因此，打好“商务服务”这张特色牌，充分利用“北方皇宫”地段好，又有集团多年经营形成的关系网，通过在内部布局与硬件上部分调整与充实，迅速配合市场定位建立商务秘书服务部门(归属于市场部)，为老板客户提供完整成熟行之有效的秘书服务及一切与商业经营有关的服务，真正解除老板客户的后顾之忧，使其能全身心的做生意，这是其他娱乐同行完全无法成功模拟的北方皇宫的特色。注意：商务服务是特色品牌，不是喧宾夺主取代娱乐服务的手段，前者是后者的功能外延与补充。后者是前者的媒介形式，两者相辅相成，适应相当一部分同时有这两方面需要的上层人士与商界人士。如果运用得当，可使北方皇宫长期立于不败之地。在这一计划实施中，必然会吸引本地及周边地区的大批老板，他们的关注与兴趣正是北方皇宫所求之不得的。一旦这个部门成立，北方皇宫就成了一个极好的秘书资源交易市场，这对保持北方皇宫品牌的生命力和市场竞争能力无疑是最大的支持。从某种意义上讲，这一块所产生的经济效益对俱乐部主业稳定有可能是极重要的保证。

五、经营测算

1．设定包房最低消费额，每月合计如下：

小包房5个×680元=3400元

中包房6个×880元=5280元

大包房6个×1280元=7680元

特大包房10个×1680元=16800元

总统套房3个×2000元=6000元

迪厅150人×50元=4500元。合计：46600元+10%=51260元×30天=153.78万元(全年1845.36万元)

以上测算基础是全部客满，天天营业，考虑到其他因素、实际测算应以7成计，即月107.6万，年1291.7万元。

我们所要做的应是努力增加营业额，提高消费率，即实际消费额超过最低消费额，按过去经验估算，一般超额部分约在二成，按此测算，月营业额估计为129万元，年营业额1549万元，扣除成本25%计387.3万元，费用960万，年盈余为201.7万元。

上述测算为综合全年淡旺季平均值。

2．月费用开支明细如下(按月营业额129万测算)：

不变成本：房租23.6万、人工22万(按176人算)洗涤费0.5万。

维修费0.8万、工作餐3万、清洁费0.7万、办公费0.3万。

小车费0.3万、通讯费0.8万、燃料费1万、合计：53万。

可变成本：(通过努力可降低)水电空调费12万、应酬费3万。其他2万、广告费5万。合计22万。

不变成本与可变成本：两项总计75万元。

3.如果增加商务服务功能，将此导入会员制的俱乐部经营中，虽然其本身创造经济效益极小，但对吸引客户稳定与增加营业额十分有利，因为依据企业定位实行会员制与非会员制兼容，既照顾社会客人，又满足固定客人，对招募和吸纳会员将会很有帮助，会形成旺盛的“人气”，促进营业额增加。如果商务服务功能建立与完善，估计会为北方皇宫增加一成以上的会员效益。因此，对北方皇宫而言，精心策划与推销会员卡，建立周到完善独特的会员制，通过销售会员卡(白金卡、金卡、银卡、普通卡)提前回笼资金便于公司周转，实际上也为公司创造利润。如果首期募集会员300名，按平均每位一万元计，就是300万元。这种借钱赚钱，不需利息，只需服务的营销方式，预计可为北方皇宫增加近一成的间接效益。

4.增收节支、开源节流、降低交易成本，实行良性经营，在品牌知名度建立后，利用品牌本身，也可减少各类费用(如增加供货商赞助，自然会减少公司的采购费用)。

六、管理制度

企业各项制度安排是否合理和优越，就看它是否降低交易成本，有利企业发展。

北方皇宫管理制度力求简洁明了，它主要反映在两个方面：

1.管理架构

董事长掌控三块：(1)总经理：负责企业日常经营管理，主要有营业部、市场部。(2)副总经理：分管行政后勤。(3)财务总监：分管财务，董事长代表董事会行使领导与监督权，协调与领导三位老总；三位老总分管各自部门主管，各部门主管分管各自部门领班，领班管员工。层次清楚，职责分明，权利有限，目标明确。

2.规章制度

依据管理架构，定出相适应的规章制度，采取灵活有效的方式体现，使新制订的规章制度最大限度地符合现代企业制度的要求和股东的利益。

在具体贯彻实施规章制度时，实行无情管理，有情操作，即明确了制度必须严格执行，允许无经验的失误，禁止有意识的错误。对有错误者坚决辞退，不给改正机会，以严肃服务业的规矩，使之形成确保企业品牌品质的企业文化(企业管理各项规章制度。

七、开业计划

由总经理另行书面提供。

八、发展战略

企业创立初期的定位，着重于在市场定位和创立品牌的把握上，而企业发展战略的制定与实施，则有赖于企业体制和组织，但重要的乃是企业良性运作和持续不断保持效益。

企业定位在俱乐部，企业品牌定位在上流社会娱乐和商务服务，当企业在激烈的市场竞争上站稳脚跟开始盈利，那么有限的十年租赁期将会成为决策层和经营者共同的心理障碍，并因此会产生相应的短期行为效应。

创立企业不易，创立成熟的企业品牌更不易，有良好的品牌，才有更大的市场生存空间，利用品牌做大蛋糕，变风险经营为资本经营，摆脱娱乐业固定的运作定式，寻求更大意义更高层次的发展，这是北方皇宫长期发展战略的成功关键。

作为北方皇宫投资者的投资目的，不外乎三个，一是品牌经营特色经营创造的利润弥补原来投资的亏损；二是从企业本身的收益这一途径得到回报；三是从对企业权益进行资本运作的更大收益这一途径得到回报。三者互相关联，我们的任务或者说企业的发展战略，就是为了上述三点的尽快实现。

在发展战略全过程中，我们设想用四年时间还债，四年时间盈利，第九年凭借前八年持续发展的成功经验与经年累计的商业信誉，实现资本运作——上市。在这一过程中，我们会尝试探索一种新的整合运作模式——娱乐服务/商务服务的融合完善，把北方皇宫作为品牌，把俱乐部作为广结生意缘和增加商业信誉的舞台，不断扩大其内涵与外延。

如果说北方皇宫整合经营方案的确定是为企业制定了一条今后十年运作的总路线，那么"总路线确定以后，干部就是决定因素。"作为企业经营者，素质是第一位的，能力其次。如果素质低下，那么能力越强破坏力也越大，人的能力可以培养而素质无法培养。作为一个已耗资4000万元的企业，已经无法再承受用人不当的折腾了！审慎挑选，大胆使用，用人不疑、疑人不用，这些应成为企业决策层的用人原则！因此建议：在科学管理与制度约束下，决策者应尽可能给经营者一个宽松的运作环境，掌控全局、抓牢原则、放松细节、充分发挥经营者主观能动性，使经营者从"你要我做"变成"我为你也为我做"。真正实行授权管理、层次管理。只论结果，不管过程。作为集团在本市的重要投资项目和长期苦心经营却效益不佳的企业，过去的教训有可能就在干部身上，过于轻信放任与矫枉过正式的什么都过问指挥，对企业良性运作都是不利的。方案制定容易，困难的是执行方案的人才，人有庸才、蠢材、奴才、帅才、将才、干才之分，决策层与经营者的磨合是个最好尽可能缩短的过程。如果太长，过于能干的决策者会助长经营者的惰性和依赖性，久而久之，经营者的能力会慢慢衰退，而决策者会更加辛苦。反之，做大的经营者也会产生"舍我其谁"的骄狂而忘乎所以。对此，如何有效平衡是任何一个企业决策者与经营者都要考虑的问题。大的经营目标确定后，不如放手让经营者放胆去干一回，尽量减少忠诚的将才干才的无所适从和不知所措，这是有效保证方案顺利实施的关键。给点时间，允许失败，只要部下全身心投入，全力以赴地为企业效力，适时适度的引导与恰到好处地激励，不失为决策者的明智之举。

如果仅仅依靠北方皇宫单一的娱乐经营，可以说投资回报率不会理想，甚至红不起来，或者红一年半载就又陷入低谷，因为这已是绝大多数娱乐场所证明了的，万一经营者不堪重负退出，不断更换经营者，必然会陷入恶性循环，新的投资又会打水漂。但如果尝试增加服务功能，至少不会低于单一娱乐经营的投资回报，试一下要比不试好，建议这个尝试在开业三个月内实施，由于条件局限，已不可能与开业同步，但至少不能太晚，否则会失去新鲜感。

Plan 计划 商业计划是一份全方位的项目计划，它从企业内部的人员、制度、管理以及企业的产品、营销、市场等各个方面对即将展开的商业项目进行可行性分析。

开发和运用一份简洁清晰、有侧重点的书面商业计划来指导公司的日常操作是必要的和有益的。

商业计划还可以使你有计划的开展商业活动，增加成功的几率。也可以帮助你分析即将开展的经营活动的可行性。只有美好的设想是远远不够的，商业计划对你的设想进行科学的分析，让你知道你的设想是否可以实现。

对发展中的风险企业来说，商业计划可以为企业的发展定下具体的方向和重点，这样不仅能让员工了解企业的经营发展状况，激励他们为共同的个人及企业目标而努力，还能给商务合作伙伴及投资商足够的方向性信息和信心。

初创期的风险企业可以制定重点在财务和金融方面的商业计划，以好的财务规划和客观的价值评估来提高该企业对风险投资商的吸引力。其财务规划的重点可放在商业计划书的条件假设、预计的资产负债表、预计的损益表、现金收支分析、资金的来源和使用上。

发展期需要进行市场和销售扩张的风险企业来说，其定向于销售的商业计划则应包括具体的营销策略，如：市场机构和营销渠道的选择、营销队伍和管理、促销计划和广告策略以及价格决策等。

商业计划可以帮助你发展业务，指导经营活动，大大节省你的时间，减轻压力。

商业计划是企业的未来宏伟蓝图，它清楚地描述了自身至关重要的各个方面、基本假定和对未来的展望。

商业计划可以帮助你得到贷款，找到投资方或者合作伙伴。只有拥有一份完美的商业计划才能使你的融资需要成为现实。这对于你来说是至关重要的。

把商务计划建立在通过对项目科学地调研、分析、搜集与整理有关资料的基础上，根据一定的格式和内容的具体要求而编辑整理的一个向读者全面展示公司和项目目前状况、未来发展潜力的书面材料就是商业计划书。商业计划书是用来吸引投资者并从投资者那里获得资金的一个基本性文件。商业计划是企业融资成功的重要因素之一。

一个酝酿中的项目，往往很模糊，通过制订商业计划书，把正反理由都书写下来。然后再逐条推敲，这样就能对这一项目有更清晰的认识。可以这样说，商业计划书首先是把计划中要创立的企业推销给了风险企业家自己。其次，商业计划书还能帮助把计划中风险企业推销给风险投资家，公司商业计划书主要目的之一就是为了筹集资金。

美国的一位著名风险投资家曾说过，“风险企业邀人投资或加盟，就像向离过婚的女人求婚，而不像和女孩子初恋。双方各有打算，仅靠口头许诺是无济于事的”。对于正在寻求资金的风险企业来说，商业计划书就是企业的电话通话卡片。商业计划书的好坏，往往决定了投资交易的成败。

商业计划书是为了展望商业前景，整合资源，集中精力，修补问题，寻找机会和对企业未来的展望。

一、计划书写作

我们在制作商务计划时，应明确自己要达到的目的，首先是客观真实地描述具有市场前景的商业机会，做到有根有据。其次是重点突出。最后是条理清晰，富有极强的感染力和说服力。

要写一份商务计划我们只需掌握和遵循下面三个要求：

1. 开门见山，直述主题

写作商务计划书的目的是阐述一个切合实际的良好商机，引起投资者的兴趣。

可以设身处地的假设自己是一位合伙者或投资者，自己所关心的问题，自己判断的标准是什么，按照阅读商务计划书的读者思路去写作商务计划书，就会免去许多不必要的东西。

2. 充分调查，详细论证

考察项目市场的真实情况，广泛收集市场上现有的产品、现有竞争、潜在市场、潜在消费者的具体信息，围绕着以下这些问题详细论证，找出自身的特点和优势。

(1)项目中的产品或服务处于产品生命周期的市场发展阶段还是市场成熟阶段？

(2)市场前景如何？

(3)市场竞争者状况如何？

(4)如何进入市场？

(5)如何扩大份额？

(6)如何和竞争对手展开竞争？

(7)自身优势有哪些？怎样有效发挥？

(8)薄弱环节有哪些？怎样合理弥补？

3. 仔细评估，确认效果

精心制作商务计划之后，我们应该站在一位审查者的角度十分挑剔地来评估这份商务计划书。

首先评估投资回报情况，回报率是多少？多少年才能收回投资？

其次评估可能遇到的风险，如所有的投资或贷款担保，可能遇到的法律诉讼和知识产权纠纷，在各种风险出现时最佳的应对方案。

然后评估潜在的市场有多大，潜在的顾客有多少，评估我们所提供的产品或者服务具有什么样的竞争优势。

最后评估企业的管理团队，即企业能否进行有效的管理？能否有效地实现既定目标？是否目标一致，彼此配合？是否具有开拓市场的能力？是否善于发现和发掘潜在的市场？

评估以后，基本可以确认计划实施效果，即投资者是否感兴趣和认同，这个计划是否能行之有效。

当然，使用职业性的规范用语来写这份商务计划，会对计划书的效果起到极大的影响，因为只有用规范术语写出来的商业文件，才具有专业性和权威性。这一点，我们商务人员在写作时尤其要引起高度重视。

写商业计划的原则是：简明扼要；条理清晰；内容完整；语言通畅易懂；意思表述精确、观点要客观、风格前后一致、严谨周密。

商务性计划书最适合的篇幅一般在20~40页(这包括附录在内)。

一份完整的商务计划书通常应该包括项目相关的技术、管理、营销等各个环节拟采用的策略、计划等等，但仅有文字上的描述是不足以打动投资人的。一位资深的投资基金经理曾经告诉我，投资人决定投资一个项目时就是这个项目需要钱的时候。

商业计划书写完之后，最好再对计划书检查一遍，看一下该计划书是否能准确回答投资者的疑问，争取投资者对本企业的信心。一旦达成交易，商业计划书便成为完成交易所需文件的一部分。

二、计划书分类

一份好的商业计划书，应该要有出色的计划摘要、对产品的关注、敢于竞争的意识、对市场的了解、表明行动的方针以及展示优秀的管理队伍等。目前计划书大致有以下几种：

(1)以显示核心技术为主要内容的商业计划书；

(2)以销售为主要内容的商业计划书；

(3)以市场定位为主要内容的商业计划书；

(4)以收购意向为主要内容的商业计划书；

(5)以提出问题或问题解决方案为主的商业计划书；

(6)以生产制造为主要内容的商业计划书；

(7)以财务金融为主要内容的商业计划书。

商业计划书有别于传统的《项目建议书》和《项目可行性研究报告》。商业计划书考虑问题更全面，更注重操作性，更强调经济效益，也有不同的格式和内容的具体要求。

一份好的商业计划书，要清晰而务实地阐述下列问题：

显示出你具有管理公司的经验。

显示出你有能力偿还借款。

显示出你已进行过完整的市场分析。

商业计划书容易被投资者所领会。

让投资者坚信你在计划书中阐明的产品需求量是确实的。

商业计划书中将计划摘要放在了最前面。

商业计划书在文法上全部正确。

商业计划书能打消投资者对产品、服务的疑虑。

计划书是用来说服投资人的。提交或演示计划书是一场实力和艺术的展示，在这个过程中要注意以下几点：

首先，要准备充分。对一些尖锐问题或令你窘迫的问题要有所准备，有备而战！

其次，不要过分强调技术因素或故意使技术环节复杂化。

第三，如有必要，在演示前应先签一份保密协议。

第四，使用电脑、幻灯片等辅助设施工具。

第五，在演示即将结束的时候，插入一页表格说明五年内的财务状况，包含市场规模及本行业的公司平均价格收益比率(PE比率)和管理费。

第六，在展示计划的同时，展示自己的企业家素质。

三、计划书内容

一份完整的商务计划一般包括八个内容：

1. 商业计划书摘要

计划摘要。计划摘要浓缩了的商业计划书的精华，主要是用来激起投资者的兴趣，以求一目了然，以便投资者能在3到5分钟时间内评审计划并做出初步判断。

商业计划书中的计划摘要十分重要。它必须能让读者有兴趣并渴望得到更多的信息，它将给读者留下长久的印象。计划摘要将是创业者所写的最后一部分内容，但却是出资者首先要看的内容，它将从计划中摘录出与筹集资金最相干的细节：包括对公司内部的基本情况，公司的能力以及局限性，公司的竞争对手，营销和财务战略，公司的管理队伍等情况的简明而生动的概括。如果公司是一本书，它就像是这本书的封面，做得好就可以把投资者吸引住。

为了吸引合伙者和投资者的注意，将商务计划书的核心提炼出来，简明扼要地突出重点是整个商务计划书的精华。

商务计划书的摘要一定要具有感染力，一定要引起投资者阅读商务计划书全文的兴趣。企业简要介绍、联系方法和重要联系人，企业业务范畴和类型，管理团队和管理组织，产品或服务及其竞争情况、资金需求、市场状况、资金运用计划、财务计划、生产经营计划等。

如果说，商务计划是产品说明书，那么摘要就是一个推销产品的广告。

综述。主要包括：公司概述、技术、产品(服务)、市场分析、竞争分析、营销策略、投资说明、投资报酬与退出机制、风险分析、人员及组织管理、经营预测、财务规划分析。

2. 企业介绍

介绍企业，理所当然要介绍一下企业创办者的个人经历、求学过程、经商历史，并突出其性格、兴趣、爱好、特长、追求以及为什么要做这个企业或项目的原因。因为在很多时候，个人感情色彩的掺入对感染投资者会有种无形的影响，更何况投资者最终定夺的并不是项目本身，而是人，如果把一个赚钱的项目交给一个不负责任或缺乏能力的人去操作，任何投资者都不会。

企业发展的历史，现在的状况，未来的规划，也都应该简明扼要地予以介绍，具体而言，包括下列这些内容：

(1)企业名称、地址、联系方法；

(2)企业的业务状况；

(3)企业的发展经历；

(4)对企业未来发展的详细规划；

(5)企业与众不同的竞争优势；

(6)企业的法律地位；

(7)企业的公共关系；

(8)企业的知识产权；

(9)企业的财务管理；

(10)企业的纳税情况；

(11)企业的涉诉情况等等。

3. 产品或服务介绍

具有市场前景的产品是企业利润的来源和企业生存发展的保障。介绍产品更新换代的独特性与价值，包括产品的名称、特性及性能用途、产品的研究开发过程、产品处于生命周期的哪一阶段、产品市场前景和竞争力如何、产品的技术改进和更新换代计划及相应的成本等等。合伙者或者投资者对企业的产品或者服务最为关心，他们会提出相当多的问题，我们必须对这些问题做出有理有据的回答才能打动他们的心。

4. 市场分析

它包括六个方面：

(1)市场分析(全国性、区域性、季节性)；

(2)竞争对手分析；

(3)产品分析；

(4)客户分析；

(5)渠道分析；

(6)广告效果分析。

5. 市场营销分析包括八个方面：

(1)市场竞争态势；

(2)目标市场；

(3)市场细分；

(4)产品定位；

(5)产品；

(6)价格；

(7)渠道；

(8)推广。

6. 财务状况

首先，列明公司过去三年的财务状况分析。

其次，列明今后三年的发展预测。

最后，制订详细的投资计划。

投资计划是财务分析一个非常重要的组成部分。它是企业与投资者共同合作前景的计划分析，是企业与投资者利益的保证。投资计划是商业计划中最为关键的文件之一，投资计划的主要内容包括：

第一、预计的风险投资数额是多少？其中，企业期望从投资者那里获得多少投资？是以贷款、出售债券还是以出售普通股、优先股的形式投入？

第二、企业管理未来的筹集资本结构如何安排？企业的全部债务情况说明。

第三、企业获取资金所提供的抵押和担保条件，包括以什么物品进行抵押或者质押，什么人或者机构提供担保？

第四、投资收益和未来再投资的安排。

第五、投资者以购买企业股权形式出资后，双方对企业所有权的比例进行的安排。

第六、投资资金的收支安排及财务报告的编制，包括编制种类及周期(月、季度、半年、一年)。

第七、投资者介入企业后，企业的经营管理体制如何设定？

7.风险对策

企业经营肯定会面临诸多风险，我们编写商务计划书时，要尽可能多地分析出企业可能面临的风险，风险程度的大小以及我们将来采取什么样的措施来避免风险或者在风险降临时以何种行动方案来减轻损失。这些内容包括：企业自身各方面条件的局限，如资源限制、管理经验的限制、生产条件的限制等等；企业经营者自身的不足，譬如技术上的、经验上的、能力上的欠缺等等；市场的不确定性；技术产品开发的不确定性；失败的可能性；针对每一种可能发生的风险提出相应防范措施和对策方法。

风险对策作为商务计划的重要内容，对投资者的决心有着举足轻重的作用，因为任何一个投资行为最关注的，一是资金的回报率，二是资金的安全性，如果不能确保其安全性，再诱人的投资计划也只能画饼充饥，这是因为投资者不是赌博者。只有透过风险对策了解和分析融资者的应对能力，投资者才会放心地做出投资对策。

风险对策是让投资者完全放心的书面保证。

8.经营管理团队

一个企业成功与否，最终将取决于该企业是否拥有一个高效团结的经营管理队伍。我们首先要对企业经营管理队伍的主要情况作一全面介绍，包括企业的主要股东及他们的股权结构，董事和其他一些高级职员，关键的雇员以及企业管理人员的职权分配和薪金情况，在有必要时，可以详细介绍他们的工作经历与个人背景。其次，将企业的经营管理机构，包括股东情况、董事情况、各部门的构成情况等以一览表的形式或者其他清晰的形式展示出来。最后，重点展示企业经营管理团队的凝聚力和战斗力，以及他们之间有效的协调和配合关系，说明他们的长处、状态、优势等等，使投资者产生信心。

商务计划的最后，可用结论性要点作为结束语，以此加强读者的印象，起到一个警句的作用，前面的全都是铺垫，最后的才是精彩。

精彩的是内容，精美的是装帧，宝马还需好鞍配。合适的装帧也能起到锦上添花的作用，在很多投资者看来，合乎身份的内页与外观精美的商务计划书无疑最能代表融资者实力，最能反映融资者的诚意，最能体现融资者的情趣。

附范文：

商业计划书样本

一、计划概况
二、经营管理体制
　　经理人员介绍
　　报酬
　　企业所有权分配
　　经理人员的责任
　　董事会成员
三、市场分析
　　市场的分布情况
　　可行性分析
四、竞争分析
五、企业操作
　　选择地点
　　生产运作设施配置
　　产品和服务介绍
六、销售策略
　　短期策略
　　长期策略
　　竞争性推销
七、职工
八、保险和法律事务
九、业务的季节性和应变计划
　　应变计划和措施
十、财务状况
　　财务收支和资债平衡预测
　　月收入表和财务变化
　　各类财务预测的表图
十一、附录

Establish 制 订

文书制订工作必须及时、准确、标准、安全、规范并保守秘密。

文书，包括公司各种通告、通知、会议文书或传阅文书、机构内部文书以及对外发文。各部门应确定专职或兼职的文秘人员负责文书制订工作。行政文书必须由办公室及各行政部门的文秘人员统一收发、制订、用印、立卷、归档和销毁。文书处理机构及办公室是行政文书处理的管理机构，负责制订、落实文书处理业务规范，并对各部门的文书处理进行监督指导，共同做好文书制订工作。文书制订应尽量做到标准化，标准化文书有利于提高企业行政的政务管理水平，促进公文处理工作规范化和科学化。

在发布文书时，要严格按照级别和业务范围，规范发文。对直属部门或小组送审的文书进行分类，确需由公司名义发文的由办公室发文；对属于具体业务部门的文书，一律由部门发文，不能随意提高发文级别。对同一类型的事项(如交换岗位、相关制度等)，尽量合并发文。压缩文书内容，要少而精，领导讲话等择要发文。

文书定稿前需经分管经理的审核。

严格执行文书会签制度。凡部门起草的文书，必须由部门主要负责人审核签名后，办公室才能受理；内容同时涉及几个部门联合行文的一般性文书，先由各部门主管审核，再送办公室办理。审核者须对文书的形式、内容进行认真审阅、核查，对不当之处加以修正，使之明白无误。

文书制作时尽量采用语体文以达到“简、浅、明、确”的要求，可用表格处理的尽量利用表格。

一、文书的种类

提案：不仅是发出指令，而且希望将其意见进行广泛讨论。

承认：就有关事务进行认定。

决定：对重要事项或者重大行动做出安排，奖惩有关单位或人员。

通告：在一定范围内公布应当遵守或者周知的事项。

通知：批转下级单位的文书、转发上级单位和不相隶属单位的文书，发布规章。

传达。要求下级单位办理和有关单位周知或者共同执行的事项，任免和聘用干部。

通报：表彰先进，批评错误，传达重要精神或者情况。

报告：向上级单位汇报工作，反映情况，提出意见或建议，答复上级单位的询问。"报告"中不得夹带请示事项。

请示：所报内容等候裁定。向上级单位请求指示、批准。

批复：答复下级单位请示事项。

申请：请求对自己或有关事项处理的许可和承认，也可用于单方面提出申请。

指示：对申请、请示及要求的答复。

传达：有关事务上的指令。

函：发布规章或临时性规定及对机关团体、公司行文、私人或关系企业各公司间及公司内各部门间行文使用。不相隶属单位之间相互商洽工作、询问和答复问题，向不相隶属的有关主管部门请求批准等。以"主旨""说明""办法""请求、拟办或建议"三段式斟酌运用。

会议纪要：记载、传达会议等情况和议定事项。

公告：就主管业务向公众或特定对象宣布时使用。以"主旨""依据""公告事项"三段式斟酌运用。

签呈：下级对上级有所请示或报告时使用。

电报：业务处理须以电报行文时使用。

电文：依靠电信传达的文书，要求特别简明，避免使用容易误解的文字，并省略敬语以使电文简短。电报通常在结尾处注明发电单位的代号。重要的电信文书，在发出电报的同时，还应将有关材料以书写或印刷的方式送交发件人。

表格式文书：政府机关规定之表格式文书及公司人事令等，可依实际需要印为固定格式使用。

业务接洽便函：以文书三段式或以条例方式逐点叙述。

便函：关系企业各公司、部门间或公司内各部门间业务接洽时使用。

二、文书制订

文书制订有它标准、规范的格式。尤其在用纸型号、幅面尺寸、用纸质量，印制和装订，公文组成要素排布规则等方面有严格要求。

国内发文稿纸一般采用16开260mm×184mm(长×宽)纸幅面尺寸，国际发文稿纸标准为A4型297mm×210mm(长×宽)。

稿纸上边宽20mm±0.5mm；下边宽15mm±0.5mm；左边宽20mm±0.5mm；白边宽15mm±0.5mm。

纵向划分的发文稿纸，图文区是纵向划分为的，每行的基本行距为2.5mm。16开型纸图文区长为233mm，A4型纸图文区长为270mm。

横向划分的发文稿纸，图文区是横向划分的，每列距离为2.5mm。16开型图文区宽149mm；A4型纸图文区宽175mm。

三、文书格式

图文区分为眉首区、说明区、标题区和正文区四部分。书写内容由秘密等级、紧急程度、发文字号、标题、主送单位、正文、附件说明、成文日期、印章、附件、主题词、抄报抄送单位等部分组成。

眉首区用于填写发文单位名称、文书密级和缓急时限。说明区填写文书制作过程中的各种标识、各栏内容说明。标题区填写文书的标题。主题词区用于根据文书中心内容填写文书主题词。

单位名称要用全称或规范化简称。一些单位的发文稿纸一般都预先印上发文单位名称，后缀“发文稿纸”四字。文书标题应当完整、准确、简要，即一般应当标明发文单位名称的主要内容和文书种类。

密级和缓急时限：此栏用于填写文书的机密程度和文书要求处理的时间限度。机密程度可按GB7156–87文献保密等级代码的规定用汉字填写；缓急可按规定用汉字填写。

秘密文书。应当按照国家秘密密级具体范围的规定，在首页右上角分别标明“绝密”“机密”“秘密”。

紧急文书。应当在首页右上角秘密等级之上分别标明“特急”“急件”。主题词置于文书末页抄送栏之上，词目间有一个字的空格，主题词一般不超过5个。

签发：由承办单位的负责人签署核准意见及姓名与日期，表示同意该文书发出并生效。

会签：由两个或两个以上单位联合发文时，由各有关单位负责人签署核准意见及姓名与日期，表示同意该文书发出并生效。如联合发文单位较多，此栏位置不够时，可另附附页。主要承办单位的负责人应在签发栏中签署意见及姓名与日期。

主送：此栏用于顺序填写主办与答复文书的主送单位的名称。除“通告”“会议纪要”外，文书应当标明主送单位名称。

抄报、抄送：此栏用于顺序填写需要了解文书内容，以便协助办理的抄送单位的名称。除主送单位外，需了解此文书内容的其他有关单位。送往上级单位，为抄报；送往下级单位为抄送。抄报、抄送单位名称置于主题词栏下。

发文号：此栏用于填写发文单位统一编制的文书字号及文书生效日期。文书发文字号包括部门代字、年份、序号，置于文书标题之下并居中。

正文。是文书主体，叙述文书主要内容，要求情况确实、观点明确、文字简练。文书如有附件，应当在正文之下、成文日期之上加附加说明，标明附件顺序和名称。

拟稿单位：此栏用于填写起草文稿的单位或单位内文稿起草部门的名称。

拟稿：此栏由文稿起草人签署姓名及日期。

印刷：此栏由文稿印制人员签署姓名及日期。

校对：此栏由文稿校对人员签署姓名及日期。

份数：此栏填写文书的印刷份数。

附件：此栏用于顺序填写在正式文书后所附材料标题及其份数。

文书标题应当准确、简要概括文书的主要内容。

书写时一律从左向右编排，我国有些少数民族文字是从右向左编排，正文文字每行长度与图文区宽度相等。每段首行应空两个字位置起始书写。书写通常在第一行写文号，第二行写文书内容的标题，另起一行写制发年月日、制发者名称，再一行写明收文书人的姓名，然后再写文书内容。

书写时，应采用符合文书保管要求的书写材料，字迹要求清晰、整齐，尽可能使用楷书，简单、准确。

陈述理由和经过时，若正文繁复，则将此部分内容作为附件记在另外的文书上。

文书上应有制发部门规定的号码，还应标明与此份文书有关的关键词及复文文书的号码和年月日，以便处理。

在属于提复审报的情况下，通常采取在文书末尾处用后记的形式证明，在文书末尾隔一行处写下复审件的号码、必要事项、年月日及复审者姓名。

由经理发出的指令性文书上应有各收件单位的名称，必要时要写上号码和年月日。成文日期，以领导签发的日期为准，应注明年、月、日。除“会议纪要”外，文书都应加盖印章或专用红色字头纸张。

四、制作要求

文书应是一文一事。

除有特殊规定外，应注明以下事项：文号、发文日期、发文机关(发文者)、收文机关(收文者)、文书标题、文书拟稿人以及有关责任者。

文书标题应简洁明了，准确鲜明地揭示文书内容。

文字应尽可能口语化，通俗易懂。

行文要层次清楚，重点突出。

对于文书中引用的其他相关文书，要注明其文书号及日期。用统一规范的发文稿纸。

行文拟稿用纸规范(16开或A4纸)。

文书原则上应用黑色墨水书写，在使用墨水时要选用性能较好的纸张，文字应清晰可辨。行文杜绝使用圆珠笔、纯蓝墨水、铅笔。

领导签发文书、签署意见用笔要规范、留出装订线。

文书稿留出装订线。

发文稿纸各栏目填写完整、规范。

发文正稿使用单位全称。

发文稿盖有单位公章。

发文附件齐全。

文书打印和编号规范工整、正确。

文书收发手续完备、健全。

文书资料完整，无丢失、缺损。

商务文书一般由办公室负责起草和审核，公司总经理签发；公司各部门的文书由各部门负责起草办公室审核，总经理签发。

文书签发后，送办公室统一安排打字，打印后送回起草部门校对，校对无误方能复印、盖章。

文书和原稿，由办公室分类归档，保存备查。

属于秘密的文书，核稿人应该注明“秘密”字样，并确定报送范围。秘密文书按保密规定，由专人印制、报送。

五、技术文书制订要求

技术文书归技术组统一管理。

技术文书由技术组统一对外签发。

对外签发的技术文书统一编码，编码形式及含义如下：

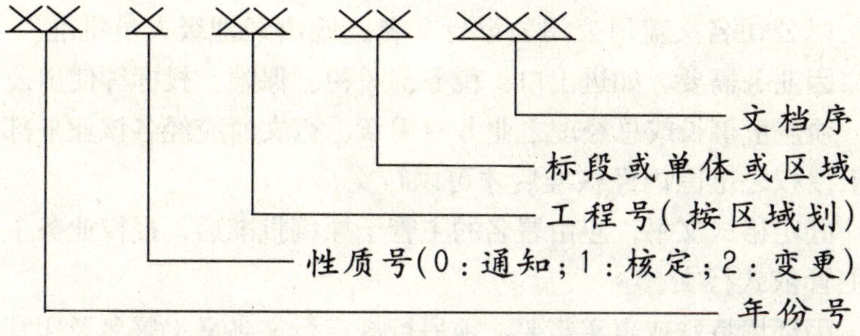

对外签发的技术文书一律以技术单的形式出现，技术单中写明文书内容及服务范围。必要时，文书附件需加盖“技术文书确认章”方为有效。

技术文书签发时，领取人需办理签字手续。

非经技术组确认和签发的技术文书，对外一律无效。

六、署名及印章

经公司名义对外行文，如属政策性或影响公司重大权益的行文，以公司名义由董事长署名盖董事长印章。

对税务、金融机关的行文及各部、室、中心代表各公司对外的行文，以公司名义由总经理署名盖总经理印章。营业、资材等部门于各类规章规定权限或授权范围内对客户、厂商的行文，以部门名义，由厂处长署名盖厂处长职衔签字章；采购部门对厂商行文，人事、服务、训练、法律等部门于经办业务之权责范围内对民营企业、民间机构或个人的行文，以部门名义盖部门章。

公告、人事通知单、聘任书、奖状、契约或特定业务(如进出口、税务、关税、劳保、投标等)，须加盖公司或业务专用章的文书，均应盖章，并视业务需要依规定加盖董事长或总经理之职衔签字章或职章或加盖于其权限或授权范围内的部门主管签字章或私章。

在关系企业各部门间应以部门名义行文，属正式行文者，以公司名义由总经理或事业部经理署名盖章签字；以业务接洽便函行文者，由经办部门主管及经办人署名，盖部门章；劳务、资材、会计、总务等服务部门对其他部门的行文盖部门章；厂、处以上部门主管对其直辖部门行文以部门主管之职衔签字章签署。

以董事长名义行文，应送总经理室转呈董事长批准。

以总经理名义行文，除各部室、中心代表各公司对外行文得由经理(主任)批准者外，应送各公司总经理室转呈总经理批准。

以部门名义由厂处长署名行文者，应由部门主管批准。

以部门名义行文者，应由部门主管批准。

以公司名义盖用公司公章行文者，应由经理级人员批准。

因业务需要，如进出口、税务、关税、保险、投标等使用公司名义，须盖董事长或总经理之业务专用章，行文时应经各该业务部门主管于授权之范围内经核准后才可以行文。

固定格式文书，应由署名的主管于原稿批准后，授权业务主办部门主管依式行文。

因环境特殊或事实需要，须另行规定行文名义、署名及印章使用者，应送总经理室转呈董事长或总经理核准。

以对等身份的签署人名义回复文，在署名和行文及印章方面要斟酌实情处理。

Receive and dispatch
收　发

一、收文

登纪要使用统一规范的收、发文本，有独立的收文登记本，有独立的发文登记本。

登记的内容包括收文编号、收文日期、来文者、来文单位、文书标题、内容概要、分发地点及附件等项目。

收文编号由文书管理部门按年份依流水号码一文一号编列。一些业务接洽便函也采用流水号码一文一号编列。

如编号为C—2003/12/4/—003的文书，表示文书收到的日期是2003年12月4日，序号003，为一般性业务文书。

收发文登记单共四联。第一联为收(发)文登记单，收发人员按流水号码顺序装订存查。第二联为催办单，于送经办部门签收文书后，收发人员收回，按处理期限或待复日期之先后次序整理，按日核对催办。第三联为主管催办单，经办部门主管于交办文书后留存，按处理期限或待复日期之先后整理，以备随时催促督导用。第四联为经办人员存查联，于文书办妥后按结案、未结案分类存查。第五联为核查联，于文书办妥时随文归档。

二、分文

分文人员依性质判定文书类别、经办部门，再由收发人员分发。

收文中除亲启信函、挂号信、传递证明外，其余一般信函应全部拆封。拆封后以件为单位将收文印章盖在文书上方空白处，将信封附上，用别针别在一起。

三、分送

写明是业务、财务、材料及采购人员收受的信函由信封上的记载可认为公务文书者，应视同公务文书拆封，如系私事，再予发还；不能辨别为公务文书的信函，经其本人拆封后如是公务文书，应交收发人员依规定处理。

写明是副经理以上人员的信函，直接送本人，如系公务文书，再交收发人员依规定办理。

收发人员分送文书，应留存“收(发)文登记单”第一联，依收文编号的流水号码装订。第二、三、四、五联连同来文以“分文专用卷宗”送交经办部门主管核定“要”“否”答复及处理期限，记入“收(发)文登记单”第二、三、四、五联，第二联于当天签收后，夹放于“分文专用卷宗”退还收发人员，由收发人员按处理期限的日期先后予以整理为文书催办之用。

四、交办

经办部门主管将文书批交办理时，应将经办人姓名记入“收(发)文登记单”第三、四、五联，留存第三联按处理日期之先后整理催促督导，第四、五联连同文书交经办人办理。

五、文书处理

经办人办理文书时，应将拟办或复文拟稿签呈主管批准。

经办人应将处理经过、结果或复文摘要记录于“收文登记单”第四、五联纪要栏(如不够使用时，得以“文书签办单”补充，签办单随同“收文登记单”第五联流程处理)，并填写预定保存期限及最后处理或待复文日期后连同来文(回复文书时需附回复文稿)经审批后打字、校对再转送文书管理部门收发人员保管。经办部门主管于文书批准后，将“收文登记单”第三联抽出销案。

收发人员收到办妥的来文及“收发文登记单”第四、五联时：如不需回复，依其类别编定档号填记于第四、五联将档号及销案日期转记第一联，抽出原留存的第二联销案，并将第五联同文书归档，将第四联退还经办人。如需要回复文者，将复文及复文稿送请批准人员用印后，复文封发投邮；来文、复文稿、复文底本则依其类别编写档号填记于第四、五联后，第五联连同来文、复文稿、复文底本归档，并抽出原留存的第二联销案(如需待复者，则将第二联依待复日期的先后整理以备稽催)，再将第四联退还经办人。经办部门如业务需要，可以将复文底本留存。

来文附件如属现金、支票、汇票或其他有价证券等，经办部门的经办人接到来文时，应立即缴交财务部门签收不应随文传递。

收文部门的收发人员收到“业务接洽便函”第二、三、四联，于便函上填写收文时间、编定收文号码并记载“收(发)文编号登记表”将便函第二、三、四联送呈部门主管指定经办人后，由收发人员将二、三联交由经办人承办，第四联给经办人签收后由收发人员按发文部门要求的待复日期先后整理，以备催办。

六、发文

发文一般包括拟稿、审核、签发、校对、用印、登记、发送、立卷、归档等程序。发文的使用范围包括公司文书、挂号函件、公司传真件、其他认定文书。

发文的要点是公司所有须登录的文书，均在发文本上汇集登记，内容为序号、文号、文书名称、发文单位和范围、份数、签发人、签到日期、备注。

发文登记的填写要点是签发日期为年、月、日计，急件、传真件以时、分计；签发日期以投递或送达的时间为标准；签发人指具体办理文书的行政管理人员。

七、拟稿

拟稿一律使用正式文书稿纸。

使用钢笔或毛笔(审改、签批文书亦同样要求)。

文体规范，用词用字准确，书写清晰、工整。使用简称时，先用全称，并加以说明，文字一律书写在装订线右侧。

文书中的数字，应当使用阿拉伯数字。同一文书中，数字的使用应前后一致。

引用文书应注明发文时间、单位、标题和文号。

凡文稿内容属有工作职责范围的，一般由该部门负责起草，或由相关的部门联合起草；综合性文书一般由办公室负责起草。涉及几个部门的问题，应由主办部门与会办部门协商一致后再行文，如难以取得一致，应将不同意见如实上报。

起草文书必须依据有关文书、制度，符合行文规范格式；拟稿的有关依据要附后备查。

拟制文书时，如涉及其他部门职权范围内的事项，必须事先征求有关部门的意见。如有分歧，主办部门的主要负责人应当出面协调，仍不能取得一致时，主办部门可以列明各方理据，提出建设性意见，并与有关部门会签后报请上级机关协调或裁定。

八、审核

部门发文，拟稿人拟好文稿后送部门主要负责人核稿，核稿的重点：一是文书内容，二是是否确需行文，行文方式是否妥当，是否符合行文规则和拟制文书的有关要求，文书格式是否符合有关规定。部门主管审核后，送交总经理办公室审核，如在审核时修改太多，请重新修改打印后再报主管领导签发。审稿人要把好文书格式关和文字关。核稿一般在当天完成，特殊情况不超过次日，未经核稿不得送签。如文稿内容涉及到其他部门，须由经办人送相关部门会签。紧急文书送审时应提出办理时限。

九、签发

经部门名义发文，由部门经理审核之后交分管领导审核签字，再由秘书送总经理签发，需要技术审核的由技术总监审核。上报集团的文书，先由分管领导审签，再由总经理签发，总经理外出，可由在公司主持工作的领导签发。平行文或下行文由分管领导签发。办公室文书由办公室主任签发并注明办公室主任姓名。机关内部文书注明承办科室负责人姓名。

凡涉及几个部门的文书，由主办部门会同有关部门负责一并核阅和签署意见。以公司名义发文，其文稿由总经理签发。由分管领导签发的，打印前应送主要领导过目。签发人对文稿要认真审核，签明意见，签发后文稿未经签发人同意任何人不得增删。未经主要负责人签发或过目的文稿不得登记编号、打印。

签发文书时，应在发文纸签发栏写明“发”“印发”“急发”“抄清发出”“打(铅)印发出”等字样。签署全名并注明年、月、日。受委托代签的，要注明“代签”二字。如认为需送其他领导审阅，可注明“请送××阅后再发”。

文书签发后，由秘书进行复核，重点是：审批、签发手续是否完备，附件材料是否齐全，格式是否统一、规范。

凡是发文，均要编号、登记，各部门负责对本部门拟稿的文书按字号进行登记。文书号的编制，机关内部的文书可注明本科室代字或代号，连续性的文书应注有连续号；对外行文时应注明本公司代字或代号。

文书打出小样后，由具体经办人负责校对。经办人核对校稿、签字后交所在部门负责人进行二次校对把关。二校之后按合理必要的份数印刷，以免造成浪费。未经办公室审稿、签发、登记，公司领导同意的文书及资料一律不得打印。

文书盖印前必须再次认真审核、校对，同时要把好印刷质量、格式关，发现问题暂停用印，并登记出错环节和相关责任人。用印后，由经办人负责，严格按发授范围分发到位。文秘人员将1份文书、发文稿纸及与之相关文书妥善保存，以备归档，另1份文书按文号顺序排列，留作资料备查。

以部门名义发出的文书，需加盖部门印章，1份留作归档，1份留作资料。

明确批复的“请示”文书，应当一文一事，并通过办公室秘书登记处理，不得将请示一式多份直接分送领导，以免造成批示意见不一，影响正式行文批复。如因行文不规范而对工作造成影响的，由报文部门负责。

有关部门收到需要办理的文书后应当抓紧办理，不得延误、推诿。紧急文书按时限要求办理。

在书写或印刷文书时应为事后的整理、装订留下余白处。

内容简单、非机密文书不一定密封发出，可直接传阅或发送。

对于定期制发文书或使用频率较高的文书，为简化手续，可事先规定好行文格式和文例，并以此为准事先做好印刷准备。

十、封签

用于普通文书的信封，要写明送达单位的名称，同时在左侧写上是否加急、挂号等，并在其下写上发文号码，信封背面写发文单位。

秘密文书的信封上，除要在正面的左侧写上“秘”外，其他参照第一项。

必须由收文者亲自开启的文书，信封上要写姓名并在左侧写上“亲启”字样。机密文书要用两层信封，内封上写文书标题，外封上的标识参照以上各条在左侧写明“秘”的字样。

文书内特别需要保密的或有其他重要内容的在信封上要标明“秘”的字样。

除有关机密文书外，简易的文书，只要在封面左下角用小号字印上单位名即可。发文时对收件人应按规定书写：对担任领导职务的理事等应注明其姓名及职务。

对全体会员可书写“各位委员”；对某一特定委员可注明该委员姓名及所在单位名称。

十一、发送

文书发送方式分为专送、邮寄(平信、限时、挂号、航空)。对某些有特殊处理要求的文书应按如下规定予以注明。如：对有密级的文书应注明“秘密”“机密”“绝密”字样；需紧急处理的文书应注明“急件”；参考资料应注明“参考”；传阅文书应注明“传阅”；挂号信函、快递、特快专递等应在发送时分别处理。

文书呈阅、审批、会办时，如为普通案件以浅灰色卷宗递送，如系机密、紧急或A类案件，则以橘红色卷宗递送。

发文及收文部门在同一厂区内，可以将文书直接递送，如需签收者，可以将自存联送请收文部门签收后取回以便催办。

发文及收文部门在不同厂区者，发文部门收发人员需将文书依收文部门区别厂(处)、部(室)为单位装入“内部信封”予以递送，“内部信封”仅书写收文部门的厂、处、部、室名称不另注明经办人姓名，由收文部门收发人员统一拆封分发。

各公司于各办公地区应设文书“寄送中心”，总公司为各公司总经理室，各公司(工厂)所在地为总务部门，各“寄送中心”规定每日截止收件时间，以便整理集中装运。

收发人员将文书递交“寄送中心”后，“寄送中心”人员应将同一收文部门之厂(处)部(室)的文书集中整理，开具“文书递送清单”一式三联，第一联自存，第二、三联连同文书汇总装入专用“文书袋”寄送。收文地区之“寄送中心”人员收到“文书袋”拆开后，即以“文书递送清单”第二、三联连同文书送交各厂(处)收发人员签收后留存第二联，第三联以当天“文书袋”送还原发文的“寄送中心”存查。

各部、室、中心寄送各厂区的文书，一律递交各公司的“寄送中心”登记转送。总公司各“寄送中心”的“文书袋”，需于下午五时前送交总管理处总务部门统一运寄。

原则上文书应随到随送，不得积压，“寄送中心”人员须于每日上午上班后30分钟内将“文书袋”内文书分送各厂(处)、部(室)收发人员签收。

Management 管理

做好文书管理规范化，可以增进文书处理之品质及效率。

文书管理，指各部、室、中心或各公司(含发展部、业务部)与外界来往的文书(包括电报)及关系企业(含公司内容)各部门间来往的文书(包含签呈)，自收(发)文至归档全部过程之办理与控制。

从纯技术的角度来讲，文书管理规范化并不是一项十分困难的工作，但从管理的意义上说，这是一项非常重要的工作，尤其是在执行合同和履行合同义务方面，做好文书管理工作具有十分重要的意义。

一、管理部门

文书结案后，原稿由各文书管理部门归档，经办部门视实际需要留存复印件。如为特殊案件因业务处理需要，原稿须由经办部门保管，应经文书管理部门主管同意后妥为保存，文书管理部门以复印件归档，原稿用毕后仍应送文书管理部门归档并换回复印件。

行政部门的文书，以各公司总经理室或管理处为管理部门；业务部门的文书，则以各业务部门的最高主管部门为管理部门；各公司(工厂)所在地与外界来往属地区性文书，以其所在地之经理室或管理处(或总务部门)为管理部门；关系企业各公司、部门间来往文书原则上以厂、处、部、室以上部门为管理部门；管理部门应指定人员负责来往文书的核稿及收发、拆封、登记、分文、稽催、校对、监印、文书管理等事宜；文书未按规定处理者，管理部门不得受理。

各公司档卷分类目录及编号原则，由各公司总经理室统一制定管理；总部、室、中心则由各部门自行编定报送总经理室。以公司名义与外界来往文书的收发由文书部门统一管理。

营业、采购、资料、法律、服务等业务部门的文书，由各部门管理，在规定的时间内交文书管理部门归档。

各部门间来往文书，在规定的时间交文书管理部门归档。

行政部负责文书的收受及发送，并指定人员负责来往文书的核稿及收发、拆封、登记、分文、催办、校对、监印、文书管理等事宜。

二、点收

文书结案移送归档时，要认真仔细地点收。

检查文书的本文及附件是否完整，如有短少，应即追查归入。文书如有抽存者，应有管理部门主管的签认。

文书的处理手续是否完备，如有遗漏，应即退回经办部门补办。与本案无关的文书或不应随案归档的文书，应即退回经办部门。

有价证券或其他贵重物品，应退回经办部门，经办部门应送指定保管部门签收后，文书送归档。

三、整理

点收文书后，要整理。整理要求如下：

中文竖写文书以右方装订为原则，中文横写或外文文书则以左方装订为原则。

右方装订文书及其附件均应对准右上角，左方装订则对准左上角理齐订牢。

文书如有皱折、破损、参差不齐等情形，应先整补，裁切折叠，使其整齐划一。

保管人员应将每月增加的机密文书，于翌月五日前填写“机密文书增列表”呈总经理（专业性者呈经理）核阅。并于每年年底清理档卷，将认为已无需继续保管或已消失机密性质的文书，造具“机密文书销毁表”呈报总经理（专业性者呈经理）核准后销毁或送回原经办部门按一般文书办理归档。

保管人员应于每月底查对“机密文书增列表”及“出国计划书”或“工作计划表”，如有应送而未送归档者，则以便函稽催经办部门送交归档。

机密文书应单独成立档卷，与其他一般文书分开保管。

四、归档

凡反映公司各项工作活动，具有查考利用价值的文书及资料，均应按要求归档。

各科室本年度形成的文书材料要于次年年初送交文书室，送交的归档文书材料要齐全、完整，由文书室统一整理立卷。

案卷归档时，要遵循资料形成规律和特点，区别不同的保管期限，做到分类清楚，组卷合理，卷内文书的排列要有秩序。使案卷能够正确地反映公司活动的全貌，便于保管和利用。

归档文书案卷封面的各个项目均应填写清楚，案卷标题要简明确切。保管期限准确，装订要齐整、牢固。

各部门按预立卷案卷类目，将平时形成的文书分门别类地妥善保存。每个案卷都要填写卷内目录、案卷全引目录和备考表。

各部门移交文书材料要填写材料移交登记，交接材料时，双方根据移交清册核对，并履行签字手续，对文书进行鉴别，不需归档的文书作为资料留存本部门，并在收文登记簿上作好“无须归档”标记；失去存在价值的文书，经过部门主管领导批准，可以定期销毁，其中密级的文书应按有关规定执行。

定期接收各部门的文书材料，避免文书材料散存在个人手中。每季度进行一次文书材料的清查核对，发现问题及时查找改进。归档时间是在平时收集的基础上，一般从次年1月份由各部门把文书材料送交文书室，文书室统一立卷归档。

领导外出开会、学习带回的会议文书、学习文书，必须及时送交办公室按正式收文处理，不得在部门或个人手中滞留。

对照收发文登记簿，检查文书的完整性。

1. 分类

商务文书一般分为五大类：A类为公司的专利、技术、客户资料等一些特定专管的业务保密文书；B类为影响公司权益的一些关系重大的文书，这些文书一般都由公司负责人核阅之后才能分文办理。C类为公司经常性业务往来的一般文书。D类为一些参考性的文书、信函，如通知。这类文书不用上呈批示，只分文登记后交经办部门处理后入档就可以了；E类为一些宣传广告或印刷品，这些文书与公司业务没有直接关系，不作登记，收到之后直接送有关部门参阅就可以了。文档号的表示方式如下：

A类1A(专利资料)2A(技术资料)3A(客户资料)

B类1B(××执照)2B(××资料)3B(××资料)

C类1C(××资料)2C(××资料)3C(××资料)

D类1D(××资料)2D(××资料)3D(××资料)

每一档夹封面内页应设“目次表”，文书归档时依序编号、登录，并以每一案一个“目次”编号为原则。

文书分类应力求实用。

同一类文书装订于一档夹为原则，如案件较多，一个档夹不够使用时，得分为两个以上的档夹装订，并增设“卷次”编号，以便查考。

文书各级分类应赋予一名称，其名称应简明扼要，以能充分表示文书内容性质为原则，且有一定范畴，不宜笼统含混。

各级分类、卷次及目次的编号，均以十进阿拉伯数字表示；其位数使用视案件多寡及增长情形而酌情决定。

文书分类各级名称经确定后，应编制“文书分类编号表”，即将所有分类各级名称及其代表数字编号，用一定顺序依次排列以便查阅。

文书分类各级编号内应预留若干空档，以备将来组织扩大或业务增繁时，随时增补之用。

文书分类各级名称及其代表数字一经确定，不宜任意修改，如确有修改必要，应事先审慎研议，并拟具新旧文书分类编号对照表，以免混淆。

文书如系新案，应就“文书分类编号表”，查明该案件所属类别及其卷次、目次顺序编列档号。

案件如可归属前案，应查明前案之档号予以同号编列。

档号以一案一号为原则，遇有一案件叙述数事或一案归入多类者，应先确定其主要类别，编列档号。

档号应自左而右编列，右方装订的案件，应将档号填写于案件首页的左上角；左方装订者则填写于右上角。

2. 机密文书管理

外来机密文书应以各公司总经理室为保管部门；经各公司总经理核准利于业务部、研究所或工厂所在地保存者，应以业务部经理室、研究所所长室、驻厂经理(副)室或总经理指定之部门为保管部门。

属技术、开发、营业等部门自行建立之专业性机密文书，应以各事业部经理室或厂区文书管理部门为保管部门。

总管理处各部、室、中心之机密文书，属各该部门承办之专责性质者，应以各部、室、中心为保管部门。

各保管部门应指定专人经各公司总经理核定(总管理处由总经理核定)，负责机密文书收发、登记及归档等事务。

3. 合约管理

订立或修改合约时，经办部门拟稿后批准前，应将文稿转送总管理处法律事务室核稿。批准后依业务需要份数送请校对、打印。

固定格式的合约书其原稿应依前款规定经核稿批准后使用，经办部门使用时依式填写所需份数呈准后，直接送请用印。

保管部门收到合约书正本应即贴足印花并复印后与原稿一并归档。其他业务有关部门均以副本留存备用。

4. 副本及图书管理

副本视同正式文书，应依规定处理、归档；各类图书应指定部门集中管理。机密文书需影印、复印时，应呈经理以上主管(专业性者呈厂处长以上主管)核准后，交由保管人员印发，并将份数登记于"机密文书保管备查簿"；副本(含复印件)视同正本依规定办理。

5. 电报管理

电报视同文书，依规定办理。

6. 文书处理

经办文书遇有关系重大足以影响公司权益之重要文书，应将正本妥为保管，每有应用均以副本或复印件层呈处理。

为利文书处理并达到分层负责目的，经办人应就内容要点签拟意见或选稿随来文呈部门主管核阅批办，各主管人员应对文案注意见，避免只签名而无意见。经办、会稿、核稿等人员之签名，应清晰可辨，不得潦草难认。

经办文书应视其轻重而定缓急处理，如案情涉及其他部门应照会办理，会办部门应按速件处理。

7. 处理期限

收发人员收文时，原则上应随到随送，不得积压，最迟应于文到一小时送交有关人员。

分文人员的分文时期，由各公司视其收文数量自行决定。

经办人员对速件、电报、机密文书等应随到随办，以文到一日内处理完毕为原则。

一般文书由部门主管视经办人的工作量，指定处理期限，一般以文到三日内处理完毕为原则。

来文定有答复期限者，应尽力于来文所定期限内处理完毕。

计划、试验、研究、开发、规章修订、测定、搜集资料等特殊案件，部门主管应视实际需要分别规定其处理期限。

监印人员原则上于当天完成用印。

文书归档，应日案日清，最迟不得逾两日。

签呈案件，按分层负责的原则，根据各公司情况，自行制定时限。

8. 保存期限

文书保存期限除政府有关法令或本企业其他规章特定者外，依下列规定办理，永久保存：(1)公司章程；(2)股东名簿；(3)组织规程及办事细则；(4)董事会及股东会纪录；(5)财务报表；(6)政府机关核准文书；(7)不动产所有权状及其他债权凭证；(8)工程设计图；(9)其他经核定须永久保存的文书。

10年保存：(1)预算、决算书类；(2)会计凭证；(3)事业计划资料；(4)其他经核定须保存10年的文书。

5年保存：(1)期满或解除之合约；(2)其他经核定保存5年的文书。

1年保存：结案后无长期保存必要者。

规章由规章管理部门永久保存，使用部门视有效期间予以保存。

9. 档卷清理

管档人员应随时拂拭文书架，维护文书清洁，以防虫蛀腐朽。每年年度更换时，依有关规定清理一次，已届保存期限者，得予销毁，销毁前应造册呈总经理核准，必要时向主管报告，并于目次表之附注栏内注明销毁日期。

保管期限届满的文书中，部分经核定仍有保存参考价值者，管档人员应将“收(发)文登记单”第五联附注在其保留文书上，并在第五联上注明部分销毁之日期。

10. 保管

保持文书的清洁卫生，延长文书的寿命。

保持库房温度在14℃~20℃，相对湿度在45%~60%之间。

根据季节变化情况，细致查看文书，发现潮湿、字迹扩散或纸张破裂等情况，及时采取措施加以补救。

对永久、长期保存文书，要用钢笔书写，保证文书字体的真迹。

文书室内严禁吸烟，室内设灭火器。

库房安护窗栏、防盗门，为避免阳光照射，要安挂窗帘。

保持室内清洁，每周进行一次清扫，把有害物质清除出去。

认真做好防火、防水、防光、防潮、防鼠、防虫、防尘、防盗等工作。

11. 保密

严格执行保密制度，保证文书的安全。

有严格的管理制度，非文书人员，不得随便进入文书室。

在私人交往中或公开场合下，不随便谈论或泄露与重要文书内容有关的问题，以免给工作造成不必要的损失或失误。

定期核对文书数量，严格执行各种手续制度，发现问题及时请示、分析和考试，避免造成文书材料的丢失。

重要的文书材料要在设置完备的保险装置中存放，借阅时要向主管领导提出要求，归还时要及时入柜。

向上级机关移交文书，必要时携带文书外出，由指定人负责，并采取必要的安全措施，防止丢失。

12.借阅

借阅文书要经过办公室主任和主管领导批准，方可借阅。

本公司人员查阅文书资料，一律进行登记。

借出文书材料，必须办理借阅手续，归还文书时由借阅者签字，当面注销并立即放回原处。

借阅人在归还文书材料时，要当面进行核对检查，如发现有勾画、涂抹、折页、缺页现象要及时妥善处理。

借阅人员要妥善保管借阅的文书，不得翻印，整篇抄录，必要时经主管领导同意可抄有关条款。

对借出的文书材料限用一周，到期催还，杜绝丢失现象。

外单位查阅，需持单位介绍信，经主管领导同意后，方可提出，文书在室内查阅，不得借出。

每半年进行一次借阅文书的情况统计。

13.销毁

为提高库存文书质量，重点保护好有利用价值的文书，为企业工作服务，对文书要进行鉴定，把确实没有保存价值的文书剔除出来。

鉴定工作要在主管领导下由文书人员共同鉴定。鉴定后应在备考表中注明鉴定意见，并由主管领导签名。

鉴定文书价值，以归档范围和保管期限为依据，以案卷为单位，逐张逐卷地审阅鉴定文书，正确地划分保管期限和决定文书的存毁。

需要销毁的文书材料，要单独存放一年以上，以便审查，通过进行审查考证，确实无保存价值方可销毁。

对要销毁的文书要指定专人监督销毁，每次销毁文书，应有两名监督人在销毁清册上签署情况、姓名和日期。

后 记

本书由廖金泽根据其《商务万事通》原作修改，并由邓亦云女士改编，最后由张东平先生修改。前后历经一年，主要是考虑规范性与实用性如何符合现代商务的要求，让读者能够一目了然参考借鉴。

作为一本内容创新的商务工作指南，策划、编写乃至装帧设计我们都力求达到一种洋派的效果，使原本有些枯燥的内容可以显得更加生动好看，希望我们的努力能为读者喜欢。

以各种方式参与本书编写制作的有：包璐、杨穗琴、包善发、袁国强、李曼、周建强、廖泽、谢欣卧、毛卫国、张东平、陈元东、聂双、阿玉芬等20多位朋友，在此一并致谢！

廖金泽工作室

二〇〇五年春